教育部人文社会科学研究规划基金项目（12YJA710055）

XIANGJI WUCHANJIEJI GEMINGJIA YU MAKESIZHUYI DAZHONGHUA

# 湘籍无产阶级革命家与马克思主义大众化

秦位强　等著

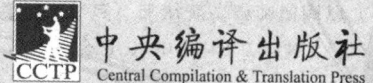

图书在版编目（CIP）数据

湘籍无产阶级革命家与马克思主义大众化/秦位强等著. —北京：中央编译出版社，2015.3
ISBN 978-7-5117-2478-6

Ⅰ.①湘… Ⅱ.①秦… Ⅲ.①马克思主义－大众化－研究－中国 Ⅳ.①D61

中国版本图书馆 CIP 数据核字（2014）第 309838 号

**湘籍无产阶级革命家与马克思主义大众化**

| | |
|---|---|
| 出 版 人： | 刘明清 |
| 出版统筹： | 董 巍 |
| 责任编辑： | 王文华　曲建文 |
| 责任印制： | 尹 珺 |
| 出版发行： | 中央编译出版社 |
| 地　　址： | 北京市西城区车公庄大街乙 5 号鸿儒大厦 B 座（100044） |
| 电　　话： | （010）52612345（总编室）　（010）52612363（编辑室） |
| | （010）52612316（发行部）　（010）52612315（网络销售） |
| | （010）52612346（馆配部）　（010）66509618（读者服务部） |
| 传　　真： | （010）66515838 |
| 经　　销： | 全国新华书店 |
| 印　　刷： | 北京天正元印务有限公司 |
| 开　　本： | 710 毫米×1000 毫米　1/16 |
| 字　　数： | 254 千字 |
| 印　　张： | 14.75 |
| 版　　次： | 2015 年 3 月第 1 版第 1 次印刷 |
| 定　　价： | 46.00 元 |

| | |
|---|---|
| 网　　址： | www.cctphome.com　　邮　　箱：cctp@cctphome.com |
| 新浪微博： | @中央编译出版社　　微　　信：中央编译出版社（ID:cctphome） |
| 淘宝店铺： | 中央编译出版社直销店（http://shop108367160.taobao.com） |

本社常年法律顾问：北京市吴栾赵阎律师事务所律师　闫军　梁勤
凡有印装质量问题，本社负责调换。电话：010—66509618

# 导　言

　　在新民主主义革命时期，先后涌现出一大批湘籍无产阶级革命家。新民主主义革命时期的每一个阶段，每一次重大事件，都有湘籍无产阶级革命家参与其中。这个特定的革命家群体，人数之多，对中国革命贡献之大，对中国社会发展变化影响之深远，在全中国是绝无仅有的。在一定意义上说，湘籍无产阶级革命家的思想主张和革命实践，决定和影响着中国新民主主义革命的发展进程和轨迹。这些革命家是中国革命的主要领导者和参与者，是使中国革命取得胜利的大功臣。他们在选择革命道路的同时，还选择了现代中国社会中最先进的政党——中国共产党，选择了指导这个政党前进的马克思主义。所以，他们不是一般的革命家，他们是掌握着马克思主义这一思想武器的革命家。在中国，新民主主义革命的发展过程，就是包括湘籍无产阶级革命家在内的中国共产党人把马克思主义普遍原理与中国革命的具体实际相结合的过程，在这个结合的过程中，中国共产党和中国人民丰富和发展了马克思主义，形成了中国化马克思主义的第一个理论成果——毛泽东思想。毛泽东是这个理论成果的主要创立者，每个湘籍无产阶级革命家都为这个理论成果的形成作出过贡献。

　　1919年的五四运动开启了中国历史的新时代，中国革命从此由旧民主主义革命转变为新民主主义革命，成为世界无产阶级革命的一部分。中国共产党是在俄国十月革命胜利的影响下，在共产国际的直接帮助下建立起来的完全新式的政党。众多的湘籍无产阶级革命家就是在这一阶段实现了他们世界观的根本转变，他们成为中共党员队伍的一份子，成为了马克思主义者。中国社会和中国革命的特殊性，使他们从成为马克思主义者的那天开始，就必须立即投入到轰轰烈烈的革命斗争中去，他们不仅要自己领会马克思主义的要义，还要动员和组织人民群众参加革命，向他们宣传马克思主义和党的革命主张，使他们成为革命的同情者、支持者和积极参与者。所以，中国新民主主义革命的过程，不仅是马克思主义中国化的过程，还是马克思主义大众化的过程。中国共产党人不仅要在中国革命实践中赋予马克思主义新的形态，即创立中国化的马克思主义，还要对人民群众进行马克思主义宣传教育，使马克思主义为广大群众所接受，即实现马克思主义大众化。包括湘籍无产阶级革命家在内的中国共产党人，不仅是马克思主义中国化的积极推动者，也是马克思主义大众化的积极推动者。

我有幸能够主持2012年教育部人文社会科学研究规划基金项目《新民主主义革命时期湘籍无产阶级革命家对马克思主义大众化的贡献研究》(12YJA710055)，目的就是要全面梳理和系统研究湘籍无产阶级革命家关于马克思主义大众化的思想认识、具体内容和实践，也就是弄清楚他们对什么是马克思主义大众化的基本看法，他们在哪些方面推进了马克思主义大众化，他们通过哪些途径和方法推进了马克思主义大众化。这些是我们研究的主要内容。但这不是全部，我们还需要在此基础上进行深入思考。从历史的角度看，我们需要分析湘籍无产阶级革命家推进马克思主义大众化对中国革命和中国社会发展产生的影响。从现实的角度看，我们需要总结和分析湘籍无产阶级革命家推进马克思主义大众化的历史经验和当代启示。

湘籍无产阶级革命家当中的绝大多数不仅经历了整个新民主主义革命时期，也经历了社会主义革命和社会主义建设时期，本课题只是探讨他们在新民主主义革命时期对马克思主义大众化所作的贡献。湘籍无产阶级革命家人数众多，数以百计，本项目研究的重点是毛泽东、刘少奇、任弼时、李达、蔡和森等代表人物。同时，也对邓中夏、罗亦农、向警予、贺龙进行一定的研究。另外，在第一章的综合研究中，我们对何孟雄、彭德怀、罗荣桓、李立三、李维汉、林伯渠、谢觉哉、粟裕等湘籍无产阶级革命家的相关思想和实践也作了一些简要介绍。

湘籍无产阶级革命家是中共党史和中国革命史上一个重要的革命家群体，探讨这个特殊群体与马克思主义之间的内在联系，研究视角独特，观点新颖。此前的相关研究主要集中在毛泽东马克思主义大众化思想研究方面，还没有湘籍无产阶级革命家对马克思主义大众化所作贡献的综合研究成果。从这个意义上说，本课题的研究起到了拓展马克思主义中国化大众化的研究视域的作用。

# 目 录

**第一章 湘籍无产阶级革命家与马克思主义** ……………………… 1
  一、湘籍无产阶级革命家概述 …………………………………… 1
  二、湘籍无产阶级革命家与中国早期马克思主义的传播 ……… 4
  三、湘籍无产阶级革命家与马克思主义中国化和大众化 ……… 15
  四、湘籍无产阶级革命家推进马克思主义大众化的经验和启示 … 28

**第二章 毛泽东与马克思主义大众化** …………………………… 36
  一、毛泽东推进马克思主义大众化的历史线索 ………………… 36
  二、为学习宣传马克思主义提供科学依据 ……………………… 42
  三、带头学习马克思主义，提供科学的学习方法 ……………… 45
  四、毛泽东推进马克思主义大众化的主要内容 ………………… 50
  五、提出马克思主义大众化的原则和要求 ……………………… 63
  六、努力探索马克思主义大众化的各种实践形式 ……………… 72

**第三章 刘少奇与马克思主义大众化** …………………………… 77
  一、刘少奇推进马克思主义大众化的主观条件 ………………… 77
  二、刘少奇推进马克思主义大众化的思想主张 ………………… 79
  三、刘少奇对马克思主义大众化基本原则的探索 ……………… 94
  四、刘少奇推进马克思主义大众化的主要途径 ………………… 100

**第四章 李达与马克思主义大众化** ……………………………… 105
  一、从激进的爱国主义者到马克思主义理论家 ………………… 105
  二、坚持完整系统地推进马克思主义大众化 …………………… 108
  三、向广大群众和一切进步力量宣传马克思主义 ……………… 131

四、采用多种途径和方法宣传马克思主义 …………………… 135

**第五章　任弼时与马克思主义大众化** …………………………… 139
　　一、号召每个同志必须成为群众中的宣传鼓动家 …………… 139
　　二、通过多种方式从不同侧面推进马克思主义大众化 ……… 141
　　三、探索推进马克思主义大众化的有效途径 ………………… 162

**第六章　蔡和森与马克思主义大众化** …………………………… 169
　　一、成长为"极端马克思派" …………………………………… 169
　　二、推进马克思主义大众化的主要实践 ……………………… 174
　　三、推进马克思主义大众化的思想主张 ……………………… 181

**第七章　其他湘籍无产阶级革命家与马克思主义大众化** ……… 191
　　一、邓中夏对马克思主义大众化的贡献 ……………………… 191
　　二、罗亦农对中国革命理论的探索与宣传 …………………… 197
　　三、向警予对中国妇女运动的探索与宣传 …………………… 206
　　四、贺龙与马克思主义大众化的实践 ………………………… 213

**参考文献** …………………………………………………………… 221

**后　记** ……………………………………………………………… 227

# 第一章　湘籍无产阶级革命家与马克思主义

湖南是中国新民主主义革命的一片沃土,这片沃土养育了一大批无产阶级革命家。他们为中国共产党和中国人民解放军的创建,为中华民族独立、人民解放和人民共和国的创建作出了重要贡献。他们是革命的大功臣,他们能够成为这个功臣,是因为他们有着坚定的马克思主义信仰。从他们走上革命道路的那天起,他们也同时朝着马克思主义者的方向迈进。信仰的坚定性,成就了百折不挠的革命意志和正确的革命道路,也就成就了他们所统帅的革命队伍一步步走向革命胜利。

## 一、湘籍无产阶级革命家概述

1919年的五四运动,开启了中国历史的新时代,中国革命从此进入世界无产阶级革命的新时代和新民主主义革命时期。一大批湘籍无产阶级革命家就是在这一时期涌现出来的。他们学习马克思主义,宣传马克思主义,成为坚定的马克思主义者;他们组建早期党组织,为党的创建留下光荣的烙印;他们领导和发动党的工人运动和农民运动,在国共合作的国民革命中尽显共产党人的风采;大革命失败后,他们毅然决然地开展武装反抗国民党反动统治的斗争,南昌起义、秋收起义、广州起义的历史大幕浮现着他们不灭的身影,根据地和漫漫长征路上留下了他们战斗过的足迹。他们就是数以百计的湘籍无产阶级革命家,他们的名字叫毛泽东、刘少奇、任弼时、蔡和森、邓中夏、罗亦农、向警予、何孟雄、彭德怀、贺龙、罗荣桓、李立三、李维汉、陶铸、李富春、林伯渠、谢觉哉等。

湘籍无产阶级革命家,是指在湖南出生和成长的、具有坚定的马克思主义信仰的、为民族独立和人民解放作出重大贡献的革命家。这里的"无产阶级革命"是从广义上说的,是指由中国共产党领导的新民主主义革命。因此,本课题所指无产阶级革命家,也是指为中国新民主主义革命作出重大贡献的革命家。湘籍无产阶级革命家家当中的绝大多数不仅经历了整个新民主主义革命时期,也经历了社会主义革命和社会主义建设时期,本课题只是探讨他们在新民主主义革命时期对马克思主义大众化所作贡献。

湘籍无产阶级革命家是一个人数众多的革命家群体,他们成长为革命家的经历各不相同,大致可分为以下两大类。第一类:在国内学习和接受马克思主义,参加革命活动,成长为马克思主义者和革命家的。包括毛泽东、何叔衡、邓中夏、彭德怀、贺龙、罗荣桓、粟裕、黄克诚、陈赓、谭政、许光达、谢觉哉、林伯渠、徐特立等。第二类:有留学经历,在国外系统地学习和接受马克思主义,回国后参加革命工作成为革命家的。这一类主要有两种情形:一是赴法留学归国的革命家。包括蔡和森、向警予、李立三、李富春、李维汉、何长工等。二是赴俄留学归国的革命家。包括刘少奇、任弼时、罗亦农、萧劲光等。

在这里,我们借用权威或者公认的提法对本课题重点研究的几位湘籍无产阶级革命家作一下简要介绍。

毛泽东(1893—1976):湖南湘潭县人。毛泽东同志是伟大的马克思主义者,伟大的无产阶级革命家、战略家、理论家,是马克思主义中国化的伟大开拓者,是党的第一代中央领导集体的核心,是领导中国人民彻底改变自己命运和国家面貌的一代伟人。毛泽东同志深刻认识到,不能以教条主义的观点对待马克思列宁主义,必须从中国实际出发,实现马克思主义中国化,他创造性地解决了马克思列宁主义基本原理同中国实际相结合的一系列重大问题。①

刘少奇(1898—1969):湖南宁乡县人。刘少奇同志是伟大的马克思主义者,伟大的无产阶级革命家、政治家、理论家,党和国家主要领导人之一,中华人民共和国开国元勋,是以毛泽东同志为核心的党的第一代中央领导集体的重要成员。刘少奇同志是我们党卓越的马克思主义理论家,在政治、经济、军事、文化、教育、党的建设等领域作出许多理论建树,为毛泽东思想的形成和

---

① 参见习近平《在纪念毛泽东同志诞辰120周年座谈会上的讲话》,《人民日报》,2013年12月27日。

发展作出了重大理论贡献。①

任弼时（1904—1950）：湖南汨罗县人。任弼时同志是伟大的马克思主义者，杰出的无产阶级革命家、政治家、组织家，中国共产党和中国人民解放军的卓越领导人，是以毛泽东同志为核心的中国共产党第一代中央领导集体的重要成员。任弼时同志16岁参加革命，46岁英年早逝，为中华民族独立和中国人民解放事业奋斗了一生，贡献出了自己的一切。②

蔡和森（1895—1931）：湖南湘乡县（今双峰县）人。蔡和森同志是中国共产党早期的重要领导人，杰出的共产主义战士，无产阶级革命家、理论家和宣传家。他短暂而光辉的一生，为民族独立和人民解放事业建立了不朽功勋。③

邓中夏（1894—1933）：湖南宜章县人。邓中夏同志是北京早期共产党组织的主要创始人之一，中国早期工人运动的杰出领袖，无产阶级的政治活动家、理论家。他先后撰写200多篇文章和论著，表现出深刻的理论素养。这些文章和论著至今仍然是我党理论宝库中的重要财富。④

罗亦农（1902—1928）：湖南湘潭县人。罗亦农同志是中国共产党早期的重要领导人之一，是杰出的无产阶级革命家、著名的工人运动领袖。他在党的建设、统战工作、群众工作，以及实行工农武装割据等方面，创造性地提出了许多符合实际的思想观点，为探索中国革命的正确道路作出了重要贡献。⑤

向警予（1895—1928）：湖南溆浦县人。向警予同志是中国无产阶级革命家，中国早期妇女运动领导人。1922年，向警予加入中国共产党，成为最早的女共产党员之一。同年7月，在党的二大上她担任党中央第一任妇女部长，开始领导中国最早的无产阶级妇女运动，为中国人民的解放事业和妇女解放运

---

① 参见胡锦涛《在纪念刘少奇同志诞辰110周年座谈会上的讲话》，《人民日报》，2008年11月12日。

② 参见刘云山《在纪念任弼时同志诞辰110周年座谈会上的讲话》，《人民日报》，2014年4月27日。

③ 参见曾庆红《在纪念蔡和森同志诞辰110周年座谈会上的讲话》，《人民日报》，2005年3月31日。

④ 参见王茂林《在纪念邓中夏同志诞辰一百周年纪念大会暨邓中夏铜像揭幕仪式上的讲话》，《湖南党史》，1994年第6期。

⑤ 参见胡锦涛《在纪念罗亦农同志诞辰100周年座谈会上的讲话》，《新华每日电讯》，2002年5月18日。

动作出了重要贡献。①

贺龙（1896—1969）：湖南桑植县人。贺龙同志是我们党老一辈的无产阶级革命家，卓越的军事家，是我军的创始者之一。在土地革命战争、抗日战争和解放战争中，在社会主义革命和社会主义建设过程中，贺龙同志在党的领导下，历尽艰险，不屈不挠，赤胆忠心，艰苦奋斗，为革命和建设建立了巨大功绩。②

湘籍无产阶级革命家人数众多，在这里我们无法一一作介绍，但他们对马克思主义大众化所作贡献我们会尽力梳理，在本章的相关内容中我们会加以分析和总结。这里需要说明的是，我们在本书中还专门介绍了李达对马克思主义大众化所作的贡献。李达是中国共产党的发起人和早期领导人之一。1923年夏，他因国共合作问题和陈独秀发生激烈争执而离开了党组织。但从离开党组织到新中国成立，他从未放弃研究和宣传马克思主义。李达是否可以称为无产阶级革命家还有一定争议③，但他是一位名副其实的、杰出的马克思主义理论家、宣传家、教育家，他对推进马克思主义中国化和大众化作出过重大贡献，他写的《社会学大纲》曾被毛泽东誉为中国人自己写的第一本马克思主义哲学教科书。本课题既然是专门研究马克思主义大众化问题的，我们也专章探讨了"李达与马克思主义大众化"的问题。在本章，我们也把他与其他湘籍无产阶级革命家放在一起进行综合分析。

## 二、湘籍无产阶级革命家与中国早期马克思主义的传播

从1919年五四运动到1927年大革命失败这8年间，绝大多数湘籍无产阶

---

① 参见《向警予文集》对向警予的介绍，人民出版社，2011年版。
② 参见王震《忠诚的战士光辉的一生——纪念贺龙同志》，中国社会科学院现代革命史研究室《回忆贺龙》，上海人民出版社，1979年版，第2页。
③ 2011年，湖南省中共党史人物研究会编印《湖南党史人物简述》一书，该书的第六部分"青史永垂——湘籍无产阶级革命家"收录了100位"中共中央、中央军委和有关部门在批准进行纪念活动的过程中所命名的无产阶级革命家"，其中李达列为其中第11位。见湖南省中共党史人物研究会编、夏远生主编：《湖南党史人物简述》（内部资料），第327页。另外，王继平主编的《毛泽东与湘籍无产阶级革命家研究》（湖南人民出版社2004年版）刘华清所著《湘籍无产阶级革命家群体成长道路研究》（湖南人民出版社2006年版）也都将李达作为湘籍无产阶级革命家进行了相关研究。

级革命家完成了从民主主义者到马克思主义者的转变,成长为无产阶级革命家。这些革命家在他们学习和接受马克思主义的同时,还自觉肩负起了传播马克思主义的历史使命,为中国早期马克思主义的传播作出了重要贡献。下面我们从传播内容和传播方式两个方面加以介绍。

### (一)湘籍无产阶级革命家在早期传播马克思主义的内容

第一,介绍马克思主义基本知识。什么是马克思主义,什么是马克思主义的基本观点和主张,这是早期马克思主义者在宣传马克思主义过程中必须考虑的问题。马克思主义传播到中国之时,各种社会思潮鱼龙混杂,颇有市场。早期马克思主义者必须向群众解释清楚马克思主义的基本主张,并解释清楚只有马克思主义才是真正使广大劳动人民获得解放的科学理论,马克思主义才能被人民群众所认同和接受。在这方面,李达所作贡献最大。1919年6月,尚在日本留学的李达受五四运动的鼓舞,将他自己写好的《什么叫社会主义》、《社会主义的目的》寄回国内发表。他在文中阐明了什么是社会主义的问题,解释了社会主义和共产主义、社会主义和无政府主义之间的区别,初步概括了科学社会主义的基本思想。1920年12月,李达又发表《马克思还原》一文,把"马克思主义社会主义的概观"归纳为7个方面,实际上是对马克思主义唯物史观和科学社会主义的主要观点的概括,他还把科学社会主义的重要原则归纳为五条:"一、唯物史观;二、资本集中说;三、资本主义崩坏说;四、剩余价值说;五、阶级斗争说。"①

何孟雄向工人宣传马克思主义是从介绍马克思和列宁的生平开始的。让工人了解马克思主义,先让工人了解马克思是什么样的人。1921年12月,何孟雄在《工人周刊》上发表《经济学大要》一文,其中专门写了《马克司传略》,介绍了马克思的生平事迹,介绍马克思的代表作《共产党宣言》和《资本论》及"世界的工人们联合起来呵"②的名言。1922年1月,何孟雄在京汉铁路工人俱乐部成立大会上发表演说,向工人宣传马克思和列宁这两位世界无产阶级的领袖及其伟大功绩。他说,世界上最出名的工人之友莫过于马克思,"他看见工人的苦,他从事社会革命,他找出很多的方法,要工人得到满足的生活,

---

① 《李达文集》第1卷,人民出版社,1980年版,第31页。
② 《何孟雄文集》,人民出版社,1986年版,第77页。"世界的工人们联合起来呵!"后译为"全世界无产者,联合起来!"。

并且著很多的书，可是能当为工人革命的圣经"①。俄国的列宁"也是因为要实现工人满足的生活，就被关在牢内，又被充军于西伯利亚，他不顾死活的干，于今实现了工人的俄国"②。

1925年上半年，任弼时先后在《中国青年》杂志上发表《列宁主义的要义》和《马克思主义概略》，把马克思主义、列宁主义的最基本的内容和观点向广大青年作了介绍。他说，列宁主义在资本主义及阶级斗争的新条件下发展了马克思主义。列宁主义的要义是：无产阶级专政是实现社会主义的唯一武器；无产阶级应与贫苦农民结成亲密的关系，引导农民参加阶级斗争；取得政权的无产阶级对于民族解放运动应给予实际的积极的帮助；要采取符合实际革命环境形势的策略。③ 任弼时指出，马克思主义不是马克思一人臆造的，而是有他的主义形成的背景，这就是：英国的经济、法国的革命、德国的哲学。这就是马克思主义的三个主要来源。任弼时把马克思最主要的理论归结为唯物论哲学、辨证论、价值与剩余价值、阶级斗争与无产阶级专政、共产主义社会等几个方面。

第二，宣传反帝反封建斗争的民主革命纲领。1922年7月，党的二大提出了打倒军阀，推翻国际帝国主义的压迫，统一中国为真正民主的共和国的民主革命纲领。为配合党领导的工人运动和农民运动，贯彻党的民主革命纲领，许多湘籍无产阶级革命家纷纷发表文章进行反帝反封建斗争的宣传。

二大结束以后，蔡和森发表一系列揭露帝国主义侵略和封建军阀反动统治的文章。他指出："中国之大患不仅在军阀，尤其在外国帝国主义"④，不仅要组织人民推翻军阀势力，还要组织人民反抗外国帝国主义的侵略。1923年3月，毛泽东在《新时代》上发表《外力、军阀与革命》一文，指出，国际资本帝国主义和国内封建军阀相勾结，必然使中国陷入"一种极反动极混乱的政治"时代，"但政治愈反动愈混乱的结果，是必然要激起全国国民的革命观念，国民的组织能力也会要一天进步一天"。所以，这种混乱时代"是和平统一的

---

① 《何孟雄文集》，人民出版社，1986年版，第82页。
② 《何孟雄文集》，人民出版社，1986年版，第83页。
③ 参见蔡庆新、姚勇主编《激扬文字——任弼时青少年时代作品赏析》，中央文献出版社，2002年版，第159—162页。
④ 《蔡和森文集》（上），人民出版社，2013年版，第426页。

来源，是革命的生母，是民主独立的圣药"①。简单地说，帝国主义的侵略和封建军阀的反动统治使人民饱受灾难和痛苦，必然会引起人民进行革命以消除这种灾难和痛苦。同年 4 月，李达发表《何谓帝国主义》一文，指出："搅乱中国的两大障碍物，一个是国际帝国主义，一个是国内武人政治。我们民众要期待统一与和平，要获得自由与幸福，非首先组织起来打破这两大障碍物，绝对没有成功的希望。"② 1924 年，李维汉发表《帝国主义之侵略中国》一文，指出"帝国主义对华侵略政策，可分为经济的、政治的、文化的三种"③，"现在我国民最大的责任就是要团结起来，去打倒帝国主义，凡与帝国主义勾结的军阀都要打倒"④！

第三，宣传和指导工农运动，介绍斗争方法和策略。一大以后，党的各级组织把主要工作任务放在工人运动方面，不断掀起工人运动的高潮。与此同时，党还在农村发动农民建立农民协会，开展农民运动。许多湘籍无产阶级革命家都是工农运动的组织者和领导者，他们深入思考，为工农运动制定政策或者方案，指导斗争方向，提供正确的斗争方法和策略。

1923 年 8 月，李维汉、李立三、刘少奇三位湘籍无产阶级革命家均在安源路矿工人俱乐部罢工胜利周年纪念会上发表讲演。李维汉强调工人运动不能只局限于经济斗争，政治斗争具有更重要的意义。他指出："为改良工人生活条件，以直接经济的利益为目的的工人运动，固然很紧要而且不可免。但工人运动若偏落在这一方面，是没有革命的意义的。"⑤ "平等的生存权的取得和保护，不到工人阶级自己握得政权的时候，不能实现；阶级争斗即是政治争斗，劳动运动不政治化，是不带革命的意义的。"要使劳动运动带有政治斗争的色彩，就必须使劳动者都有明白的政治意识，为此，"工人团体应当给工人以主义的基本知识，政治、经济的常识与革命的工具——策略"⑥。李立三恳切地希望工人们细细领会团结就是力量的道理，希望工人们建立起自己的信仰，要相信社会主义。他说："这一年的经过，无处不表现工友们团结的精神和力量。

---

① 《毛泽东文集》第 1 卷，人民出版社，1993 年版，第 12 页。
② 《李达文集》第 1 卷，人民出版社，1980 年版，第 192 页。
③ 《李维汉选集》，人民出版社，1987 年版，第 6 页。
④ 《李维汉选集》，人民出版社，1987 年版，第 8 页。
⑤ 《李维汉选集》，人民出版社，1987 年版，第 3 页。
⑥ 《李维汉选集》，人民出版社，1987 年版，第 4 页。

有团结的奋斗,才有今日的成绩。所以俱乐部就是万余工友精神和力量的结晶体,绝不是哪一个人创造出来的。群众才有力量,个人绝没有力量,团结才是力量,个人绝没有力量。"① 刘少奇在讲演中不仅强调工人要有更加广泛的团结,还要从更加广泛的范围分析是否具备工人斗争的条件。刘少奇也强调不能把工人运动局限于经济斗争的范围内。他说:"增加工资,不过为争得目前很小的利益使大家认识阶级的利害而结合团体的一种手段,绝对不是我们工人的目的。"② 他希望广大工人要认清自己阶级的地位和真实的目的,即要把局部的工人团结上升为整个工人阶级的联合,把经济斗争上升为阶级斗争。

1923年12月,邓中夏在《中国青年》杂志上连续发表《论工人运动》和《中国工人状况及我们运动之方针》两篇文章。他阐述了工人运动对革命的重要性,指出工人群众是中国革命运动最伟大的力量。他说:"中国工人的群众有革命的趋向与可能,而且是革命军中最勇敢的先锋队,有香港海员和京汉路工两大罢工可以证明,我们亦应毫无疑义了。所以我们不欲革命则已,要革命非特别重视工人运动不可。"③ 他提出两条工人运动的方针:一是主张公开的工会运动,避免使工人被引入工团主义;二是要在各类工人中选择对革命事业最有帮助的工人群众。随后,邓中夏又发表《论农民运动》、《中国农民状况及我们运动的方针》。他说,中国的经济基础,差不多完全是农民,中国农民应该至少要占全国三分之二,这样一个占全国人口绝大多数的农民群众,是革命运动中一个不可轻视的伟大势力。作好农民运动应采取的方针是:一是组织农会,把农民团结在农会之下;二是抓住时机对农民进行宣传教育,注意使用正确的宣传口号;三是进行经济、政治两方面的行动,在经济上要求减租、改善待遇等,在政治上要求普选、组织民团、集会自由等。

对农民运动研究和指导作出最大贡献的是毛泽东。1926年至1927年他先后主持广州第六届农民运动讲习所和武昌中央农民运动讲习所工作,为培养农民运动骨干,推动农民运动的快速发展发挥了重要作用。他先后发表一系列文章宣传解决农民问题和组织农民运动的重要性。1926年9月,他发表《国民

---

① 李立三:《敬告安源工友》,长沙市革命纪念地办公室、安源路矿工人活动纪念馆编:《安源路矿工人运动史料》,湖南人民出版社,1980年版,第118页。

② 刘少奇:《对俱乐部过去的批评和将来的计划》,长沙市革命纪念地办公室、安源路矿工人活动纪念馆编:《安源路矿工人运动史料》,湖南人民出版社,1980年版,第126页。

③ 《邓中夏文集》,人民出版社,1983年版,第42页。

革命与农民运动》一文，阐明了农民与中国革命之间的关系。他开门见山地指出："农民问题乃国民革命的中心问题，农民不起来参加并拥护国民革命，国民革命不会成功；农民运动不赶速地做起来，农民问题不会解决；农民问题不在现在的革命运动中得到相当的解决，农民不会拥护这个革命。"① 1927 年 3 月，毛泽东发表《湖南农民运动考察报告》，用一件件他亲眼看到的事实回答了党内外各种质疑农民运动的声音，指出农民运动不是糟得很，而是好得很。

第四，用马克思主义理论分析中国妇女问题，推进中国妇女解放运动。中国经历了两千多年的封建专制制度，在半殖民地半封建的旧中国，妇女的地位仍然十分低下。早期的中国共产党人把争取妇女解放作为自己的革命目标之一。1922 年中共二大还专门通过了《关于妇女运动的决议》，指出中国共产党为保护女劳动者及所有被压迫的妇女的利益而奋斗。向警予、李达、蔡和森等湘籍无产阶级革命家坚持用马克思主义指导中国妇女解放运动，分析中国妇女问题，提出了许多真知灼见。

向警予是中共最早的女党员，中国妇女运动的先驱。她领导了中国最早的无产阶级妇女运动，为中央妇女部起草了很多重要指导文件，还发表了一系列指导和宣传中国妇女解放的文章。如《女子解放与改造的商榷》、《中国最近妇女运动》、《告丝厂劳苦女同胞》、《上海女权运动会今后应注意的三件事》、《今后中国妇女的国民革命运动》、《中国妇女宣传运动的新纪元》、《中等以上女学生的读书问题》、《妇女运动与国民运动》、《妇女运动的基础》、《五一纪念与妇女经济独立》、《妇女真的没有接受革命思潮的可能吗？》等。除《女子解放与改造的商榷》是向警予在法留学期间写的文章外，其他文章都是向警予在中共二大担任党中央第一任妇女部长以后写的。向警予在这些文章里阐述和宣传了很多重要的观点：(1) 劳动妇女是妇女解放最重要的力量。向警予指出，劳动妇女备受资本家压榨，现代工业把她们成千上万地集聚在一起，使她们天然地易于组织和战斗，因而她们是一支"勇敢奋斗有组织而能战争的新兴妇女劳动军，不独是妇女解放的先锋，而且是反抗外国掠夺者的国民革命之前卫！"② (2) 妇女必须参加到被压迫阶级的革命斗争中才能获得真正的解放。向警予指出："二十世纪的时代是被压迫阶级从压迫阶级中解放出来的大变化时代。这个时代，是人类全体到平等自由之路的过渡时代。我们女子也是被压迫阶级的

---

① 《毛泽东文集》第 1 卷，人民出版社，1993 年版，第 37 页。
② 《向警予文集》，人民出版社，2011 年版，第 97 页。

一部,我们处的是被压迫的地位。欲免除压迫,老实说来只有联合同阶级努力作战改造社会的一法。"① (3)发挥革命团体的作用,提高妇女改造自己改造社会的能力。向警予指出,要铲除旧礼教制度和腐败的女子教育对妇女通向革命之路的障碍,只有改造自己的环境,"应多读新书报,多与实际的社会接近——尤其是有目标有纲领有行动与妇女本身有密切关系而充实了的革命精神的团体。我们应亲身加入以改造我们的环境。那些团体不独需要我们去服务,而且能供给我们以许多活的实际的教育"②。

除了向警予,在湘籍无产阶级革命家当中,李达是最关注妇女解放问题的了。1921年,李达相继翻译发表了《列宁的妇人解放论》、《女性中心说》、《社会主义的妇女观》、《妇女运动和妇女问题》等文章,他自己还撰写了《女子解放论》、《告诋毁男女社交的新乡愿》、《介绍几个女社会革命家》、《平民女学是到新社会的第一步》、《女权运动史》等文章。通过这些译作和文章,李达向长期处于封建专制统治之下的中国人民宣传了马克思主义妇女解放思想。他认为,中国的劳动妇女要以俄国妇女为榜样,积极参加推翻旧制度的革命斗争,才能赢得自身解放。他指出:"现在社会经济的基础已经动摇了。社会根本的改造的大事业,横在我们面前,有志改造社会的男女们,彼此不可不有阶级的共存的自觉,共同携手参与改造事业,和那共同的社会的敌人奋斗,建设男女两性为本位的共同生活的社会。"③

第五,批判各种反马克思主义错误思潮。李达是马克思主义初期传播中与各种反马克思主义错误思潮进行斗争的一员猛将。李达发表《张东荪现原形》、《讨论社会主义并质梁任公》等文,对基尔特社会主义进行揭露和批判。张东荪是中国基尔特社会主义的代表人物,他在《我们为什么要讲社会主义》一文中提出社会主义是一种"逆现社会"的"浑朴的趋向"。李达在《张东荪现原形》一文中对张东荪在社会主义问题上自相矛盾的说法进行了分析和揭露。李达指出,张东荪在"文章前半极力说中国无产阶级如何受了资本主义的苦痛的话,并且引用各国贵族学者联翩加入社会党的事情,证明他自己所以讲社会主义的理由"④。可在文章的后面,除了看到他的"浑朴的倾向"五个字,看不

---

① 《向警予文集》,人民出版社,2011年版,第182页。
② 《向警予文集》,人民出版社,2011年版,第242页。
③ 《李达文集》第1卷,人民出版社,1980年版,第105页。
④ 《李达文集》第1卷,人民出版社,1980年版,第24页。

到他的主张。李达说:"他前半不是明明白白说了要干社会革命的话么?为什么又不敢主张呢?我就晓得他那种前言不顾后语自己反对自己的特长,又在文字上发露了。"李达还说,张东荪一方面"不主张空谈主义",另一方面却又主张"使中国人从来未过过人的生活的都得着人的生活"①的主义,这实际上是自相矛盾的说法。李达最后一针见血地指出张东荪"无非是不讲社会主义去开发实业罢了"②。梁启超是基尔特社会主义的另一代表人物,李达在《讨论社会主义并质梁任公》一文中对梁启超论社会主义运动的思想进行了分析,指出梁启超在《复东荪书论社会主义运动》一文的"旨趣"包括五个层次,即误解社会主义;提倡资本主义,反对社会主义;高唱爱国主义,排斥外国资本家;提倡温情主义,主张社会政策;误会社会主义运动。李达对五方面的错误思想一一加以批驳。

李达发表《社会革命底商榷》、《无政府主义之解剖》等文,对无政府主义展开批判。李达指出,马克思派的共产主义和无政府主义在生产和分配上的法则都是根本不同的。在生产组织上,"共产主义的生产组织是集中的,无政府主义的生产组织是分散的"③。无政府主义者主张的生产组织与资本主义的生产组织差不多,生产力无从调节,供求不能保持基本平衡,最终会导致生产的混乱状态。在分配制度上,无政府主义不顾生产力的发展水平,实行各尽所能、各取所需的原则,实际上是行不通的。李达指出:"新社会都是继承旧社会的生产力,继续发展的,这生产力是有一定的限制的,生产力既有限制,生产物当然也有限制了,以这有限制的生产,听各人消费的自由得其平等,是绝对办不到的。"④

李达发表《社会主义与江亢虎》,批判江亢虎的"新社会主义"和"新民主主义"的缺陷。他指出,江亢虎只空泛地提出了"资产公有"、"劳动报酬"和"教育普及"三个政纲,但没有提出实行的方法和手段。为此,李达提出质疑:"社会革命是无产阶级来干的,社会革命以后是无产阶级专政的,这点并不曾说起,竟骤然提出社会革命以后三个政纲来,难道社会自身能来革命吗?

---

① 《李达文集》第1卷,人民出版社,1980年版,第25页。
② 《李达文集》第1卷,人民出版社,1980年版,第26页。
③ 《李达文集》第1卷,人民出版社,1980年版,第49页。
④ 《李达文集》第1卷,人民出版社,1980年版,第51页。

试问这三个政纲是由无产阶级来实行呢？还是由劳资两阶级合作？"① 另一方面，李达还揭露了江亢虎的"新民主主义"本质。李达指出："江君的新民主主义，窃取苏维埃制度的形式，却加上了地主资本家两个因素在内，既不是第三阶级（资本阶级）的民主主义，也不是第四阶级（无产阶级）的民主主义，这真是'不三不四'的民主主义了。"② 此外，李达还批评了江亢虎对苏俄政权的攻击。李达指出，江亢虎自称社会主义者，又亲身在俄国考察过，但他在《新俄游记》里"竟是千篇一律的宣传'俄国共产主义失败，现在已恢复资本主义和私有财产制度了'"③。这是由于江亢虎"不了解俄国社会革命的缘故"，"误解俄国的新经济政策"，"不懂社会主义的缘故"④。那种一听见俄国社会革命的消息，便产生一种幻想，以为劳农俄国已是社会主义的国家，广大人民的生活必然非常安乐的观点其实是错误的。因为社会主义共和国要名副其实，全靠共产党人努力建设，方能做到。劳农俄国尚未进入社会主义之门，就谈不上所谓试行共产主义而失败。

此外，李达还在《马克思还原》一文里剖析了修正主义，指出由于德国社会民主党内的"自作聪明"的"修正派"，如柏伦斯坦因（即伯恩施坦）、柯兹基（即考茨基）之流对马克思主义妄加修改，把马克思主义的真面目弄湮没了。

### （二）湘籍无产阶级革命家在早期传播马克思主义的方式

湘籍无产阶级革命家早期传播马克思主义的方式非常丰富，主要有建立出版机构、创办报刊、建立社团、创办学校等方式。

第一，建立出版机构，通过出版马克思主义著作传播和宣传马克思主义。1921年9月，我们党建立了自己的早期出版机构人民出版社。李达担任主编，出版社就设在李达的寓所内，出版社的各项工作很多时候实际上是李达独自完成的。人民出版社有计划地出版马克思主义著作，在短短一年里就出版了"马克思全书"3种（《共产党宣言》、《工钱劳动与资本》、《资本论入门》），"列宁全书"5种（《劳农会之建设》、《讨论进行计划》、《共产党礼拜六》、《劳农政

---

① 《李达文集》第1卷，人民出版社，1980年版，第225页。
② 《李达文集》第1卷，人民出版社，1980年版，第226页。
③ 《李达文集》第1卷，人民出版社，1980年版，第231页。
④ 《李达文集》第1卷，人民出版社，1980年版，第232页。

府之成功与困难》、《列宁传》),"康民尼斯特丛书"4种(《共产党的计划》、《俄国共产党党纲》、《第三国际决议案及宣言》、《劳动革命史》)。

第二,创办报刊,利用报刊发表译作、文章,达到传播马克思主义的目的。1919年7月,毛泽东创办湖南省学生联合会理论刊物《湘江评论》。毛泽东在《湘江评论》上发表文章,他用阶级分析的观点揭示帝国主义的本质,指出第一次世界大战的结果,"是用协约国政治和国际的强权,打倒德奥政治和国际的强权"①。他热情讴歌十月革命,预言俄国十月革命带来的社会变革必将普及于世界。1920年11月,上海早期党组织创办我们党的第一个党刊《共产党》月刊,李达担任主编,为该刊翻译和撰写了许多重要文章。五四运动期间,李大钊发起成立少年中国学会,《少年世界》是该会创办的刊物之一,邓中夏被推举为该刊的负责人之一,在邓中夏等人的精心组织之下,该刊发表了很多介绍苏俄情况和国际工人运动方面的文章。1921年7月,北京党组织创办《工人周刊》。同年9月,北方劳动组合书记部成立,《工人周刊》就成为书记部的机关刊物。罗章龙、何孟雄都是编委常委,他们都写了一系列宣传马克思主义和指导工人运动的文章。1922年9月,党的中央机关报《向导》周报在上海创办,蔡和森为首任主编。从1922年创刊到1927年7月停刊,《向导》周报共出了201期,其中蔡和森就主编了116期。蔡和森先后在《向导》周报上发表约160篇文章。李立三回忆说:"《向导》在中国革命中起到了极大的领导作用,从数千份扩展到十万余份,在大革命准备时期和大革命时期中是真正成了全中国革命的向导。"②1923年4月,毛泽东和李达创办湖南自修大学校刊《新时代》,该刊坚持以马克思主义为指导,探讨国家如何改造,政治如何澄清,帝国主义如何打倒,武人政治如何推翻等重大问题。毛泽东撰写发刊词,并发表《外力、军阀与革命》一文。李达先后在该刊发表《何谓帝国主义》、《为收回旅大运动敬告国人》、《马克思学说与中国》、《中国商工阶级应有之觉悟》等文章。1925年6月,邓中夏创办中华全国总工会和省港罢工委员会机关报《工人之路》,讲解革命道理,报道国内外形势,成为党教育工人阶级和人民群众的重要工具。1925年12月,毛泽东在广州创办《政治周报》,在揭露和抨击反动军阀和国民党右派的反革命宣传等方面发挥了重要作用。

第三,建立进步社团,把更多的进步分子团结在马克思主义的旗帜之下。

---

① 《毛泽东早期文稿》,湖南人民出版社,2008年,第324页。
② 李立三:《纪念蔡和森同志》,《回忆蔡和森》,人民出版社,1980年,第9页。

1920年8月，毛泽东发起创立文化书社。之前，毛泽东在长沙《大公报》上发表《发起文化书社》一文，公开宣布文化书社是要"发现在北冰洋岸的俄罗斯"的"新文化"。① 同月，毛泽东、何叔衡等人又发起成立俄罗斯研究会，明确提出"本会以研究俄罗斯一切事情为宗旨"②。俄罗斯研究会选派任弼时、萧劲光等人去上海外国语学社学习，然后赴莫斯科留学。1921年，邓中夏在保定直隶高等师范学校任教期间，发起成立新文化研究会，亲自为研究会成员拟定阅读书目，其中包括《共产党宣言》、《唯物史观解说》、《马克思经济学说》、《马克思资本论入门》、《阶级斗争》、《社会主义史》等马克思主义著作。1921年10月，少年中国学会决定建立少年中国学会社会主义研究会，推选邓中夏为负责人，邓中夏为研究会写出研究计划，指出社会主义派别甚多，研究会研究的是马克思主义的科学社会主义，重点是搞清楚唯物史观、剩余价值、阶级斗争和无产阶级专政等重大问题。同年11月，邓中夏、罗章龙、何孟雄等19人在北京大学宣布成立马克思学说研究会，明确提出研究会以研究马克思主义著述为目的。该会通过举行讨论会、专题分组研究、举行讲演会和辩论会等方式进行研究工作。

第四，通过办学校或者组织教学，培养掌握马克思主义的干部和革命骨干，向青年学生和工农群众进行马克思主义教育。1920年秋，北京早期党组织成立以后，李大钊以"提倡平民教育"的名义派邓中夏到长辛店开办劳动补习学校。邓中夏把马克思主义的阶级斗争理论融入到国文、科学常识、社会常识等文化课当中，以启发工人的阶级觉悟。湘籍无产阶级革命家何孟雄、张昆弟等也常去补习学校讲课。1921年春，邓中夏应聘到保定直隶高等师范学校担任新文学教授。在三个月当中，邓中夏共讲了12个专题，其中一个专题就是"介绍唯物史观的大意"，公开向学生宣传马克思主义唯物史观。1921年冬，李立三在安源创办工人补习学校，把文化教育与马克思主义启蒙教育有机结合起来，对提高工人阶级觉悟发挥了重要作用。1922年2月，我党在上海创办了第一所平民女学，李达担任主要负责人。平民女学不仅教学员学习文化，还对学员进行马克思主义启蒙教育。李达称平民女学使"有觉悟的女子都

---

① 《毛泽东早期文稿》，湖南人民出版社，2008年，第449页。
② 中国革命博物馆，湖南省博物馆编：《新民学会资料》，人民出版社，1980年版，第354页。

能够得到求学的机会"①,"平民女学是到新社会的第一步"②。1923年4月,经李大钊介绍,邓中夏前往上海担任上海大学校务长。邓中夏大胆改革,创办社会学系,瞿秋白任教务长兼社会学系主任,蔡和森、恽代英、张太雷、向警予、肖楚女、施存统等兼任社会学系教员。邓中夏、蔡和森等坚持用马克思主义教育青年学生,培养了大批革命人才。邓中夏还利用上海大学的有利条件,创办了以招收工人为主的平民学校,邓中夏亲自承担编写教材的任务,编写了《劳动常识》。1925年10月,罗亦农在北京参加中共中央扩大会议以后,应李大钊的要求主持北方区委党校工作,罗亦农亲自讲授了政治经济学、历史唯物主义、世界革命史等课程。1925年秋,安源党团地委召开联席会议决定合办党校,刘少奇担任党校校长。党校开设的"课程为:政治经济浅说、俄共党史、少运史三门,每周上课三次(六小时),党校分初级班和高级班,分别训练工人和学生"③。1926年6月,中华全国总工会和省港罢工委员会联合建立劳动学院,邓中夏任院长,学院不仅培养省港大罢工的领导骨干,也为我党培养了一批得力的干部。

## 三、湘籍无产阶级革命家与马克思主义中国化和大众化

马克思主义传播到中国以后,就面临着与中国革命的实际相结合的问题。湘籍无产阶级革命家在长期的革命斗争中对马克思主义中国化大众化进行了艰辛探索。

### (一)倡导马克思主义与中国革命实际相结合,推进马克思主义中国化

中共早期领导人对马克思主义与中国革命实际相结合问题阐述得最深刻、最系统的是蔡和森,他的表述已经和我们党在抗战时期以后形成的提法很接近了。他指出:

马克思列宁主义在世界各国共产党是一致的,但当应用到各国去,应当到实际上去才行的。要在自己的争斗中把列宁主义形成自己的理论武器,即以马

---

① 《李达文集》第1卷,人民出版社,1980年版,第130页。
② 《李达文集》第1卷,人民出版社,1980年版,第128页。
③ 中共中央文献研究室编:《刘少奇年谱》上卷,中央文献出版社,1996年版,第32页。

克思主义列宁主义的精神来定出适合客观情形的策略和组织才行。[①]

蔡和森告诉我们，一个革命的政党必须有革命的理论，没有革命的理论作指导，革命就不可能取得成功。必须把马克思主义运用于各国革命实际，即把马克思主义与本国实际相结合，制定出适合本国实际的斗争策略。实际上，从蔡和森的论述中，我们可以清楚地看到其中的马克思主义民族化、本土化的涵义，马克思主义中国化在此有呼之欲出之感。

1930年5月，毛泽东撰写《反对本本主义》一文，明确提出"马克思主义的'本本'是要学习的，但是必须同我国的实际情况相结合"[②]，"中国革命斗争的胜利要靠中国同志了解中国情况。"[③] 马克思主义与我国实际情况相结合，这就是马克思主义中国化的基本内涵。1938年10月，毛泽东在中共六届六中全会上明确提出了马克思主义中国化的命题。他指出："没有抽象的马克思主义，只有具体的马克思主义。所谓具体的马克思主义，就是通过民族形式的马克思主义，就是把马克思主义应用到中国具体环境的具体斗争中去，而不是抽象地应用它。成为伟大中华民族之一部分而与这个民族血肉相联的共产党员，离开中国特点来谈马克思主义，只是抽象的空洞的马克思主义。因此，马克思主义的中国化，使之在其每一表现中带着中国的特性，即是说，按照中国的特点去应用它，成为全党亟待了解并亟须解决的问题。"[④] 在对过去党内所犯教条主义、冒险主义等错误进行深刻反思的基础上，在毛泽东和党中央倡导加强学习马克思主义的基础上，坚持马克思主义与中国具体实际相结合，即马克思主义中国化，逐步成为全党的共识。

众多湘籍无产阶级革命家自觉担当起宣传和推进马克思主义中国化的任务，在他们发表的文章、演讲、报告中对马克思主义中国化作出具体阐释。刘少奇指出："我们要使马克思列宁主义的普遍真理和具体的革命实践相结合"[⑤]，"要使马克思主义系统地中国化，要使马克思主义从欧洲形式变为中国

---

[①] 《蔡和森文集》（下），人民出版社，2013年版，第807页。
[②] 《毛泽东选集》第1卷，人民出版社，1991年版，第112页。
[③] 《毛泽东选集》第1卷，人民出版社，1991年版，第115页。
[④] 中央档案馆编：《中共中央文件选集》第11册，中共中央党校出版社，1991年版，第659页。
[⑤] 《刘少奇选集》上卷，人民出版社，1981年版，第110页。

形式，就是说，要用马克思主义的立场与方法来解决现代中国革命中的各种问题"①。任弼时指出：理论与实践在我们的学习与工作中是密不可分的，要做到"真正使马克思主义不是教条，而是行动的指南，真正使马列主义的普遍真理与中国革命的具体实践相结合，真正使马列主义具体化、中国化，并有新的发展。"② 谢觉哉也强调："党员应不断学习，时刻在学习。同时当懂得不把理论看作教条，而是当作行动指南。"③ 贺龙指出，部队的教育要反对教条主义，要坚持"理论联系实际，通过学习，在政治上要把边区的历史，边区的具体情况，党的各项具体政策，如征粮、减租减息、三三制等搞清楚。"他还说："我们教育的目的是学以致用，不是以测验的平均分数高低为标准；也不是看谁能说'学而时习之，不亦说乎！'能背诵马列主义的句子；主要是看他们对学到的东西在实际中的运用情况，工作效率是否提高了，违反政策、违犯纪律的现象是否减少了。"④

**（二）马克思主义中国化理论从初步探索到走向成熟**

中国共产党一经诞生，就投入到领导人民进行反帝反封建的伟大斗争当中。中国共产党人坚持把马克思主义与中国革命的实际相结合，积极探索中国革命的道路和基本规律。在这个探索过程中，以毛泽东为代表的湘籍无产阶级革命家作出了重大的贡献。

第一，对中国革命基本问题的初步探索。这是中国共产党人在创建时期和大革命时期取得的理论成果。中共二大提出了反帝反封建的民主革命纲领，初步回答了中国革命的对象、任务、目标、前途等问题。二大以后，中国共产党人对中国革命基本问题进行了多方面的思考和探索。毛泽东、蔡和森、邓中夏等湘籍无产阶级革命家是中国革命基本问题积极探索者。

关于中国革命的性质。这时的共产党人虽然没有提出新民主主义革命的概念，但已经认识到中国的民主革命是一个多阶级共同参加的革命，与以往的资产阶级民主革命之间存在区别。蔡和森指出，"中国革命运动之性质与历程必与从前欧美资产阶级的民主革命大不相同"，即"已不是纯粹资产阶级民主革

---

① 《刘少奇选集》上卷，人民出版社，1981年版，第335页。
② 《任弼时选集》，人民出版社，1987年版，第304页。
③ 《谢觉哉文集》，人民出版社，1989年版，第328页。
④ 《贺龙文选》上卷，军事科学出版社，1996年版，第244页。

命的问题,事实上业已变成为国民革命(亦可称民族革命)的问题,而且这个问题要待列入世界革命的议事日程中才能解决"。① 毛泽东指出:"十八世纪末期至十九世纪中期欧、美、日本资产阶级反抗封建贵族阶级的民主革命,与十九世纪末期至二十世纪初期殖民地半殖民地的小资产阶级、半无产阶级、无产阶级合作反抗帝国主义及其工具官僚、军阀、买办、地主阶级的国民革命,性质完全不同。不但如此,辛亥年的革命,与现在的革命,性质也不相同。"②

关于革命的领导权问题。中共四大明确提出了无产阶级在民主革命中的领导权问题。共产党人在革命斗争的实践中对无产阶级领导权的重要性有了更深刻的认识。无产阶级的领导权不是无产阶级自封的,而是由无产阶级的先进性决定的。邓中夏指出:"只有无产阶级有伟大集中的群众,有革命到底的精神,只有它配做国民革命的领袖。只有无产阶级一方面更增进强大他们自己的力量,一方面又督促团结各阶级微弱的散漫的力量——联合成一个革命的力量,方能成就目前国民革命以及将来社会革命的两种伟大事业。"③ 无产阶级的领导地位已从国民革命运动中无产阶级的优秀表现得到证实。刘少奇指出:"工人阶级在国民革命运动中,能领导一切民众向帝国主义与军阀进攻……工人阶级在'五卅'反帝国主义运动中牺牲为最大,主张最为急进,奋斗最能坚持,力量亦表现得非常伟大。在各种奋斗事实中,足以证明工人阶级在国民革命运动中之领导地位,是确凿不移的。"④ 中国的国民革命是无产阶级和其他阶级共同进行的,无产阶级必须在斗争中争取领导权,这是关系革命前途的大问题。蔡和森指出:"无产阶级应是各种势力之组织者、领导者,他应该领导中国革命到底,并去完成中国无产阶级解放的事业。"⑤

关于农民问题。党的四大提出农民是无产阶级的同盟者,中国共产党人经过五卅运动等斗争实践,更加深刻认识到引导农民参加民主革命的重要性。刘少奇指出:"农民为国民革命之重要势力,是工人阶级天然的同盟军。中国工人阶级应切实提携农民,进行中国的革命。各处的工人应帮助农民组织农民协会及指示奋斗方法,在农民的一切奋斗中,工人应以实力援助之。工人阶级确

---

① 《蔡和森文集》(上),人民出版社,2013年版,第284页。
② 《毛泽东文集》第1卷,人民出版社,1993年,第24页。
③ 《邓中夏文集》,人民出版社,1983年版,第102页。
④ 《刘少奇选集》上卷,人民出版社,1981年版,第1页。
⑤ 《蔡和森文集》(下),人民出版社,2013年版,第803页。

定自己奋斗的方式时，必须顾及农民的利益。"①农民是中国农村反封建斗争中的主力军，工人阶级必须依靠农民阶级才能完成反帝反封建的革命任务。毛泽东指出："进步的工人阶级尤其是一切革命阶级的领导，然若无农民从乡村中奋起打倒宗法封建的地主阶级之特权，则军阀与帝国主义势力总不会根本倒塌。"②农民阶级和工人阶级都是受剥削受压迫的阶级，所以农民阶级能够和工人阶级结成可靠的联盟。邓中夏指出："农民真是我工人阶级天然的同盟者，他们是受大地主的剥削与压迫，我们是受资本家的剥削与压迫，所以他们经济痛苦与我们原无两样。至于受军阀官僚之无情蹂躏，帝国主义之肆意侵略，他们与我们的政治痛苦更是一致了。""农民是我们的助手，我们须得亲密的联合起来，以打倒一切压迫我们的特殊阶级。"③

关于武装斗争问题。在大革命时期，共产党人逐步认识到要武装工农力量，但从总的情况看对于武装斗争还缺乏足够的认识，这是党在大革命的危急时刻处于被动地位的重要原因。1925年4月，蔡和森曾谈到组织农民武装的问题。他说："陈军溃时，枪械多藏匿于乡间各亲戚家，农民来报者日有数起，此种枪械若不收集诚为后患。当此镇压反革命之时，农民非有武装不成，而且农民协会之根本问题亦非农民有武装不成。所以农会现已决定扩充农民自卫军一百名，训练三个月，养成下级干部人才。"④从这段文字看，扩充农民自卫军的首要原因是担心"枪械若不收集诚为后患"，而非对组织农民武装有了自觉的认识。对武装斗争有更深刻认识的是邓中夏。他在1926年1月发表的《戴卓民同志出狱》一文中这样写道："资产阶级（包括帝国主义、军阀、资本家……）不仅在经济上处优越地位，并且在政治上还有特别权力，军队，警察，法庭，监狱都是他们宰制工人阶级的武器。假使我们要得到完全的解放，只有夺取政权，把他们宰制我们的武器，变为我们对付他们的武器，这一点是工人阶级在种种实际经验中得来的教训，不可忘记的。"⑤应该说，邓中夏的这一武装夺取政权的认识是很深刻的，只可惜这一认识在当时还未能成为全党的共识。此外，在大革命的危急关头，罗亦农也曾认识到"维持工人武装"的

---

① 《刘少奇选集》上卷，人民出版社，1981年版，第2页。
② 《毛泽东文集》第1卷，人民出版社，1993年，第39页。
③ 《邓中夏文集》，人民出版社，1983年版，第155页。
④ 《蔡和森文集》（下），人民出版社，2013年版，第768页。
⑤ 《邓中夏文集》，人民出版社，1983年版，第200页。

重要性。他说:"如果工人武装被解除,则工人又将入于过去黑暗之域,因此,维持工人武装为目前最重要的问题。"①

第二,探索中国革命的新道路。中国革命的新道路,是中国共产党人在大革命失败以后探索出来的,是以毛泽东为代表的中国共产党人在总结党领导红军建立农村革命根据地的基础上进行的科学总结。从 1927 年大革命失败到 1938 年毛泽东发表《战争和战略问题》,中国革命新道路在理论形态上的完成经历了 11 年的探索时间。

1927 年 8 月 7 日中共中央在汉口召开紧急会议,在总结大革命失败的基础上,确立实行土地革命和武装反抗国民党反动统治的方针。罗亦农在会议上总结了"中国共产党无一坚决夺取政权的决心","不注意夺取政权的武装"②的教训,毛泽东在会议上提出了"须知政权是由枪杆子中取得的"③著名论断。八七会议确立的方针与中国共产党在这一期间发动的南昌起义、秋收起义和广州起义表明,武装夺取政权的思想在大革命失败以后就已经形成了。

中国革命新道路的核心内容是农村包围城市。这条道路之所以称为新道路,是因为这是一条与苏联革命完全相反的革命道路。毛泽东、罗亦农、何孟雄等湘籍无产阶级革命家为这条道路的理论探索作出了突出贡献。

罗亦农最先提出农民割据的思想,为农村包围城市的道路的思想形成作了前期准备。大革命失败以后的中国革命实际已处于低潮,但当时的中共中央却认为革命仍在"高涨"。中共中央临时政治局在 1927 年 9 月 15 日写给共产国际的报告中指出:"在客观上革命的潮流是否仍在高涨呢?我们可以很肯定的回答:是在高涨的,工农是要求暴动的。"④罗亦农极力纠正这种"左"倾盲动主义的认识带来的不利影响,反复强调目前不适合进行总暴动。他主张党要把目光转向农村,先开展土地革命,为发动革命作准备。他指出:目前党在策略上的主要责任是要"积极领导工农以及一般的劳苦群众反新军阀战争,聚集与扩大工农群众的阶级力量,加紧一般的劳苦群众的政治的宣传,加紧乡村中土地革命之发展,创造一新的革命的大潮,准备一夺取政权的总的暴动,但目

---

① 《罗亦农文集》,人民出版社,2011 年版,第 298 页。
② 《罗亦农文集》,人民出版社,2011 年版,第 317 页。
③ 《毛泽东文集》第 1 卷,人民出版社,1993 年,第 47 页。
④ 中共中央文献研究室、中央档案馆编:《建党以来重要文献选编》(1921—1949)第 4 册,中央文献出版社,2011 年版,第 500 页。

前绝非继续总的暴动时期。"罗亦农认为，开展土地革命的主要方法就是实行与扩大游击战争。具体要求是："各省并须依照各省农民组织力量与敌人空虚的情形划成若干区域，动员大批党与团的同志前往指导，占据县城或割占数县以为各地土地革命发展之村镇。"① 在总结湖北秋收暴动时，罗亦农提出了"农民割据"的概念。他说："秋暴之秋，湖北省委亦是按照上列各区，创造农民割据局面之发展，以发展湖北总的暴动，造成了湖北各县骚扰的局面，以至黄安农民暴动能建立农民政府，黄安农民普遍的暴动起来。"② 罗亦农关于农民割据的思想为后来毛泽东提出"工农武装割据"奠定了基础。

毛泽东系统地论述了中国革命新道路的基本思想。秋收起义失败后，毛泽东创建了井冈山革命根据地。从1928年到1930年，毛泽东先后发表《中国的红色政权为什么能够存在》、《井冈山的斗争》、《红军第四军前委给中央的信》、《星星之火，可以燎原》等文章，提出了"工农武装割据"思想，论述了中国红色政权能够在白色政权包围的环境中存在和发展的原因。在《中国的红色政权为什么能够存在》一文中，毛泽东分析了中国红色政权发生和存在的原因：（1）由不同帝国主义国家支持的各派军阀相互间进行着连续不断的战争，给一小块或者若干小块的共产党领导的红色区域的存在创造了条件。（2）中国红色政权首先发生和长期存在的地方，是受过大革命影响的地方，有较好的群众基础。（3）革命形势的向前发展，有利于小块红色区域的长期存在。（4）相当力量的正式红军的存在。（5）共产党组织的有力量和它的政策的不错误。在《井冈山的斗争》一文中，毛泽东正式提出"工农武装割据"的概念，并重申了工农武装割据的存在和发展的条件。他指出："只要买办豪绅阶级间的分裂和战争是继续的，则工农武装割据的存在和发展也将是能够继续的。此外，工农武装割据的存在和发展，还需要具备下列的条件：（1）有很好的群众；（2）有很好的党；（3）有相当力量的红军；（4）有便利于作战的地势；（5）有足够给养的经济力。"③ 在《星星之火，可以燎原》一文中，毛泽东在阐述红色政权存在和发展条件时，还增加了一条：单纯的游击政策，不能完成促进全国高潮的任务，即强调了建立农村革命根据地的极端重要性。

何孟雄提出了农村包围城市的命题。1930年5月24日，中共中央机关报

---

① 《罗亦农文集》，人民出版社，2011年版，第365页。
② 《罗亦农文集》，人民出版社，2011年版，第395页。
③ 《毛泽东选集》第1卷，人民出版社，1991年版，第57页。

《红旗》第105期刊登了何孟雄的《子敬来信》，何孟雄在信中说：

现在就全国看来，农民运动的发展比较城市的工人运动要快得多，农村的已经正在发展着武装暴动、苏维埃、红军，但这些东西在城市中都还没有，并且连大规模的有组织的政治罢工都还是很少见的。在这一种情势之下，若我们依然是将大部分的力用在城市中，实不如用在农村中为好，在农村中一定得的效果更大。若是革命势力占据了广大农村之后，他还是可以联合起来包围城市，封锁城市，用广大的农村革命势力向城市进攻，必然可以得着胜利。①

农村包围城市，是中国革命新道路的关键内容，何孟雄的农村包围城市思想和毛泽东工农武装割据思想在内容上是一致的。从字面意义可以理解为：工农武装割据是农村包围城市的前提，农村包围城市是工农武装割据的结果。1938年11月，毛泽东在《战争和战略问题》中指出："中国的特点是：不是一个独立的民主的国家，而是一个半殖民地的半封建的国家；在内部没有民主制度，而受封建制度压迫；在外部没有民族独立，而受帝国主义压迫。因此，无议会可以利用，无组织工人举行罢工的合法权利。在这里，共产党的任务，基本地不是经过长期合法斗争以进入起义和战争，也不是先占城市后取农村，而是走相反的道路。"② 从此，农村包围城市，武装夺取政权，作为革命道路确立了下来。

第三，马克思主义中国化理论走向成熟。红军到达陕北以后，以毛泽东为代表的中国共产党人对马克思主义和中国革命重大问题进行了全面的理论探索，逐渐形成了马克思主义中国化的理论成果。从1935年10月中央红军到达陕北到1945年中共七大召开，这一成果在内容上丰富和成熟，经历了整整10年时间。在这期间，毛泽东和其他中国共产党人集中论述了马克思主义哲学、军事、统一战线和党的建设等思想，形成了丰富系统的中国化马克思主义理论成果，毛泽东是这一成果的最大贡献者，所以这一成果以毛泽东的名字命名，叫毛泽东思想。

关于马克思主义哲学思想。1937年4月至7月，毛泽东为抗日军政大学学员讲授了100多学时的马克思主义哲学课程，在这次教学实践中，毛泽东写下了《唯物论辩证法》（讲授提纲）、《实践论》和《矛盾论》三部马克思主义

---

① 何孟雄：《子敬来信》，《党的文献》，1989年第6期。
② 《毛泽东选集》第2卷，人民出版社，1991年版，第542页。

哲学著作。其中《唯物论辩证法》（讲授提纲）是毛泽东的讲课记录文本。《实践论》和《矛盾论》是毛泽东在讲授提纲相关内容的基础上整理加工而成的，是毛泽东享誉中外的哲学名著。在《实践论》中，毛泽东系统地阐述了辩证唯物主义认识论的基本原理。他指出："实践、认识、再实践、再认识，这种形式，循环往复以至无穷，而实践和认识之每一循环的内容，都比较地进到了高一级的程度。这就是辩证唯物论的全部认识论，这就是辩证唯物论的知行统一观。"[1] 在《矛盾论》中，毛泽东论述了两种宇宙观，矛盾的普遍性，矛盾的特殊性，主要的矛盾和矛盾的主要方面，矛盾诸方面的同一性和斗争性，对抗在矛盾中的地位等唯物辩证法问题。毛泽东强调："事物的矛盾法则，即对立统一的法则，是唯物辩证法的最根本的法则。"[2] 如果我们懂得这些法则，"我们就能够击破违反马克思列宁主义基本原则的不利于我们的革命事业的那些教条主义的思想；也能够使有经验的同志们整理自己的经验，使之带上原则性，而避免重复经验主义的错误"[3]。

关于军事思想。毛泽东系统地解决了以农民为主要成分的革命军队如何建设成为一支无产阶级性质的、具有严格纪律的、同人民群众保持亲密联系的新型人民军队的问题。他规定了全心全意为人民服务是人民军队的唯一宗旨，规定了是党指挥枪而不是枪指挥党的原则，制定了三大纪律八项注意，强调实行政治、经济、军事三大民主，实行官兵一致、军民一致和瓦解敌军的原则，提出和总结了一套军队政治工作的方针和方法。他在《关于纠正党内的错误思想》、《中国革命战争的战略问题》、《抗日游击战争的战略问题》、《论持久战》、《战争和战略问题》等军事著作中，总结了中国长期革命战争的经验，系统地提出了建设人民军队的思想，提出了以人民军队为骨干，依靠广大人民群众，建立农村根据地，进行人民战争的思想。他把游击战争提到了战略的地位，认为中国革命战争在长时期内的主要作战形式是游击战和带游击性的运动战。他论述了要随着敌我力量对比的变化和战争发展的进程，正确地实行军事战略的转变。他为革命军队制定了在敌强我弱的形势下实行战略的持久战和战役、战斗的速决战，把战略上的劣势转变为战役、战斗上的优势，集中优势兵力、各

---

[1] 《毛泽东选集》第1卷，人民出版社，1991年版，第297页。
[2] 《毛泽东选集》第1卷，人民出版社，1991年版，第299页。
[3] 《毛泽东选集》第1卷，人民出版社，1991年版，第337页。

个歼灭敌人等一系列人民战争的战略战术。①刘少奇的《抗日民族统一战线中的若干基本问题》、《独立自主地领导华北抗日游击战争》，任弼时的《山西抗战的回忆》、《怎样渡过抗战的困难时期》，彭德怀的《争取持久抗战的几个先决问题》、《关于平原抗日游击战争的几个具体问题》，贺龙的《我对敌企图"扫荡"冀中的估计及部署》、《一二〇师抗战三周年》，罗荣桓的《分散性游击战争与对敌政治攻势》、粟裕的《游击战术讲授提纲》等都是对毛泽东军事思想的贯彻和具体运用。

关于统一战线思想。1935年12月，毛泽东在瓦窑堡党的活动分子会议上作《论反对日本帝国主义的策略》的报告，指出党的基本的策略任务是建立广泛的民族革命统一战线，必须勇敢地抛弃关门主义。1938年10月，在中共六届六中全会上，毛泽东指出，中国的抗日战争是全民族的抗日战争，"我们统一战线的组成，是包括全民族所有不同党派，不同阶级，不同军队，不同国内民族之一个最广大团体"②。1940年，毛泽东先后发表《抗日根据地的政权问题》、《目前抗日统一战线中的策略问题》、《放手发展抗日力量，抵抗反共顽固派的进攻》、《论政策》等文章，全面阐述了党的抗日民族统一战线政策。比如，在《论政策》中，毛泽东概括了10条抗日民族统一战线的具体政策，主要包括：与一切抗日的人民联合起来，组成抗日民族统一战线；统一战线下的独立自主政策，既须统一，又须独立；在军事战略方面，采取独立自主的游击战争，基本上是游击战，但不放松有利条件下的运动战；在和反共顽固派斗争时，采取利用矛盾、争取多数、反对少数、各个击破的策略和有理、有利、有节的原则；在敌占区和国民党统治区，一方面尽量做发展统一战线的工作，一方面采取荫蔽精干的政策；对于国内各阶级相互关系的基本政策，是发展进步势力，争取中间势力，孤立反共顽固势力。刘少奇的《论抗日民主政权》、任弼时的《皖南事变后抗日民族统一战线发展的形势》、彭德怀的《关于开展抗日统一战线的工作》、贺龙的《晋西北之今昔》、谢觉哉的《民族统一战线的释义》等都是宣传党的抗日民族统一战线的文章。

关于党的建设思想。在无产阶级人数很少而战斗力很强，农民和其他小资

---

① 参见《中国共产党中央委员会关于建国以来党的若干历史问题的决议》，《三中全会以来重要文献选编》（下），人民出版社，1982年版，第829页。

② 《毛泽东军事文集》第2卷，军事科学出版社、中央文献出版社，1993年版，第406页。

产阶级占人口大多数的国家,建设一个具有广大群众性的、马克思主义的无产阶级政党,是极其艰巨的任务。毛泽东同志的建党学说成功地解决了这个问题。这方面的主要著作有:《反对自由主义》、《中国共产党在民族战争中的地位》、《改造我们的学习》、《整顿党的作风》、《反对党八股》、《学习和时局》等。他特别着重于从思想上建设党,提出党员不但要在组织上入党,而且要在思想上入党,经常注意以无产阶级思想改造和克服各种非无产阶级思想。他指出,理论和实践相结合的作风,和人民群众紧密地联系在一起的作风,以及自我批评的作风,是中国共产党区别于其他任何政党的显著标志。他提出"惩前毖后、治病救人"的正确方针,强调在党内斗争中要达到既弄清思想又团结同志的目的。他创造了在全党通过批评与自我批评进行马克思列宁主义思想教育的整风形式。① 在抗日战争时期,刘少奇发表了一系列党建著作,对党的建设提出了许多真知灼见,他的党建思想构成了毛泽东党建思想的重要组成部分,这些著作是《论共产党修养》、《论党内斗争》、《清算党内的孟什维主义思想》、《关于修改党章的报告》等。任弼时的《关于增强党性问题的报告大纲》、《为什么要作出增强党性的决定》也是贯彻毛泽东党建思想的文章。

### (三)抗战时期湘籍无产阶级革命家对毛泽东思想的宣传

抗日战争时期,是中国化马克思主义在内容上不断丰富和成熟的时期,也是党纠正教条主义错误,加强马克思主义教育,推进毛泽东思想大众化的重要时期。刘少奇、罗荣桓从理论上对毛泽东思想进行了系统论述。刘少奇在《清算党内的孟什维主义思想》及在七大所作修改党章的报告,罗荣桓在中共山东分局、山东军区直属机关干部纪念中国共产党建党 23 周年会上所作的报告,都对毛泽东思想作了全面论述和宣传。抗战时期的其他湘籍无产阶级革命家也在各自领导岗位上为宣传毛泽东思想发挥过积极作用。当时党内对毛泽东思想的宣传,主要是围绕以下紧密相关的三个方面展开的。

第一,宣传毛泽东的历史功绩及其在全党的领袖地位。坚持毛泽东的正确领导,承认毛泽东在全党的领袖地位,是确立毛泽东思想为全党的指导思想的重要前提。进入上世纪40年代,很多共产党人纷纷撰文宣传毛泽东的历史功绩及其在中国革命进程中所发挥的领袖作用,赞颂毛泽东是伟大的革命家。刘

---

① 参见《中国共产党中央委员会关于建国以来党的若干历史问题的决议》,《三中全会以来重要文献选编》(下),人民出版社,1982年版,第832页。

少奇指出:"在二十二年长期艰苦复杂的革命斗争中,终于使我们的党、使我国的无产阶级与我国革命的人民找到了自己的领袖毛泽东同志。我们的毛泽东同志,是二十二年来在各种艰苦复杂的革命斗争中久经考验的、精通马列主义战略战术的、对中国工人阶级与中国人民解放事业抱无限忠心的坚强伟大的革命家。"① 彭德怀也以党的历史发展为依据指出:"从党的全部历史中证明,毛泽东同志是中国革命的伟大舵手,是中国人民的领袖。"② 罗荣桓指出:"毛泽东同志是马列主义的天才战略家,他根据马列主义的科学与实际,说明中国武装斗争的特点,作为中国革命特殊的规律而发现。"③ 只有坚持毛泽东的正确领导,才能使中国革命走向胜利。罗荣桓强调:"毛泽东同志成为中国共产党的领袖、人民革命的领袖,不是自封的。他是代表党的正确方向,胜利的方向,而与党的整个事业相结合,成为不可分离的关系而得到成就的。"④

第二,阐释毛泽东思想的科学内涵和内容。刘少奇从不同侧面解释了毛泽东思想的科学内涵。(1)"毛泽东思想,就是马克思列宁主义的理论与中国革命的实践之统一的思想,就是中国的共产主义,中国的马克思主义。"⑤ (2)毛泽东思想是"发展着与完善着的中国化的马克思主义"⑥。刘少奇还把毛泽东思想的内容体系归纳为以下9个方面:"关于现代世界情况及中国国情的分析,关于新民主主义的理论与政策,关于解放农民的理论与政策,关于革命统一战线的理论与政策,关于革命战争的理论与政策,关于革命根据地的理论与政策,关于建设新民主主义共和国的理论与政策,关于建设党的理论与政策,关于文化的理论与政策等。"⑦ 罗荣桓对毛泽东思想的内涵和历史作用作了非常深刻地论述。(1)"毛泽东同志的思想,是马列主义的思想。"它坚持来自群众中,再到群众中去,因此它"掌握了马列主义的基本精神,实事求是的精神,这是教条主义所不了解的。"⑧ (2)毛泽东思想是民族化的马克思主义。"毛泽东同志的思想是从马列主义的普遍真理与中国革命具体实践日益互相结

---

① 《刘少奇选集》上卷,人民出版社,1981年版,第291页。
② 《彭德怀军事文选》,中央文献出版社,1988年版,第178页。
③ 《罗荣桓军事文选》,解放军出版社,1997年版,第231页。
④ 《罗荣桓军事文选》,解放军出版社,1997年版,第233页。
⑤ 《刘少奇选集》上卷,人民出版社,1981年版,第333页。
⑥ 《刘少奇选集》上卷,人民出版社,1981年版,第335页。
⑦ 《刘少奇选集》上卷,人民出版社,1981年版,第335页。
⑧ 《罗荣桓军事文选》,解放军出版社,1997年版,第229页。

合上产生发展起来,继承了中国革命百年来的历史传统而民族化了的思想。"①
(3)毛泽东思想是指引中国革命走向胜利的旗帜。"每当着党的领导上犯了错误,招致对革命的损失,总是以毛泽东同志为首的来代表着党的正确方向,挽救对革命的损失,胜利的团结了党,巩固发展了革命势力。这特别表现在第一次大革命失败后,在民族抗战阶段上,毛泽东同志思想,已成为全党所公认,是代表着党的正确方向,马列主义的方向,胜利的旗帜。"②

第三,号召全党同志学习毛泽东的著作,用毛泽东思想武装头脑。毛泽东思想是马列主义在中国的运用和发展,只有学习和掌握毛泽东思想,才能克服党内各种错误思想。刘少奇指出:"一切干部,一切党员,应该用心研究二十二年来中国党的历史经验,应该用心研究与学习毛泽东同志关于中国革命的及其他方面的学说,应该用毛泽东同志的思想来武装自己,并以毛泽东同志的思想体系去清算党内的孟什维主义思想。"③ 学习毛泽东思想,因为毛泽东思想是中国化的马克思主义。任弼时指出:"我们要学习马列主义理论,便不只是去学习马克思列宁的原著,特别要去学习中国化的马列主义,学习毛泽东同志的著作及党的决定,并要在领导群众实践中发展马列主义。"④ 学习毛泽东思想,因为毛泽东思想是指导中国人民夺取革命胜利的思想武器。罗荣桓指出:"我们要把毛泽东同志的思想,作为斗争的武器,把实践这一思想看成是最荣誉的事业。"⑤ 林伯渠强调:"我们全党同志都应该学习毛主席的思想,学习毛主席。因为毛泽东这面旗帜是使中国人民走向解放与进步道路的旗帜,我们全党同志都应该高高地稳定地举起这面旗帜,积极地向前进步,向前发展!"⑥

在抗日战争后期,包括湘籍无产阶级革命家在内的共产党人对毛泽东思想的大力宣传,一方面为毛泽东思想在七大确立为党的指导思想作好了充分的舆论准备,另一方面也使毛泽东思想在广大干部群众中得到广泛普及,是中国共产党历史上一次推进马克思主义大众化的伟大实践。

---

① 《罗荣桓军事文选》,解放军出版社,1997年版,第231页。
② 《罗荣桓军事文选》,解放军出版社,1997年版,第231页。
③ 《刘少奇选集》上卷,人民出版社,1981年版,第300页。
④ 《任弼时选集》,人民出版社,1987年版,第304页。
⑤ 《罗荣桓军事文选》,解放军出版社,1997年版,第236页。
⑥ 《林伯渠文集》,华艺出版社,1996年版,第474页。

## 四、湘籍无产阶级革命家推进马克思主义大众化的经验和启示

从1919年五四运动到1949年新中国建立的30年，是中国新民主主义革命从发端到取得胜利的30年。在这30年，众多的湘籍无产阶级革命家自觉承担起向人民群众传播马克思主义，推进马克思主义大众化的历史重任。他们的艰辛努力，使曾经甚嚣尘上的无政府主义及其他非马克思主义思潮，要么失去原有的光彩，影响力不断下降，要么偃旗息鼓，退出中国政治思想舞台。与此相反，马克思主义成为现代中国传播范围最广、影响最为深远的思想学说，成为中国人民探索国家和民族命运的思想武器，成千上万的群众集聚在马克思主义的旗帜之下，集聚在中国共产党进行反帝反封建斗争的旗帜之下，使现代中国发生了人类历史上最根本性的变革：一个落后的半殖民地半封建的旧中国为一个崭新的人民当家作主的新中国所取代。没有马克思主义大众化，就没有中国共产党自身的发展壮大，就没有中国现代社会的深刻变革，就没有中国新民主主义革命的最后胜利。这就是包括众多湘籍无产阶级革命家在内的中国先进分子宣传马克思主义，推进马克思主义大众化的历史影响和作用。这种影响和作用的经验需要我们认真总结，这种影响和作用带来的启示需要我们细细品味。

### （一）湘籍无产阶级革命家推进马克思主义大众化的历史经验

湘籍无产阶级革命家对马克思主义大众化所作贡献给我们留下了很多值得总结的历史经验。这里我们从大众化的主体、内容、客体、途径几个方面进行分析。

第一，推进马克思主义大众化的主体具备多层次。湘籍无产阶级革命家不仅是推动中国新民主主义革命的重要力量，也是推进现代中国马克思主义大众化的重要力量。这支力量的结构就是多层次的。一部分人有深厚的马克思主义理论功底，他们专心致志研究和宣传马克思主义，是马克思主义的职业理论家和宣传家。他们对马克思主义的传播具有基础性、系统性的特点，在湘籍无产阶级革命家当中，只有李达是这样的革命家。一部分人虽研究和宣传一些马克思主义基本理论，但他们的主要精力是在领导中国革命的实践中运用和发展马克思主义。他们既是理论家，善于把中国革命的经验上升为理论，他们又是实践家，他们的主要任务是领导中国革命。如蔡和森、毛泽东、刘少奇、任弼时

等就是这方面的代表。还有一部分革命家,他们把全部精力投入到中国革命的事业当中,他们把马克思主义理论和党的主张运用于革命实践,使更多的干部战士和工农群众了解和接受马克思主义。早期的共产党人邓中夏、罗亦农、何孟雄、向警予,后来众多的湘籍无产阶级革命家和军事家如彭德怀、贺龙、罗荣桓等都是这方面的代表。

这种主体的多层次性,有利于更好地实现马克思主义大众化的目标。如果缺少李达这样的马克思主义职业宣传家,马克思主义中国化的步伐就要放缓,马克思主义为人民大众所掌握就更是一句空话。但这并不够,马克思主义只有与中国的具体实际相结合才能发挥它的作用。所以,需要更多的无产阶级革命家充当实现"结合"的角色。湘籍无产阶级革命家多数是"实行马克思主义"的革命家,是"将马克思主义化为实际"[①]的革命家,正是有了他们对马克思主义的正确运用和宣传,才有了中国革命的发展和胜利。

第二,推进马克思主义大众化的内容具有全面性。湘籍无产阶级革命家对马克思主义的宣传,在内容上既有马克思主义基本理论方面的宣传,也有坚持和维护马克思主义立场,批判各种错误思潮的政论;既有中国革命的理论即中国化马克思主义理论的宣传,也有运用马克思主义原理对其他各种社会问题的探索;既有对苏俄革命和建设经验的宣传,也有对共产国际和世界各国无产阶级革命运动的介绍。在宣传马克思主义基本理论方面,李达作出的贡献最大。包括他翻译的《唯物史观解说》、《马克思经济学说》《社会问题总览》、《从科学的社会主义到行动的社会主义》、《德国劳动党纲领栏外批评》、《社会科学概论》、《现代世界观》、《经济学批评》、《经济学入门》、《马克思主义经济学基础理论》、《理论与实践的社会科学根本问题》、《政治经济学教程》、《辩证法唯物论教程》等著作,以及他撰写的《什么叫社会主义》、《社会主义的目的》、《马克思还原》、《马克思学说与中国》《现代社会学》、《社会之基础知识》、《社会学大纲》、《唯物辩证法对象》、《辩证法的几个法则》、《经济学大纲》、《辩证法的唯物论问答》等,都属于马克思主义基本理论的宣传内容。任弼时的《列宁主义的要义》、《马克思主义概略》,毛泽东的《实践论》、《矛盾论》、《辩证法唯物论》(讲授提纲)也都属于这方面的内容。

对于绝大多数湘籍无产阶级革命家来说,他们的主要任务是直接组织和领导中国人民的反帝反封建斗争,向人民群众揭露帝国主义的侵略本质和阴谋,

---

① 《刘少奇选集》上卷,人民出版社,1981年版,第295页。

揭露封建军阀及其反动统治给人民带来的深重灾难。他们在发动工人运动、农民运动、青年运动、妇女运动，领导现代中国最为波澜壮阔的反帝反封建的革命斗争的过程中指导和教育群众。这就是各个无产阶级革命家宣传的主要内容。这个宣传过程，就是中国共产党领导人民进行新民主主义革命的过程，就是马克思主义中国化和大众化的过程，中国共产党关于中国革命的正确理论，就是中国化的马克思主义，每个湘籍无产阶级革命家都是中国化马克思主义的积极宣传者。

第三，推进马克思主义大众化的客体指向各阶层。毛泽东指出："所谓人民大众，是包括工人阶级、农民阶级、城市小资产阶级、被帝国主义和国民党反动政权及其所代表的官僚资产阶级（大资产阶级）和地主阶级所压迫和损害的民族资产阶级。"[①] 马克思主义大众化，就是要向工人阶级、农民阶级、城市小资产阶级和民族资产阶级宣传马克思主义，使他们接受马克思主义并学会运用马克思主义。从新民主主义革命时期党推进马克思主义大众化的实践看，这几个阶级又可具体化为共产党员、工人、农民、青年、学生、劳动妇女、革命队伍中的干部战士、统一战线中的团结对象等。

中国共产党是以马克思主义为指导思想的政党，共产党员必须是马克思主义的坚定信仰者，因而也是马克思主义大众化的首要对象。党在建立之初创办《共产党》月刊，主要目的就是对党员进行马克思主义教育，使党员真正成为马克思主义者。李达是《共产党》月刊的主编，也是该刊的主要撰稿人，他在该刊发表的很多文章，对早期共产党人起到了马克思主义启蒙教育的作用。1939年10月，毛泽东发表《〈共产党人〉发刊词》，希望《共产党人》能起到"帮助建设一个全国范围的、广大群众性的、思想上政治上组织上完全巩固的布尔什维克化的中国共产党"[②] 的作用。党在不同阶段采取多种形式对党员进行马克思主义教育。刘少奇写的《论共产党员的修养》、《论党内斗争》、《清算党内的孟什维主义思想》等都是专门对党员进行马克思主义教育的著作。毛泽东领导的延安整风运动是一次全党范围的普遍的马克思主义教育运动。

在大革命时期，中国共产党开展了轰轰烈烈的工人运动和农民运动，工人和农民是共产党人宣传马克思主义和革命主张的重要对象，众多的湘籍无产阶级革命家，如毛泽东、蔡和森、邓中夏、罗亦农、刘少奇、李立三、何孟雄等

---

① 《毛泽东选集》第4卷，人民出版社，1991年版，第1272页。
② 《毛泽东选集》第2卷，人民出版社，1991年版，第602页。

都作过这方面的宣传工作。在同一时期,李达、向警予为推动妇女运动,作过大量的妇女宣传工作,任弼时、邓中夏作过大量的青年宣传工作。大革命失败以后,中国共产党走上了创建革命军队,独立进行反帝反封建革命斗争的历程。毛泽东、彭德怀、贺龙、罗荣桓等为军队建设和革命战士的教育作出了重要贡献。

第四,推进马克思主义大众化的途径采取多样化。湘籍无产阶级革命家推进马克思主义大众化的途径和方法是多种多样的。除了前面介绍过的创办出版社、创办报刊、建立革命社团、创办学校、著书立说以外,还有草拟文件、发表电文和声明、通信、讲演、谈话、作报告等。

草拟党内文件,发表电文、声明和书信等,是革命时期的领导人经常需要做的事情。他们虽处在领导岗位,但条件艰苦,很多时候这些事情需要他们亲力亲为。任弼时在早年担任团中央总书记之时,许多指导青年进行反帝反封斗争的团中央通告,都是他亲自草拟并发布的。土地革命战争以后,毛泽东起草了很多党内文件、指示、电文和声明,向党内外宣传了我们党的革命主张。书信作为宣传手段,可以从毛泽东在长征结束至抗战全面爆发这段时间的通信反映出来。在这期间,他致信蒋介石、阎锡山、杨虎城、傅作义、宋子文等数十名国民党高官要员和民主人士,表达我党停止内战,联合抗日的诚意。

发表讲演、谈话,作报告,也是重要的宣传手段。与文件、电报、声明和书信等形式相比,这类宣传方式的主客体处于同一空间,更具直接性、形象性特点。其中,作讲演和报告,是毛泽东在党内经常使用的宣传方式。《论反对日本帝国主义的策略》、《中国共产党在抗日时期的任务》、《论新阶段》、《改造我们的学习》、《论联合政府》等都是毛泽东所作的报告,《论持久战》、《青年运动的方向》、《新民主主义论》、《整顿党的作风》、《反对党八股》等都是毛泽东所作的讲演。

会见中外记者,在接受记者采访时表达我党的主张,通过记者的报道宣传我党的主张,也是毛泽东的宣传途径之一。如《和英国记者贝特兰的谈话》、《关于国际形势对新华日报记者的谈话》、《和中央社、扫荡报、新民报三记者的谈话》等都是毛泽东会见记者的谈话。1937年10月,斯诺根据采访毛泽东和其他红军将士的手记撰写并出版《红星照耀中国》,让全世界了解到了中国共产党为民族解放而英勇奋斗和敢于牺牲的崇高精神,在国际社会引起了巨大的反响。

其他湘籍无产阶级革命家在同一时期也都不同程度地使用了上述宣传

方式。

**(二) 湘籍无产阶级革命家推进马克思主义大众化的当代启示**

第一，宣传马克思主义首先必须懂得马克思主义。在整个新民主主义革命时期，为中国共产党人推进马克思主义大众化作出最突出贡献的是李达和毛泽东。李达系统地向中国人民介绍和宣传了马克思主义的基本理论，他丰富的译著和理论著述，他对马克思主义的全面把握，可以得到每一个马克思主义的后来者的敬仰与尊重。他所以能为马克思主义中国化大众化作出巨大的贡献，是与他自己勤奋学习、钻研马克思主义，有着深厚的马克思主义功底分不开的。懂得马克思主义，能准确把握马克思主义，是他能够担当起宣传马克思主义重任的根本前提。马克思主义著作文本浩如烟海，马克思主义思想内容丰富系统，一个对马克思主义一知半解的人，在马克思主义传播的初期，他可能不知道该向群众宣传什么内容，不知道怎样把马克思主义与中国革命的实际，与当前正在进行的革命结合起来，甚至不知道该如何用中国人习惯的语言表达，因此他是无法承担起宣传马克思主义，推进马克思主义大众化的历史重任的。毛泽东实现了把马克思主义普遍真理与中国革命的具体实践的对接和结合。在毛泽东的著作中，像《实践论》、《矛盾论》这样的马克思主义哲学专著并不多，即使是这两部著作本身，也从头至尾贯穿着浓郁的中国元素，包括对中国传统文化的成功运用，对中国革命问题的系统论述等。毛泽东的著述，绝大多数不是对马克思主义基本理论的解读和阐发，而是运用马克思主义基本原理对正在进行的中国革命所作的理论探索，对中国革命规律和经验所作的总结。毛泽东能够成为中国人民革命的领袖和中国化马克思主义理论的主要贡献者，首先在于他是一个刻苦学习马克思主义的人，对马克思主义有着准确的把握。用刘少奇的话说，他是一个真正的马克思主义者，与口头上标榜马克思主义的教条主义者有着根本的区别。真正的马克思主义者，能把马克思主义与中国革命实际结合起来，能在实践中正确运用并发展马克思主义。

宣传马克思主义的人，必须自己懂得马克思主义，要懂得马克思主义，必须要认真学习马克思主义。

第二，宣传马克思主义要真正信仰马克思主义。陈独秀曾经说过这样耐人寻味的话："青年们尤其是社会主义青年团诸君，须发挥马克思实际活动的精神，把马克思学说当做社会革命的原动力，不要把马克思学说当做老先生、大少爷、太太、小姐的消遣品。"① 换句话说，就是要真正信仰马克思主义，不要把马克思主义当作摆设。从湘籍无产阶级革命家身上我们就可以深深体会到这个道理。蔡和森、邓中夏、罗亦农、向警予、何孟雄等在敌人的屠刀下大义凛然，威武不屈，既体现了他们作为优秀共产党员的高尚情操，也体现了他们对马克思主义的坚定信仰。他们在人民群众中传播马克思主义真理的伟大实践，他们为中国人民摆脱封建统治和外来压迫所作贡献，将永远镌刻在中华民族的历史丰碑上。

一个人如果没有马克思主义信仰，即使他学了再多的马克思主义，他也会背叛马克思主义，背叛党，背叛革命，周佛海就是最好的例子。周佛海也是湖南人，他和李达的经历相似，也是在日本留学过程中接受马克思主义的，作为旅日代表他参加了一大，是党的创始人之一。在建党初期，他也发表了不少宣传马克思主义和俄国十月革命的文章，如《社会主义的性质》、《俄国共产政府成立三周年纪念》、《我们为什么主张共产主义》、《夺取政权》、《介绍马克斯经济学说》等。客观地说，他在建党初期对宣传马克思主义是作出过贡献的，但是他没有真正地建立起马克思主义的信仰。1924年9月他宣布脱党，完全投入到了国民党的怀抱。抗战以后，他又跟随汪精卫叛变投敌，成为全民族唾弃的汉奸。李达则不一样，1923年秋，他虽因不满陈独秀的独断专行而脱党，但他却从不放弃对马克思主义的信仰。他依然与党保持联系，为党做力所能及的事情，汪精卫、陈公博企图拉他加入改组派被他断然拒绝。面对反动派以"著名共首"、"宣传赤化甚力"为由通缉他，面对反动派指使暴徒打断他的右臂和锁骨，他都毫不畏惧，他决不放弃宣传马克思主义，所以他成为现代中国最出色的马克思主义大众化的推动者之一。

宣传马克思主义，不仅要懂得马克思主义，还必须真正信仰马克思主义。

第三，马克思主义的宣传内容要符合时代发展要求。研究湘籍无产阶级革命家宣传马克思主义的实践进程我们可以发现，他们宣传马克思主义的具体内容总是随着中国革命的发展变化而变化。建党初期也是马克思主义在中国传播的初期，国内的马克思主义书籍和宣传马克思主义的报刊都很少。必须让群众知道什么是马克思主义，马克思主义有哪些最基本的观点，马克思主义的科学社会主义与当时流行的无政府主义及其他社会主义思潮究竟有什么区别，这些问题就是早期的马克思主义者需要解决的问题。李达早期发表的一系列文章就

---

① 任建树主编：《陈独秀著作选编》第2卷，上海人民出版社，2009年版，第454页。

是围绕为解决这些问题而写的。进入大革命时期，中国共产党的任务是与国民党合作进行国民革命。众多的湘籍无产阶级革命家投入到国民革命的实际斗争当中，宣传马克思主义和党的革命主张就是在这些斗争中进行的，以马克思主义为指导，向群众宣传国共合作和国民革命，发动群众开展工人运动、农民运动，支持和参加北伐战争，就是这一时期马克思主义大众化的主要内容。

土地革命战争时期，中国共产党独立开展反帝反封建的武装斗争，建立农村革命根据地。动员和引导工农群众参加土地革命，支持党和人民军队，对红军战士进行马克思主义教育，克服各种非无产阶级思想，就是这一时期马克思主义大众化的主要内容。毛泽东、贺龙等湘籍无产阶级革命家是革命根据地和中国工农红军的创立者，也是这一时期马克思主义大众化的主要领导者。九一八事变至整个抗日战争时期，中日民族矛盾逐步上升为主要矛盾，中国共产党首先肩负起抗日重任。建立抗日民族统一战线，与全国人民一起抗击日本侵略者就成了这一时期中国革命的主题。各个湘籍无产阶级革命家积极宣传贯彻党的抗日主张，广泛发动群众参加抗日斗争，创造性地进行独立自主的游击战争，领导和参加延安整风运动，开展全党范围的普遍的马克思主义教育。解放战争时期，中国共产党的任务是推翻国民党独裁统治，建立人民当家作主的政权。湘籍无产阶级革命家根据这个要求，在解放区积极宣传党的土地改革政策，加强解放区各项建设，动员人民群众支援和参加人民解放军的军事斗争，为夺取全国胜利奠定了坚实基础。

宣传马克思主义，必须根据革命、建设和改革的发展要求适时调整宣传内容和宣传重点，确保马克思主义宣传的实际效用。

第四，必须走到群众中去才能实现大众化。大众化的基本要义就是向人民群众宣传马克思主义，使人民群众接受马克思主义并能在实践中运用马克思主义。每个湘籍无产阶级革命家都反复强调要深入群众，并在实践中做向群众学习的模范。蔡和森指出："中国的产业工人数量上虽少，但在革命运动中是集中的，共产党要把他们集中与组织起来，然后才能领导与推动中国的革命，组织工人是我们唯一的责任。"我们的基础应建筑于工人阶级之上，"工人阶级的觉悟需有共产党的指导才会走正确的道路"[①]。人民群众需要共产党的指导才能走上正确的道路，这是包括湘籍无产阶级革命家在内的共产党人的正确认识，正因为如此，每个革命家都深入到工人、农民之中，发动他们开展轰轰烈

---

① 《蔡和森文集》（下），人民出版社，2013年版，第835页。

烈的工人运动和农民运动,沉重地打击了帝国主义势力和农村封建势力,显示了人民群众在国民革命中的伟大力量。

在土地革命和抗日战争时期,毛泽东提出了丰富系统的群众观点,为推进马克思主义大众化提供了科学依据和方法。他指出:"没有满腔的热忱,没有眼睛向下的决心,没有求知的渴望,没有放下臭架子、甘当小学生的精神,是一定不能做,也一定做不好的。必须明白:群众是真正的英雄,而我们自己则往往是幼稚可笑的,不了解这一点,就不能得到起码的知识。"①"如果是不但口头上提倡提倡而且自己真想实行大众化的人,那就要实地跟老百姓去学。否则仍然'化'不了的。"② 到群众中去,向群众学习,是实现马克思主义大众化的必要路径。

只有深入群众,真正走到群众中去,才能和群众在思想感情上打成一片。只有真心实意地向群众学习,先做好群众的学生,才能担当起指导和教育群众的责任,当好群众的先生。

---

① 《毛泽东选集》第3卷,人民出版社,1991年版,第790页。
② 《毛泽东选集》第3卷,人民出版社,1991年版,第841页。

# 第二章　毛泽东与马克思主义大众化

毛泽东在领导中国革命的伟大实践中，坚持用马克思主义指导中国革命，解决中国革命的各种问题，成为推进马克思主义中国化进程的杰出代表，中国化的马克思主义的第一大成果毛泽东思想正是以他的名字命名的，因为他是这一成果的最主要的贡献者。毛泽东还是马克思主义大众化的杰出代表，他对马克思主义大众化有着丰富的理论见解和创造性的实践。

## 一、毛泽东推进马克思主义大众化的历史线索

毛泽东推进马克思主义大众化的历史线索可以从两个方面来考察。一是他对马克思主义大众化的科学认识的形成过程，即推进马克思主义大众化的理论线索。二是他在参加和领导中国革命的实践中推进马克思主义大众化的具体行动，即推进马克思主义的实践线索。

### （一）毛泽东推进马克思主义大众化的理论线索

向人民群众宣传马克思主义和革命真理，引导群众跟随共产党进行革命斗争，是毛泽东在新民主主义革命时期一贯坚持的主张，正是对这一主张的长期坚持，毛泽东最终形成了他关于马克思主义大众化的科学认识。

马克思主义大众化，简单地说，就是使人民群众掌握并运用马克思主义。"大众"一词，就是广大人民群众。在毛泽东的著作里，属于在相同或者相近意义上使用的词汇还包括人民、人民大众、民众等。毛泽东之所以提倡马克思主义大众化，归根到底源自他对人民群众的历史推动作用的认识。这可以从他在1917年7月21日发表的第一篇《民众的大联合》当中的论述看出来。在本文的开篇，他就这样说：

> 国家坏到了极处，人类苦到了极处，社会黑暗到了极处。补救的方法，改

造的方法，教育，兴业，努力，猛进，破坏，建设，固然是不错，有为这几样根本的一个方法，就是民众的大联合。①

文章还举例说明，由于实行民众的大联合，苏俄十月革命取得了胜利，其他国家也正在纷纷效仿进行社会改革。在这里，毛泽东已经认识到人民群众对于变革现存社会制度的重大作用，虽然这时候的毛泽东还不是一个马克思主义者，他还没有在马克思和克鲁泡特金、马克思主义和无政府主义的之间作出明确的选择，但他已经坚信"我们应该起而效仿，我们应该进行我们的大联合"②。

1920年12月，毛泽东在致蔡和森的信中明确赞同蔡和森组织共产党，用俄国式的方法改造中国与世界。他说："我对于绝对的自由主义、无政府的主义，以及德谟克拉西主义，依我现在的看法，都只认为于理论上说得好听，事实上是做不到的。因此，我于子升和笙二兄的主张，不表同意。而于和森的主张，表示深切的赞同。"③ 这时候的毛泽东已经与无政府主义等社会思潮划清界限，标志着他已经和正在由一个民主主义者转变成为一个马克思主义者。马克思主义历史唯物主义认为，人民群众是历史的创造者，是社会变革的根本力量，无产阶级政党只有依靠人民群众才能实现自己的奋斗目标。作为马克思主义者的毛泽东对人民群众的历史作用有着极其深刻的认识。他指出："真正的铜墙铁壁是什么？是群众，是千百万真心实意地拥护革命的群众。这是真正的铜墙铁壁，什么力量也打不破的，完全打不破的。"④ "人民，只有人民，才是创造世界历史的动力。"⑤

什么是大众？1940年1月，毛泽东在《新民主主义论》一文中指出："中国无产阶级、农民、知识分子和其他小资产阶级，乃是决定国家命运的基本势力。"⑥ 就是说，在新民主主义革命时期，人民大众主要就是指工人阶级、农民阶级、小资产阶级。进入解放战争时期，毛泽东对大众有了更为完整的解释，把民族资产阶级也纳入了大众的范畴。他说："所谓人民大众，是包括工

---

① 《毛泽东早期文稿》，湖南人民出版社，2008年版，第312页。
② 《毛泽东早期文稿》，湖南人民出版社，2008年版，第315页。
③ 《毛泽东书信选集》，中央文献出版社，2003年版，第6页。
④ 《毛泽东选集》第1卷，人民出版社，1991年版，第139页。
⑤ 《毛泽东选集》第3卷，人民出版社，1991年版，第1031页。
⑥ 《毛泽东选集》第2卷，人民出版社，1991年版，第674页。

人阶级、农民阶级、城市小资产阶级、被帝国主义和国民党反动政权及其所代表的官僚资产阶级（大资产阶级）和地主阶级所压迫和损害的民族资产阶级，而以工人、农民（兵士主要是穿军服的农民）和其他劳动人民为主体。"① 就是说，马克思主义大众化，就是要向工人阶级、农民阶级、城市小资产阶级和民族资产阶级宣传马克思主义，使他们接受并学会运用马克思主义。但是，在毛泽东看来，这四大阶级并非处于同等地位，其中，根本的革命力量是工人和农民，他们是马克思主义大众化的主要对象。

什么是大众化？毛泽东在1942年2月所作的《反对党八股》的讲演中首先对大众化的要求作了注解，那就是要"实地跟老百姓去学"，也就是脚踏实地地向人民群众学习。毛泽东指出：

如果是不但口头上提倡提倡而且自己真想实行大众化的人，那就要实地跟老百姓去学，否则仍然"化"不了的。有些天天喊大众化的人，连三句老百姓的话都讲不来，可见他就没有下过决心跟老百姓学，实在他的意思仍是小众化。②

下决心跟老百姓学，懂得老百姓的语言，用老百姓的话宣传党的主张，这是大众化的要求，也是实现大众化的重要途径。

1942年5月，毛泽东在延安文艺座谈会上发表的讲话中进一步指出："什么叫做大众化呢？就是我们的文艺工作者的思想感情和工农兵大众的思想感情打成一片。而要打成一片，就应当认真学习群众的语言。"这是针对文艺创作对"大众化"进行的解释，目的是要求文艺工作者要深入群众，学会用群众的语言创造文艺作品，否则就会造成"英雄无用武之地，就是说，你的一套大道理，群众不赏识"③ 的结果。"群众不赏识"就达不到"化"的目的。马克思主义大众化跟文艺创作的大众化是同一个道理，最终目的也是要"化"，就是要使马克思主义真正成为群众进行革命斗争和解决实际问题的思想武器。所以马克思主义大众化同样要求要深入群众，熟悉群众，用群众的语言进行宣传。

谁首先提出了马克思主义大众化？有的学者认为，"毛泽东不仅坚持和发

---

① 《毛泽东选集》第4卷，人民出版社，1991年版，第1272页。
② 《毛泽东选集》第3卷，人民出版社，1991年版，第841页。
③ 《毛泽东选集》第3卷，人民出版社，1991年版，第851页。

展了马克思主义,而且首倡并推行马克思主义大众化"①,"在我们党内,毛泽东较早思考'马克思主义大众化'这一问题,并最终于延安时期率先提出和倡导'马克思主义大众化'"②。这些看法都与历史事实不符,"大众化"是上世纪三十年代学术界很流行的一个词汇,很多学者都探讨过"大众化"问题。但从目前我们所能查到的文献来看,毛泽东并未明确提出过"马克思主义大众化"的命题。不过,我们不能因为他没有提出"马克思主义大众化"的命题,而否认他对马克思主义大众化所作的重大贡献。同样,也不能因为他对马克思主义大众化作出了突出贡献,而把"首倡"或者"率先提出"的荣誉强加在他的头上。

### (二)毛泽东推进马克思主义大众化的实践线索

1918 年 4 月,毛泽东与何叔衡、蔡和森等人以"改造中国与世界"为宗旨,发起成立了新民学会。该学会是我国在十月革命以后成立的一个影响最大的革命团体之一,为中国革命造就了一批坚强的革命战士。五四运动爆发后,毛泽东到第一师范、商业专门学校、明德中学等学校的学生中进行宣传,成立新的湖南学联,推动长沙学校学生实行总罢课。1919 年 7 月,毛泽东创办湖南学联刊物《湘江评论》,刊物以宣传最新思潮为宗旨,揭露批判帝国主义和封建势力,歌颂俄国十月革命的胜利。从 1919 年 11 月起,毛泽东担任长沙《大公报》馆外撰述员,在此后的三年里在该报上发表了许多文章,进行反帝反封建的革命宣传。12 月,长沙各界群众的焚烧日货活动遭张敬尧镇压,毛泽东发起驱张运动,揭露张敬尧在湖南的罪行。1920 年 4 月,毛泽东在北京同李大钊、邓中夏建立密切联系,认真研读了他们介绍的马克思主义书刊。6 月,毛泽东在上海为组织革命活动和部分同志去欧洲勤工俭学筹措经费。8 月,毛泽东发起成立文化书社,出售进步书刊,传播马克思主义。根据毛泽东后来写的《文化书社社务报告》(第二期)提供的情况,《〈资本论〉入门》、《社会主义史》等属于销售量较大的书籍,销售量最多的刊物则是《新青年》、《劳动界》等。11 月,毛泽东开始筹建社会主义青年团,指示第一师范学生张

---

① 杨宏庭、宁俊红:《论毛泽东对马克思主义大众化的首倡和推行》,河南师范大学学报(哲学社会科学版),2009 年第 3 期。

② 焦金波:《延安时期马克思主义大众化研究》,陕西师范大学博士学位论文,2012 年 5 月。

文亮努力在校内发展团员,还给张文亮赠送《共产党》月刊,为团员的学习和提高提供帮助。也就在这一月,毛泽东与何叔衡等人在长沙建立了湖南的早期党组织,他们经常以文化书社、俄罗斯研究会等名义从事马克思主义宣传活动。1921年1月,毛泽东出席新民学会新年大会,他列举了世界各国解决社会问题的五种方法:即社会政策、社会民主主义、激烈方法的共产主义(列宁主义)、温和方法的共产主义(罗素主义)、无政府主义。他明确表示:"激烈方法的共产主义,即所谓劳农主义,用阶级专政的方法,是可以预计效果的,故最宜采用。"①

1921年7月23日至8月初,毛泽东出席中国共产党第一次全国代表大会。自从有了中国共产党,中国革命的面貌就焕然一新了。毛泽东对马克思主义大众化的推进也从此揭开了新的篇章,毛泽东和他的战友将在更广阔的范围以更大的规模推动马克思主义在中国的伟大实践。1921年8月,毛泽东和何叔衡创办湖南自修大学,后又与李达一起主办校刊《新时代》,在宣传马克思主义,培养革命干部方面发挥了重要作用。10月,毛泽东与何叔衡等人在长沙建立中国共产党湖南支部,在工人和学生中发展党员,在第一师范出席马克思主义学术研究会,作马克思剩余价值理论方面的讲演。11月,毛泽东在长沙组织各人民团体举行纪念十月革命十周年大会,会后举行游行,散发传单,要求实现集会、结社、言论、出版等自由权利。1921年12月以后,毛泽东多次去安源,与工人促膝谈心,了解工人的痛苦和受压迫的情形,到工人夜校讲演,指导安源路矿工人罢工。为解决工人夜校的教材问题,毛泽东指派李六如编写了四册《平民读本》,深入浅出地向工人宣传革命道理。1922年9月以后,毛泽东先后指导成立长沙木工工会、铅印活版工会、人力车工会等多家工会组织,领导长沙泥木工人、印刷工人等进行罢工斗争。他以湖南全省工团联合会总干事的身份率领工会代表与省长赵恒惕等进行交涉,使工会提出的十大问题得到基本解决。1925年4月,毛泽东通过杨开慧、李耿侯等发动进步教师在韶山等地创办农民夜校,毛泽东提出,夜校讲课要通俗易懂,如讲打倒帝国主义就讲打倒洋财东,这样农民才能明白。8月,毛泽东组织韶山农民开展"平粜阻禁"谷米斗争并取得胜利。1925年10月,毛泽东到国民党中央宣传部任职。同年11月,国民党一届三中全会通过毛泽东提出的《中国国民党之反奉战争宣传大纲》,指出要在宣传中揭露帝国主义、军阀及其政治派别的阴

---

① 《毛泽东文集》第1卷,人民出版社,1993年版,第2页。

谋，以人民为主体，团结各方人物进行反奉战争。12月，毛泽东创办《政治周报》，指出："'向反革命派宣传反攻，以打破反革命宣传'，便是《政治周报》的责任"①。仅在该刊第1期，毛泽东就发表7篇杂文，揭露和抨击广东军阀、政客和国民党右派的反革命宣传。1926年3月，毛泽东担任广州农民运动讲习所所长，他为讲习所学员讲授中国农民问题，阐明了农民问题在国民革命中的地位，还给学员讲解列宁《国家与革命》中的观点。1927年1月至2月，毛泽东湘潭、湘乡、衡山等五县农村进行了历时32天的考察，发表了著名的《湖南农民运动考察报告》。

1927年9月，毛泽东组织发动秋收起义，起义部队攻打长沙受挫以后，毛泽东在浏阳文家市召开了前敌委员会会议，经过一番激烈的争论，毛泽东放弃攻打长沙的主张得到了采纳，起义部队转向敌人统治力量薄弱的农村进军，开辟了中国第一个农村根据地井冈山革命根据地，中国共产党从此探索出一条农村包围城市，武装夺取政权的革命道路。在井冈山，毛泽东要求工农革命军官兵广泛开展群众工作，宣传我党的革命主张，与袁文才、王佐地方武装搞好关系。毛泽东对革命军进行严格的纪律教育，为革命军制定出了"三大纪律，六项注意"。1929年12月，毛泽东与朱德、陈毅对红四军进行了十天左右的政治和军事整训，对红军存在的各种错误思想进行调查和研究，引导大家统一到正确的思想上来。长征途中，毛泽东嘱咐红军将士模范执行纪律，宣传党的民族政策，用政策的感召力取得少数民族同胞的信任。为扩大红军的国际影响，进行对外宣传，1936年8月毛泽东决定策划出版《长征记》，号召参加长征的同志积极投稿，"就自己所经历的战斗、行军、地方及部队工作，择其精彩有趣的写上若干片段"②。延安时期初期，毛泽东给阎锡山、高桂滋、杨虎城、宋哲元等多名国民党高级将领写信，宣传中国共产党的抗日主张和与国民党建立抗日民族统一战线的诚意。1936年12月，毛泽东还直接致信蒋介石，要求停止内战，一致抗日。毛泽东指出："吾人敢以至诚，再一次地请求先生，当机立断，允许吾人之救国要求，化敌为友，共同抗日，则不特吾人之幸，实全国全民族唯一之出路也。"③ 1936年12月爆发了震惊中外的西安事变，毛泽

---

① 《毛泽东文集》第1卷，人民出版社，1993年版，第22页。
② 中共中央文献研究室编：《毛泽东年谱1893—1949》上卷，中央文献出版社，1993年版，第566页。
③ 《毛泽东书信选集》，中央文献出版社，2003年版，第78页。

东当机立断派周恩来等组成中共中央代表团赴西安和平解决事变问题。西安事变的和平解决，促进了中共逼蒋抗日方针的实现，为国共两党第二次合作打下了基础。在延安时期，毛泽东非常重视党的干部教育，多次给党的干部、抗大学员讲授马克思主义理论，《实践论》和《矛盾论》这两部著名的马克思主义哲学著作，就是在毛泽东为抗大学员上《辩证法唯物论》课的讲授提纲的基础上形成的。为解决党内思想矛盾，提高全党特别是党的高级干部的马克思主义水平，毛泽东在全党领导开展了一次以反对主观主义、宗派主义和党八股为主要内容的延安整风运动。在整个革命时期，党都非常重视解决农民的土地问题，毛泽东对党解决土地问题的工作给予高度关注和精心指导。1946年5月4日，中共中央讨论通过《关于土地问题的指示》，毛泽东对解决土地问题的方针、重要性、工作方法策略等提出了明确要求，为解放区土地改革的实施指明了正确的方向。

回顾毛泽东在新民主主义革命时期推进马克思主义大众化的实践活动，我们可以得出两点结论：从大众化的实践内容看，中国共产党人在革命进程中遇到的各种实际问题都需要运用马克思主义理论加以解决，马克思主义大众化的内容涉及中国革命的各个方面。从大众化的实践对象看，中国共产党要完成民族民主革命的任务，需要团结一切可以团结的力量，马克思主义大众化的实践对象不仅包括全体党员、工农群众和革命战士，还包括革命统一战线中的其他各种同盟者。

## 二、为学习宣传马克思主义提供科学依据

毛泽东系统论述了马克思主义的科学性和马克思主义的指导作用，为学习和宣传马克思主义提供了科学依据。

### （一）揭示了马克思主义的科学性

《实践论》和《矛盾论》是毛泽东在新民主主义革命时期最主要的哲学著作，也是中国共产党人和广大群众在抗日战争时期以后相当长时期内学习马克思主义的主要文献，对推进马克思主义大众化发挥过十分重要的作用。在这两篇著作中，毛泽东告诉我们，在马克思主义产生之前，一切哲学理论，唯物主义、唯心主义、形而上学、辩证法都是不完备的、不科学的理论，分析了这些理论不科学的具体原因。他说：

马克思以前的唯物论,离开了人的社会性,离开人的历史发展,去观察认识问题,因此,不能了解认识对社会实践的依赖关系。①

唯心论和机械唯物论,机会主义和冒险主义,都是以主观和客观相分裂,以认识和实践相脱离为特征的。②

所谓形而上学的或庸俗进化论的宇宙观,就是用孤立的、静止的和片面的观点去看世界。这种宇宙观把世界一切事物,一切事物的形态和种类,都看成是永远彼此孤立和永远不变化的。如果说有变化,也只是数量上的增减和场所的变更。③

辩证法的宇宙观,不论在中国,在欧洲,在古代就产生了。但是古代的辩证法带着自发的朴素的性质,根据当时的社会历史条件,还不可能有完备的理论,因而不能完全解释宇宙,后来就被形而上学所代替。生活在十八世纪末和十九世纪初期的德国著名哲学家黑格尔,对于辩证法曾经给了很重要的贡献,但是他的辩证法却是唯心的辩证法。④

毛泽东通过分析以往哲学理论的缺陷,并对马克思主义与这些理论进行比较,说明马克思主义是科学的理论,因而也就成为广大干部群众应当认真学习的原因。毛泽东指出:"直到无产阶级运动的伟大的活动家马克思和恩格斯综合了人类认识史的积极的成果,特别是批判地吸取了黑格尔的辩证法的合理的部分,创造了辩证唯物论和历史唯物论这个伟大的理论,才在人类认识史上起了一个空前的大革命。"⑤ 马克思主义继承了过去人类思想史上的优秀遗产,又对这些遗产进行了革命性的改造,从而形成为人类历史上从未有过的、最正确的、最革命的、最完备的科学。

**(二)诠释了马克思主义对于教育和指导群众的重要作用**

从无产阶级进行反对资产阶级的斗争方式看,无产阶级自身的发展可分为自在的阶级和自为的阶级两个阶段。在自在阶级的阶段,他们对资本主义社会的认识只是某些片面的、表面的认识,斗争方式限于局部的针对机器或者资本

---

① 《毛泽东选集》第1卷,人民出版社,1991年版,第282页。
② 《毛泽东选集》第1卷,人民出版社,1991年版,第295页。
③ 《毛泽东选集》第1卷,人民出版社,1991年版,第300页。
④ 《毛泽东选集》第1卷,人民出版社,1991年版,第303页。
⑤ 《毛泽东选集》第1卷,人民出版社,1991年版,第304页。

家个人的经济斗争。在自为阶级的阶段，无产阶级对资本主义的认识则是全面的、本质的认识，斗争方式将扩大到推翻整个资产阶级的政治斗争和社会革命。马克思主义揭示了资本主义经济发展的规律，揭露了资本主义剥削的秘密，得出了资本主义必然灭亡、社会主义必然胜利的结论。用马克思主义教育无产阶级，就必然使无产阶级明确推翻资本主义制度，建立社会主义制度的历史使命。所以，推进马克思主义大众化，是使无产阶级由自在的阶级转化为自为的阶级的重要步骤。毛泽东指出，马克思恩格斯用科学的方法把各国无产阶级革命斗争的"种种经验总结起来，产生了马克思主义的理论，用以教育无产阶级，这样就使无产阶级理解了资本主义社会的本质，理解了社会阶级的剥削关系，理解了无产阶级的历史任务，这时他们就变成了一个'自为的阶级'"①。

在欧洲国家，马克思主义是教育和指导各国无产阶级起来推翻资产阶级统治的有力武器。毛泽东指出："十月革命一声炮响，给我们送来了马克思列宁主义。十月革命帮助了全世界的也帮助了中国的先进分子，用无产阶级的宇宙观作为观察国家命运的工具，重新考虑自己的问题。走俄国人的路——这就是结论。"② 同样，马克思主义传到中国以后，也就成为教育和指导中国人民进行反帝反封建斗争的有力武器。"走俄国人的路"就是走一条以马克思列宁主义为指导的革命道路。毛泽东在给抗大学员讲课时就这样说过马克思主义对于中国人民和中国革命的巨大作用：

中国无产阶级担负了经过资产阶级民主革命到达社会主义与共产主义的历史任务，必须采取辩证法唯物论作为自己精神的武器。如果辩证法唯物论被中国无产阶级、共产党及一切愿意站在无产阶级立场的人们之广大革命分子所采取的话，那么他们就得到了一种最正确和最革命的宇宙观和方法论，他们就能够正确地了解革命运动的发展变化，提出革命的任务，团结自己和同盟者的队伍，战胜反动的理论，采取正确的行动，避免工作的错误，达到解放中国与改造中国的目的。③

当然，马克思主义不单是可以用来武装群众指导中国革命。作为方法论，

---

① 《毛泽东选集》第1卷，人民出版社，1991年版，第289页。
② 《毛泽东选集》第4卷，人民出版社，1991年版，第1471页。
③ （日）竹内实监修：《毛泽东集补卷》第5卷，日本苍苍社，1984年版，第195页。

它可以用来指导广大群众的一切行动。我们可以从毛泽东对唯物辩证法的论述中看到他的这一观点。他说:"唯物辩证法是马克思主义的科学方法论,是认识的方法,是论理的方法,然而它就是世界观。世界本来是发展的物质世界,这是世界观。拿了这样的世界观转过来去看世界,去研究世界上的问题,去想世界上的问题,去解决世界上的问题,去指导革命,去做工作,去从事生产,去指挥作战,去议论人家长短,这就是方法论。"①

## 三、带头学习马克思主义,提供科学的学习方法

在极其艰苦的革命战争年代,毛泽东和他同时代的共产党人要得到马克思主义著作有时非常困难。但为了提高全党的马克思主义理论水平,也为了满足他自己学习马克思主义著作的需要,毛泽东总是想方设法获得马克思主义理论书籍和其他革命书刊。1929年11月28日,毛泽东致信中共中央报告自己回到红军队伍的情况和目前的工作计划,在信里毛泽东明确向中央提出给红四军寄相关书籍的要求:"惟党员理论常识太低,须赶急进行教育。除请中央将党内刊物(布报,《红旗》、《列宁主义概论》、《俄国革命运动史》等,我们一点都未得到)寄来外,另请购书一批(价约百元,书名另寄来)。""我们望得书报如饥如渴,务请勿以事小弃置。"② 同日,毛泽东还写信给中共中央政治局常委李立三,他在信中说:"我知识饥荒到十分,请你时常寄书报给我。"③ 1936年10月22日,毛泽东致信正在西安做党的统战工作的叶剑英、刘鼎,专门嘱咐他们购买书籍。他在信中说:"要买一批通俗的社会科学、自然科学及哲学书,大约共买十种至十五种左右,要经过选择真正是通俗的而又有价值的(例如艾思奇的《大众哲学》,柳湜的《街头讲话》之类),每种买五十部,共价不过一百元至三百元,请剑兄经手选择,鼎兄经手购买。在十一月初先行选买几种寄来,作为学校与部队提高干部政治文化水平之用。在外面的人,一面工作,一面要提倡看书报。"④ 1941年3月,毛泽东三次致电周恩来、董必武,要他们订购一批报刊和书籍。

---

① (日)竹内实监修:《毛泽东集补卷》第5卷,日本苍苍社,1984年版,第236页。
② 《毛泽东书信选集》,中央文献出版社,2003年版,第22页。
③ 《毛泽东书信选集》,中央文献出版社,2003年版,第24页。
④ 《毛泽东书信选集》,中央文献出版社,2003年版,第68页。

从马克思主义理论中找到解决中国革命问题的钥匙,是毛泽东阅读马克思主义著作的唯一目的。他不仅自己认真学习,还关心、督促其他同志的学习。1933年11月,毛泽东先后给彭德怀寄去列宁的著作《社会民主党在民主革命中的两种策略》和《共产主义运动中的"左派"幼稚病》,毛泽东在书上写道:"你看了以前送的那一本书,叫做知其一不知其二;你看了《'左派'幼稚病》才会知道'左'与右同样有危害性。"[①] 为满足全党学习马克思主义的需要,1942年,毛泽东还将大批翻译马克思主义著作的任务提上日程。他在给中宣部副部长何凯丰的信中指出:"整风完后,中央须设一个大的编译部,把军委编译局并入,有二三十人工作,大批翻译马恩列斯及苏联书籍,如再有力,则翻译英法德古典书籍。"[②] 在党内,毛泽东无疑是学习马克思主义著作的表率。1943年12月,毛泽东写信给刘少奇,向他介绍《从猿到人》一书中的恩格斯两篇短文《劳动在由猿进化到人的过程中的作用》和《人类进化的过程》,称它们"十分精彩,可以看",还说编入该书的郭烈夫的《马克思主义观点的达尔文主义》"亦可一阅"[③]。为带动更多的干部群众学习马克思主义,毛泽东还将他自己学习马克思主义的方法和经验告诉给广大群众。

(一)要读一些马克思主义经典著作

1945年5月,毛泽东在中共七大向全党推荐阅读五本马克思主义著作。他指出:"加强理论学习至少要读五本书,我向大家推荐这五本书:《共产党宣言》、《社会主义从空想到科学的发展》、《在民主革命中社会民主党的两种策略》、《共产主义运动中的"左派"幼稚病》、《联共(布)党史简明教程》,这里马、恩、列、斯的都有了。如果有五千人到一万人读过了,并且有大体的了解,那就很好,很有益处。我们可以把这五本书装在干粮袋里,打完仗后,就读他一遍或者看他一两句,没有味道就放起来,有味道就多看几句,七看八看就看出味道来了。一年看不通看两年,如果两年看一遍,十年就可以看五遍,每看一遍在后面记上日子,某年某月某日看的。这个方法可以在各个地方介绍

---

① 中共中央文献研究室编:《毛泽东年谱1893—1949》上卷,中央文献出版社,1993年版,第417页。

② 《毛泽东书信选集》,中央文献出版社,2003年版,第182页。

③ 中共中央文献研究室编:《毛泽东年谱1893—1949》中卷,中央文献出版社,1993年版,第488页。

一下，我们不搞多了，只搞五本试试。"① 1948年9月，毛泽东在中共中央政治局会议上强调，要求大家都读马列选集，是不现实的，可以挑选一些，五本不够就十本，但是不要太多，多则不灵。1949年3月，在中共七届二中全会上，毛泽东就学习十二本干部必读的书提出明确要求，强调全党对宣传马克思主义，提高马克思主义水平，要有共同的认识。读这十二本书，是我们"积二十多年之经验"提出的要求，"如果在今后三年之内，有三万人读完这十二本书，有三千人读通这十二本书，那就很好"。②

### （二）学习的目的在于应用，要学会运用马克思列宁主义的立场、观点和方法解决中国革命的实际问题

毛泽东反对为学习而学习，反对静止地孤立地研究马克思列宁主义。他强调："许多同志的学习马克思列宁主义似乎并不是为了革命实践的需要，而是为了单纯的学习。所以虽然读了，但是消化不了。只会片面地引用马克思、恩格斯、列宁、斯大林的个别词句，而不会运用他们的立场、观点和方法，来具体地研究中国的现状和中国的历史，具体地分析中国革命问题和解决中国革命问题。这种对待马克思列宁主义的态度是非常有害的，特别是对于中级以上的干部，害处更大。"③ 毛泽东指出，不应当只是学习马克思列宁主义的词句，而应当把它当作革命的科学来学习，不但要学习马克思主义经典作家总结革命经验得出的规律性的结论，而且要学习他们观察和解决问题的立场和方法。学习的目的在于应用，学习马克思主义是为了运用马克思主义解决中国革命的实际问题，探索中国革命的规律。在《整顿党的作风》的演说中，毛泽东反复强调：

我们所要的理论家是什么样的人呢？是要这样的理论家，他们能够依据马克思列宁主义的立场、观点和方法，正确地解释历史中和革命中所发生的实际问题，能够在中国的经济、政治、军事、文化种种问题上给予科学的解释，给予理论的说明。④

毛泽东把马克思主义理论和中国革命实际的关系比喻成"矢"和"的"的

---

① 《毛泽东文集》第3卷，人民出版社，1996年版，第418页。
② 《毛泽东文集》第5卷，人民出版社，1996年版，第261页。
③ 《毛泽东选集》第3卷，人民出版社，1991年版，第797页。
④ 《毛泽东选集》第3卷，人民出版社，1991年版，第814页。

关系。能否真正做到有的放矢，是关系到中国革命能否取得胜利的重大问题。他指出："马克思列宁主义之箭，必须用了去射中国革命之的。这个问题不讲明白，我们党的理论水平永远不会提高，中国革命也永远不会胜利。"①

### （三）打好学习马克思主义的文化基础

在战争年代，革命队伍中的很多人是工农出身，参加革命之前，没有读过多少书甚至根本就没有读过书，在这样的情况下是没法学习马克思主义著作的。毛泽东鼓励和要求这些同志先学文化，为学习马克思主义打基础。1942年，毛泽东在《整顿党的作风》的演说中专门谈了学习文化对学习马克思主义理论的重要性。他说："我们的工农干部要学理论，必须首先学文化。没有文化，马克思列宁主义的理论就学不进去。学好了文化，随时都可学习马克思列宁主义。我幼年没有进过马克思列宁主义的学校，学的是'子曰学而时习之，不亦说乎'一套，这种学习的内容虽然陈旧了，但是对我也有好处，因为我识字便是从这里学来的。何况现在不是学的孔夫子，学的是新鲜的国语、历史、地理和自然常识，这些文化课学好了，到处有用。我们党中央现在着重要求工农干部学习文化，因为学了文化以后，政治、军事、经济哪一门都可学。"②毛泽东经常过问干部战士的文化学习。早在1929年12月，由毛泽东主持起草的"古田会议决议"就对青年红军战士的文化教育问题作了专门规定，要求"每个纵队内设立青年士兵学校一所"，"各纵队政治部负责编制青年士兵识字读本"。③ 1932年1月，毛泽东遵照苏区中央局的决定去瑞金城郊东华山古庙修养，修养期间他坚持给警卫班战士上文化课和时事课。1940年11月，他督促八路军政治部编写《抗日战士政治课本》，并亲自审阅和修改课本内容。1942年1月，他又为何凯丰、徐特立、范文澜编写的《文化读本》作序，赞扬他们为广大干部战士"打开了学习文化的大门"。

毛泽东尤其注重干部的文化学习。他指出："一个革命干部，必须能看能写，又有丰富的社会常识与自然常识，以为从事工作的基础与学习理论的基础，工作才有做好的希望，理论也才有学好的希望。"④他强调："无论党、

---

① 《毛泽东选集》第3卷，人民出版社，1991年版，第820页。
② 《毛泽东选集》第3卷，人民出版社，1991年版，第818页。
③ 《毛泽东文集》第1卷，人民出版社，1993年版，第107页。
④ 《毛泽东文集》第2卷，人民出版社，1993年版，第387页。

政、军、民、学的干部,都要增加知识,才能把工作做得更好。"① 为推动干部的学习,毛泽东要求每个根据地都要尽可能地开办大规模的干部学校,作为落实党的文化教育政策的重要措施。

(四)学习要发扬"挤"和"钻"的精神

在战争年代,学习马克思主义和文化知识并不是一件容易的事情。毛泽东借用"世上无难事,只怕有心人"的老话鼓励干部战士要加强学习,指出关键是要有心,要善于学习。1939 年 5 月,毛泽东在延安在职干部教育动员大会上发表讲话,针对干部在学习中存在的两大实际问题,提出了解决方法。

一个问题是忙得很,没时间学习。"挤"是解决这个问题的办法。毛泽东指出:"这样忙的工作,外加生产运动,在前方的要作战,不能够学习,不但一般人如此说,甚至高级的干部也是这样说。'没有功夫',这已成为不要学习的理论、躲懒的根据了。共产党员不学习理论是不对的,有问题就要想法子解决,这才是共产党员的真精神。在忙的中间,想一个法子,叫做'挤',用'挤'来对付忙。好比开会的时候,人多得很,就要挤进去,才得有座位。"②毛泽东明确要求大家"在每天工作、吃饭、休息中间,挤出两小时来学习,把工作向两方面挤一挤,一个往上一个往下,一定可以挤出两小时来学习的"③。忙得很,要挤出时间来学习,这首先应该是毛泽东自己的亲身体会,作为党的最高领导人,又是处于战争年代,每天需要他处理的事务都非常多,但他从未放松学习。所以,毛泽东是将他自己的学习经验告诉大家,分享给大家,希望大家也能像他那样对待学习和坚持学习。

另一个问题是看不懂,没法学习。"钻"则是解决这个问题的办法。毛泽东指出:"看不懂也有一个办法,叫做'钻',如木匠钻木头一样地'钻'进去。看不懂的东西我们不要怕,就用'钻'来对付。在中国,本来读书就叫攻书,读马克思主义就是攻马克思的道理,你要读通马克思的道理,就非攻不可,读不懂的东西要当仇人一样地攻它。现在有些人是不取攻势只取守势,那就不对,马克思主义决不会让步,所以不攻是得不到结果的。""马克思主义、列宁主义的理论,固然很难,如果我们以'仇人'的态度不讲感情地攻它,一

---

① 《毛泽东文集》第 2 卷,人民出版社,1993 年版,第 178 页。
② 《毛泽东文集》第 2 卷,人民出版社,1993 年版,第 180 页。
③ 《毛泽东文集》第 2 卷,人民出版社,1993 年版,第 181 页。

定是无攻不破的,一定可以把它的堡垒攻下来。"① 所谓"钻"就是刻苦钻研,锲而不舍。只有发扬"钻"的精神,才能最终把看不懂的理论弄明白。

## 四、毛泽东推进马克思主义大众化的主要内容

毛泽东推进马克思主义大众化的理论与实践,主要包括两方面的内容。一是马克思主义哲学理论的宣传教育,一是中国革命进程中的各个重大问题的宣传教育。前者属于马克思主义基本原理的大众化,后者属于中国化马克思主义理论的大众化。这里仅择影响最大的几个方面的内容作出介绍和分析。

### (一)马克思主义哲学理论的宣传教育

任何真正的哲学都是自己时代精神上的精华。马克思主义作为中国共产党的行动指南,也需要赋予马克思主义哲学新的时代特点,在内容上符合中国革命的要求,在形式上体现出中国的文化特点,能为群众所接受。中央红军到达陕北以后,毛泽东就多方收集和阅读各种哲学书籍。到延安以后,他又挤出很多时间用来专门攻读马克思主义哲学著作,包括西洛可夫、爱森堡所著《辩证法唯物论教程》,米丁所著《辩证唯物论与历史唯物论》等。毛泽东一边读书一边思考,在每本书上都写了很多批注,这些批注包括对原著内容的评论,对原著观点的发挥及结合中国实际所发表的议论等。在学习马克思主义哲学的基础上,1937年4月至7月,毛泽东应邀为抗日军政大学学员专门讲授了100多学时的马克思主义哲学课程,这是毛泽东一生中最为系统的一次马克思主义教育实践活动,也是毛泽东推进马克思主义哲学大众化的一次成功尝试。经过这次教学实践,毛泽东给我们留下了好几笔重要遗产:一是毛泽东讲课所用的《唯物论辩证法》(讲授提纲);二是在讲授提纲基础上写成的两部著名哲学著作《实践论》和《矛盾论》。从这三部文献里,我们可以看到,毛泽东并不是单纯地向学员传授马克思主义哲学知识,而是坚持把马克思主义哲学原理与中国革命实际相结合,对中国革命的经验进行深刻、系统的总结。这里仅就《实践论》和《矛盾论》作简要介绍和分析。

在《实践论》中,毛泽东从认识和实践的关系出发,全面系统地阐述了辩证唯物主义认识论的基本原理,旨在用马克思主义认识论的观点去分析揭露党

---

① 《毛泽东文集》第2卷,人民出版社,1993年版,第181页。

内轻视实践的教条主义错误。毛泽东指出，人类的生产活动是最基本的实践活动，是人的认识的基本来源，生产活动是一步又一步由低级向高级发展的，人的认识也是一步又一步由低级向高级发展的。只有人们的社会实践才是人们对于外界认识的真理性的标准，实践的观点是辩证唯物论的认识论之第一的和基本的观点。人在实践过程中，开始看到的是事物的现象，事物的各个片面以及这些事物的外部联系，这是认识的感性阶段。人们在实践中引起感觉和印象的东西反复多次便会产生概念，循此继进，使用判断和推理的方法，就可产生合乎论理的结论来，这是理性认识的阶段。理性认识依赖于感性认识，只有社会实践才能产生人的认识，认识开始于经验，这是认识论的唯物论。认识有待于深化，感性认识有待于发展到理性阶段，这是认识论的辩证法。认识活动至此并没有完结，经过实践得到的理性认识，还须再回到实践中去。社会实践过程是无穷的，人的认识过程也是无穷的。通过实践发现真理，又通过实践证实真理和发展真理。从感性认识能动地发展到理性认识，又从理性认识能动地指导革命实践，改造主观世界和客观世界。"实践、认识、再实践、再认识，这种形式，循环往复以至无穷，而实践和认识之每一循环的内容，都比较地进到了高一级的程度。这就是辩证唯物论的全部认识论，这就是辩证唯物论的知行统一观。"①

《矛盾论》也是毛泽东为了克服党内的严重的教条主义思想而写的，文章明确提出："我们现在的哲学研究工作，应当以扫除教条主义思想为主要的目标。"② 文章开篇就写道："事物的矛盾法则，即对立统一的法则，是唯物辩证法的最根本的法则。"③ 全文依次论述两种宇宙观，矛盾的普遍性，矛盾的特殊性，主要的矛盾和矛盾的主要方面，矛盾诸方面的同一性和斗争性，对抗在矛盾中的地位等问题。毛泽东指出："如果我们将这些问题都弄清楚了，我们就在根本上懂得了唯物辩证法。"④

第一，关于两种宇宙观。毛泽东指出，在人类认识史上，从来就有形而上学和辩证法两种互相对立的宇宙观。形而上学的宇宙观，就是用孤立的、静止的和片面的观点去看世界，把世界一切事物，一切事物的形态和种类，都看成

---

① 《毛泽东选集》第1卷，人民出版社，1991年版，第297页。
② 《毛泽东选集》第1卷，人民出版社，1991年版，第299页。
③ 《毛泽东选集》第1卷，人民出版社，1991年版，第299页。
④ 《毛泽东选集》第1卷，人民出版社，1991年版，第299页。

永远彼此孤立和永远不变化的,如果说有变化,也只是数量的增减和场所的变更,而这种增减和变更的原因则是由于外力的推动。相反,唯物辩证法的宇宙观主张从事物的内部,从一事物对他事物的关系去研究事物的发展。事物发展的根本原因,不是在事物的外部而是在事物的内部,在于事物内部的矛盾性。唯物辩证法认为外因是变化的条件,内因是变化的根据,外因通过内因而起作用。

第二,关于矛盾的普遍性和特殊性。毛泽东指出,矛盾的普遍性有两方面的意义:其一是指矛盾存在于一切事物的发展过程中;其二是指每一事物的发展过程中存在着自始至终的矛盾运动。矛盾的特殊性,就是指各种物质运动形式中的矛盾,都有其特殊性。这种特殊的矛盾,就构成一事物区别其他事物的特殊的本质。用不同的方法去解决不同的矛盾,这是马克思列宁主义者必须严格地遵守的一个原则。矛盾的普遍性和特殊性的关系是共性与个性的关系,否定事物的矛盾就是否定了一切,但共性包含于一切个性之中,无个性即无共性。

第三,关于主要矛盾和矛盾的主要方面。在复杂的事物的发展过程中,有许多的矛盾存在,其中必有一种是主要的矛盾,它的存在和发展规定或者影响着其他矛盾的存在和发展。它对事物起着领导的、决定的作用。抓住主要矛盾,一切问题就迎刃而解了。矛盾着的两方面中,必有事物的一方面是主要的,他方面是次要的,其主要的方面,即所谓矛盾起主导作用的方面。事物的性质,主要地是由取得支配地位的矛盾的主要方面所规定的。矛盾的主要方面和非主要的方面互相转化着,事物的性质也就随着起变化。

第四,关于矛盾的同一性和斗争性。矛盾的同一性是指两种情形:一是指事物发展过程中的每一种矛盾的两个方面,各以和它对立着的方面为自己存在的前提,双方共处于一个统一体中;二是指矛盾着的双方,依据一定的条件,各向着其相反的方面转化。矛盾的斗争性,就是指处于矛盾统一体的双方之间的相互排斥,相互斗争,相互对立。有条件的相对的同一性和无条件的绝对的斗争性相结合,构成了一切事物的矛盾运动。

第五,关于对抗在矛盾中的地位。矛盾和斗争是普遍的、绝对的,但是解决矛盾的方法,即斗争的形式,则因矛盾的性质不同而不相同。有些矛盾具有公开的对抗性,有些矛盾则不是这样。根据事物的具体发展,有些矛盾是由原来还非对抗性的,而发展成为对抗性的;也有些矛盾则由原来是对抗性的,而发展成为非对抗性的。

《实践论》和《矛盾论》收入1941年中共中央书记处编印的《六大以来》,成为全党在整风运动中学习马克思主义理论的主要文献。据统计,《实践论》和《矛盾论》的单行本分别达到150种以上和110种以上。建国以前,《唯物论辩证法》(讲授提纲)也曾多次在全国各地出版发行。

### (二) 中国革命重大问题的探索和宣传教育

中国化的马克思主义,就是中国共产党人把马克思列宁主义的普遍真理运用到中国革命的实际所取得的成功经验和理论总结。在新民主主义革命的各个阶段,毛泽东根据中国革命的实际正确运用马克思主义,从而形成关于中国革命的正确主张。他又通过各种途径向党内同志解释、宣传这些正确主张,使这些主张逐渐形成为全党的共识,成为党领导革命并取得胜利的有力武器。中国化过程,即是中国化马克思主义形成的过程,同时也是推进中国化马克思主义大众化的过程。毛泽东对中国化马克思主义的创立和宣传所作的贡献是丰富的、系统的和全方位的。这里仅介绍几个曾在中国革命进程中产生过重大影响的问题。

第一,对农民运动的调查、思考和宣传。

1924年12月,毛泽东因工作劳累患病,中央同意毛泽东回到湖南疗养。1925年2月,毛泽东回到韶山,他一边养病,一边作社会调查,了解到了农民的生产生活情况和农村的阶级状况。他向农民讲述国家政治形势,农民穷苦的原因,启发农民的觉悟。在此基础上,他还创办农民夜校,对秘密农协骨干进行革命教育,讲述土豪劣绅如何剥削、压迫农民及如何与土豪劣绅进行斗争的革命道理。为反对帝国主义在青岛、上海屠杀中国民众的行径,毛泽东以"打倒列强,洗雪国耻"为口号,以秘密农协为核心,在韶山一带组织了二十多个雪耻会,开展反帝爱国斗争。1926年1月,毛泽东参加国民党中央农民运动委员会,3月被任命为农民运动讲习所所长。他给农讲所学生讲授中国农民问题、农村教育问题,带领学生参观和考察农民运动情况。毛泽东还主编《农民问题丛刊》,介绍中国农村政治、经济和各阶级的情况,总结推广国内外特别是广东农民运动的经验,以指导和促进全国农民运动的开展。毛泽东为《农民问题丛刊》写了《国民革命与农民运动》的序言,把农民运动的重要性提到了前所未有的高度。他指出:"农民运动乃国民革命的中心问题,农民不起来参加并拥护国民革命，国民革命不会成功。"①

　　做组织农民的工作，研究农民问题，深入农村进行调查研究，引导农民参加国民革命，这是毛泽东向共产党及其当时的同盟者国民党发出的号召。毛泽东本人则在其后作了一次时间、范围空前的农民运动考察活动。1927年1月4日到2月5日，毛泽东先后对湖南湘潭、湘乡、衡山、醴陵、长沙五县进行了为期32天的考察。从考察当中，他发现了很多"见所未见、闻所未闻"的"奇事"。毛泽东把这些"奇事"写进他的著名的著作《湖南农民运动考察报告》，他用这些"奇事"来回应党内外一些人对农民运动的各种非议和责难。他指出，农民在乡里造反，乃是乡村的民主势力起来打翻乡村的封建势力。宗法封建性的土豪劣绅，不法地主阶级，是几千年专制政治的基础，帝国主义、军阀、贪官污吏的墙脚。打翻这个封建势力，乃是国民革命的真正目标。孙中山先生致力国民革命凡四十年，所要做而没有做到的事，农民在几个月内做到了。这是四十年乃至几千年未曾成就过的奇勋。这是好得很，完全不是什么"糟得很"。

　　通过对轰轰烈烈的农民运动的考察，毛泽东用他亲眼所见、亲耳所闻的事实，有力地证明了他在《国民革命与农民运动》提出的观点的正确性，即"农民不起来参加并拥护国民革命，国民革命不会成功。"考察报告于1927年3月5日首先在中共湖南区委机关刊物《战士》周报上发表，3月12日中共中央机关刊物《向导》刊载了考察报告的部分章节。之后，许多报刊相继转载。1927年5月和6月，共产国际执委会机关刊物《共产国际》先后用俄文和英文发表了这个考察报告。据统计，此文先后出版单行本120多种，其中建国前就有50多种。必须重视农民问题，依靠农民进行革命才能取得革命胜利，是毛泽东在他早期的革命实践中就已确立的重要观点，后来中国革命的进程证实了毛泽东这一观点的正确性。

　　第二，对中国革命新道路的理论探索和宣传。

　　1927年大革命失败后，中国共产党不得不对革命道路进行新的思考。9月，毛泽东发动秋收起义，在攻打长沙失败以后，毛泽东及时率领部队向井冈山转移，建立了第一个农村革命根据地。在这一时期，毛泽东探索出一条农村包围城市，武装夺取政权的革命道路。这条道路是中国化马克思主义初步形成的标志，阐述这条革命道路的主要文本从一开始就具有不同程度的传播特征，

---

① 《毛泽东文集》第1卷，人民出版社，1993年版，第37页。

所以也是毛泽东推进马克思主义大众化的重要内容。毛泽东论述这条道路的主要文本主要包括一个决议案、一个报告和一封信。一个决议案,是指1928年10月毛泽东为中共湘赣边界党的第二次代表大会起草的《政治问题和边界党的任务》①的决议案。一个报告是指1928年11月毛泽东以红四军前委书记名义写给中共中央的报告,即《井冈山前委对中央的报告》②;一封信是指1930年1月毛泽东以党内通信形式,印发给部队干部进行形势教育的文稿,用以回答林彪在古田会议期间散发的一封关于如何估计红军前途的征求意见信③。

在为中共湘赣边界党的第二次代表大会起草的决议案中,毛泽东首次提出"工农武装割据"的思想,具体分析了红色政权存在的原因:帝国主义和国内买办豪绅阶级支持着的各派新旧军阀相互间进行着继续不断的战争,给一小块或若干小块的共产党领导的红色区域的存在提供了条件;湖南、广东、湖北、江西等省的许多地方的工农群众,曾在党的领导下进行过革命斗争,这种影响仍然存在;中国革命形势正随着国内买办豪绅阶级和国际资产阶级的继续的分裂和战争而继续地向前发展;相当力量的正式红军的存在,是红色政权存在的必要条件;共产党组织的有力量和它的政策的不错误,是一个要紧的条件。

以红四军前委书记名义写给中共中央的报告中,毛泽东进一步阐明"工农武装割据"的思想,得出工农武装割据即中国红色政权能够长期存在的结论:

一国之内,在四围白色政权的包围中间,产生一小块或若干小块的红色政权区域,在目前的世界上只有中国有这种事。我们分析它发生的原因之一,在于中国有买办豪绅阶级间的不断的分裂和战争。只要买办豪绅阶级间的分裂和战争是继续的,则工农武装割据的存在和发展也将是能够继续的。此外,工农武装割据的存在和发展,还需要具备下列的条件:(1)有很好的群众;(2)有很好的党;(3)有相当力量的红军;(4)有便利于作战的地势;(5)有足够给养的经济力。④

---

① 本决议案经毛泽东亲自修改删节,以《中国的红色政权为什么能够长期存在?》为题收入《毛泽东选集》第1卷。

② 本报告经毛泽东亲自修改删节,以《井冈山的斗争》为题收入《毛泽东选集》第1卷。

③ 该信件经毛泽东亲自修改删节,以《星星之火,可以燎原》为题收入《毛泽东选集》第1卷。

④ 《毛泽东选集》第1卷,人民出版社,1991年版,第57页。

此后，毛泽东多次向中共中央介绍井冈山革命根据地实行工农武装割据的情况和经验，中共中央也通过各种途径向各根据地红军介绍井冈山斗争的经验，井冈山革命根据地的影响不断扩大，加快了各地红军创建革命根据地的进程。

毛泽东在 1930 年 1 月给林彪的答复信中批评了党内部分同志"虽然相信革命高潮不可避免地要到来，却不相信革命高潮有迅速到来的可能"的悲观思想，指出"红军、游击队和红色区域的建立和发展，是半殖民地中国在无产阶级领导之下的农民斗争的最高形式，和半殖民地农民斗争发展的必然结果；并且无疑义地是促进全国革命高潮的最重要因素"①。毛泽东鼓励广大红军指战员要对革命的前途和革命高潮的到来充满信心，指出"中国是全国都布满了干柴，很快就会燃成烈火。'星火燎原'的话，正是时局发展的适当的描写。只要看一看许多地方工人罢工、农民暴动、士兵哗变、学生罢课的发展，就知道这个'星星之火'，距'燎原'的时期，毫无疑义地是不远了"②。

从毛泽东 1928 年 10 月起草《政治问题和边界党的任务》的决议案，到 1930 年 1 月公开发表给林彪的答复信，毛泽东关于中国革命必须走农村包围城市的道路的理论基本形成。这一道路是毛泽东和其他中国共产党人共同创立的，毛泽东作出了最重要的理论贡献。它经由毛泽东和中共中央通过各种形式进行宣传，成为中国共产党在土地革命时期领导人民进行革命斗争的基本范式。1938 年 11 月，毛泽东在六届六中全会上指出："共产党的任务，基本地不是经过长期合法斗争以进入起义和战争，也不是先占城市后取乡村，而是走相反的道路。"③ 这是毛泽东对他在井冈山时期探索出的这一革命道路作出的基本总结。

第三，对中国人民抗日战争重大问题的思考和宣传。

九一八事变以后，中国共产党就在全国率先提出抗日主张。1935 年的遵义会议确立了毛泽东在全党的领导地位，毛泽东对抗日战争各个重大问题的深入思考，以报告、党内指示、电文等多种形式或者通过报刊、图书、广播等传播手段传达到全党和人民群众之中，直接成为我党领导人民进行抗日战争的重要指导依据。这里仅就毛泽东抗日民族统一战线思想、抗日游击战争思想和持

---

① 《毛泽东选集》第 1 卷，人民出版社，1991 年版，第 98 页。
② 《毛泽东选集》第 1 卷，人民出版社，1991 年版，第 102 页。
③ 《毛泽东选集》第 2 卷，人民出版社，1991 年版，第 542 页。

久战思想的形成过程、主要内容和宣传运用情况作一些分析。

关于抗日民族统一战线。1935年12月,中共中央在瓦窑堡召开政治局会议,确立了建立抗日民族统一战线的新策略。由于蒋介石坚持顽固的反共立场,中共中央在这一时期采用的是"抗日反蒋"的方针。毛泽东在随后召开的党的活动分子会议上作《论反对日本帝国主义的策略》的报告指出,在日本帝国主义要变中国为它的殖民地的新形势下,中国的工人、农民和小资产阶级都是要求抗日的,是抗日的基本力量。民族资产阶级总的特点是动摇,他们中间的一部分是有参加抗日斗争的可能的,其另一部分则有由动摇而采取中立态度的可能。即使在地主买办阶级营垒中也不是完全统一的,也有可能发生分化。党的基本的策略任务是建立广泛的民族革命统一战线。"组织千千万万的民众,调动浩浩荡荡的革命军,是今天的革命向反革命进攻的需要。只有这样的力量,才能把日本帝国主义和汉奸卖国贼打垮,这是有目共见的真理。"①

1936年8月,毛泽东在中共中央政治局会议上根据抗日形势的新变化提出新的主张:蒋介石准备开国防会议,实行局部的对日作战,也说统一战线,要同我们往来,"抗日必须反蒋"的口号现在已不合适,要在统一战线下反对卖国贼;要注意对同盟者的警戒性,保持党独立性。根据毛泽东的意见,1936年9月1日,中共中央发出《关于逼蒋抗日问题的指示》,提出在日本帝国主义继续进攻、全国民族革命运动继续发展的条件下,蒋军全部或者大部有参加抗日的可能,我们的总方针是"逼蒋抗日"。1937年2月10日,中共中央致电国民党五届三中全会,向国民党提出停止内战、保障自由等五项要求,同时作出停止武力推翻国民党政府,红军改名为国民革命军等四项保证。11日,毛泽东在中央政治局会议上指出,我们主要应采取巩固和平的政策,应向着联合全国抗日的方向努力。这表明,党的政策正在由"逼蒋抗日"进一步向"联蒋抗日"即国共两党合作抗日转变。卢沟桥事变以后,国共双方就红军改编为国民革命军等问题达成协议,国民党中央通讯社发表《中共中央为公布国共合作宣言》,第二次国共合作正式形成,毛泽东和中国共产党倡导的广泛的抗日民族统一战线真正建立起来了。

进入全民族抗战时期,毛泽东的抗日民族统一战线思想的内容随着抗战的深入而不断丰富和发展。1938年10月,毛泽东在六届六中全会上作了《论新阶段》的报告,对抗日民族统一战线进行了深入分析,认为抗日民族统一战线

---

① 《毛泽东选集》第1卷,人民出版社,1991年版,第155页。

有全民族抗日、长期性、不平衡、有军队等八个特点。进行这些分析旨在帮助全党同志全面、正确地认识抗日民族统一战线，从而正确地进行抗日工作。针对王明的"一切经过统一战线"的错误观点，毛泽东又在六届六中全会上明确指出，"一切经过统一战线"是不对的，"我们一定不要破裂统一战线，但又决不可束缚自己的手脚，因此不应提出'一切经过统一战线'的口号"①。为总结抗战以来统一战线的经验和汲取与国民党顽固派发动第一次反共高潮进行斗争的教训，1940年3月，毛泽东在延安党的高级干部会议上作了《目前抗日统一战线中的策略问题》的报告，之后又起草《放手发展抗日力量，抵抗反共顽固派的进攻》、《论政策》等重要指示，全面阐述和宣传了党在抗日民族统一战线中的策略方针和政策，主要内容有：坚持统一战线下的独立自主政策，既须统一，又须独立；坚持战略统一下的独立自主的游击战争；同顽固派斗争要坚持利用矛盾、争取多数、反对少数、各个击破，坚持有理、有利、有节，坚持自卫原则、胜利原则、休战原则；对于国内各阶级的基本政策，是坚持发展进步势力，争取中间势力，孤立反共顽固势力；抗日根据地的政权组织必须坚决执行"三三制"，共产党员在政权机关中只占三分之一，吸引广大的非党人员参加政权，等等。

值得一提的是，1940年11月，毛泽东曾专门发电报给叶挺、项英等新四军领导人，要求尽一切可能做好友军的宣传工作，向各友军"诚恳说明大敌当前团结御侮之必要，以及分裂、内战足以招致亡国之危险"，"同时对各种不同的友军，除宣传抗战团结大道理外，必须强调与他们有切身利害的问题"②。毛泽东还特别强调，要在争取友军的工作中充分发挥标语口号的宣传作用。

关于抗日游击战争的思想。早在井冈山时期，毛泽东就总结出一整套游击战争的战略战术原则，其中最著名的就是"敌进我退，敌驻我扰，敌疲我打，敌退我追"③的十六字诀。1936年12月毛泽东写了《中国革命战争的战略问题》一书，旨在全面总结第二次国内革命战争的经验。他强调总结军事规律的重要性，指出："一切带原则性的军事规律，或军事理论，都是前人或今人做的关于过去战争经验的总结。这些过去的战争所留给我们的血的教训，应该着

---

① 《毛泽东选集》第2卷，人民出版社，1991年版，第540页。
② 《毛泽东军事文集》第2卷，军事科学出版社、中央文献出版社，1993年版，第573页。
③ 《毛泽东文集》第1卷，人民出版社，1993年版，第56页。

重地学习它。"① 可以说,这部著作就是毛泽东在对 1927 年大革命失败后的近十年的战争经验进行总结形成的军事理论。他总结出中国革命战争的四个主要特点:中国是一个政治经济发展不平衡的半殖民地的大国,又经过了 1924 年至 1927 年的革命;敌人的强大;红军的弱小;共产党的领导和土地革命。这些特点规定了中国革命战争的指导路线及其许多战略战术原则。第一、四个特点规定了红军可能发展和战胜其敌人,第二、三个特点规定了红军不可能很快发展和不可能很快战胜其敌人,即规定了战争的持久性。根据这些特点,我们应当采取的战略战术原则就是:"正确地规定战略方向,进攻时反对冒险主义,防御时反对保守主义,转移时反对逃跑主义;反对红军的游击主义,却又承认红军的游击性;反对战役的持久战和战略的速决战,承认战略的持久战和战役的速决战;反对固定的作战线和阵地战,承认非固定的作战线和运动战;反对击溃战,承认歼灭战;反对战略方向的两个拳头主义,承认一个拳头主义;反对大后方制度,承认小后方制度;反对绝对的集中指挥,承认相对的集中指挥;反对单纯军事观点和流寇主义,承认红军是中国革命的宣传者和组织者;反对土匪主义,承认严肃的政治纪律;反对军阀主义,承认有限制的民主生活和有威权的军事纪律;反对不正确的宗派主义的干部政策,承认正确的干部政策;反对孤立政策,承认争取一切可能的同盟者;最后,反对把红军停顿于旧阶段,争取红军发展到新阶段。"② 无论是土地革命战争时期的红军和国民党军队,还是抗战时期的中国人民和日本帝国主义,敌我双方力量都呈现出敌强我弱的特点,所以这本军事著作也为毛泽东对于抗日战争爆发以后进一步思考抗日战争的特点及战争发展的规律奠定了基础。

抗日战争全面爆发以后,毛泽东多次发电报给党内其他领导人,强调实行独立自主的游击战争。从理论上系统阐述为什么要把游击战争作为抗日战争的战略问题,以及如何实施游击战争的战略问题,则是毛泽东在 1938 年 5 月发表的《抗日游击战争的战略问题》一文。文章首先说明为什么要把游击战争作为战略问题的原因。中国是一个大而弱的国家,一个大而弱的国家被另一个小而强的国家所攻击,必然造成敌人占地甚广,又因兵力不足在占领区留下很多空虚的地方,这意味着抗日游击战争主要不是在内线配合正规军的战役作战,而是在外线进行大规模的单独作战,这就必须考虑战略防御和战略进攻、建立

---

① 《毛泽东选集》第 1 卷,人民出版社,1991 年版,第 181 页。
② 《毛泽东选集》第 1 卷,人民出版社,1991 年版,第 192 页。

根据地、向运动战发展等一系列问题。因此，抗日游击战争就必须由战术层面上升到战略层面考虑。其次，提出战争的基本原则是保存自己，消灭敌人。中国人民进行抗日战争的基本的政治原则或政治目的，就是驱逐日本帝国主义，建立独立自由幸福的新中国。军队一方面要尽可能地保存自己的力量，另一方面尽可能地消灭敌人的力量。再次，提出并具体分析抗日游击战争的六个具体战略或者方针。包括：主动地、灵活地、有计划地执行防御战中的进攻战，持久战中的速决战和内线作战中的外线作战；和正规战争相配合；建立根据地；战略防御和战略进攻；向运动战发展；正确的指挥关系。毛泽东指出，这六个具体战略，是全部抗日游击战争的战略纲领，是达到保存和发展自己，消灭和驱逐敌人，配合正规战争，争取最后胜利的必要途径。

毛泽东关于抗日游击战争的一系列主张为中国共产党和中国人民进行抗日战争指明了正确道路。正是由于贯彻执行了毛泽东的这些主张，中国共产党领导的八路军、新四军不仅有力地打击了日本侵略者，也壮大了自己的力量，八路军和新四军在抗战初期只有4万余人，在抗战结束时发展成为拥有100多万人的大军，还创建了许多革命根据地。

关于持久战的思想。正如1936年12月毛泽东在《中国革命战争的战略问题》一书中总结的那样，敌强我弱的战争特点，规定了我们不可能很快战胜敌人，从而规定了战争的持久性。抗日战争同样是一场敌强我弱的战争，这就决定了抗日战争必然是一场持久战。1938年5月26日至6月3日，毛泽东在延安抗日战争研究会上发表了《论持久战》的长篇讲演，专门论述了持久作战的思想主张。《论持久战》采用了类似《中国革命战争的战略问题》的论述思路，即根据战争双方的特点入手，分析战争的过程及结果。不同的是，《中国革命战争的战略问题》是对过去战争的总结，而《论持久战》则是解决正在进行的战争问题，直接目的是为了澄清党内外存在的"亡国论"和"速胜论"两种错误认识。毛泽东首先明确地指出这两种观点都是错误的。他说："抗战十个月以来，一切经验都证明下述两种观点的不对：一种是中国必亡论，一种是中国速胜论。前者产生妥协倾向，后者产生轻敌倾向。他们看问题的方法都是主观的和片面的，一句话，非科学的。"[①]

毛泽东系统分析了中日战争双方的特点。一是敌强我弱。日本是一个强的帝国主义国家，它的军力、经济力和政治组织力在东方是一等的，在世界也是

---

① 《毛泽东选集》第2卷，人民出版社，1991年版，第441页。

五六个著名帝国主义国家中的一个。我国是一个半殖民地半封建的国家，依然是一个弱国，在军力、经济力和政治组织力各方面都不如敌人。这就意味着战争之不可避免和中国之不能速胜。二是敌退步我进步。日本帝国主义由于内外矛盾而举行空前大规模的冒险战争，战争不能达到日本统治阶级所期求的兴旺，相反会激起国内阶级对立、中日民族对立及日本与世界大多数国家的对立。相反，今日中国有比任何一个历史时期更为进步的因素，所以中国的战争能在这种进步的基础上得到持久战和最后胜利的可能性。中国的战争是进步的，因而是正义的，能唤起全国的团结，激起敌国人民的同情，争取世界多数国家的援助。三是敌小我大。日本是个小国，其人力、军力、财力、物力均感缺乏，经不起长期战争。中国是个大国，地大、物博、人多、兵多，能够支持长期的战争。四是敌寡助我多助。日本虽能得到法西斯国家的援助，但会遇到更多国际反对力量。中国战争的进步性和正义性必然得到国际社会的广泛援助。所以毛泽东肯定地说，中日战争是持久战，最后胜利是中国的。

毛泽东还科学地预见出这场持久战将具体表现为三个阶段。第一阶段是战略防御阶段，即敌之战略进攻、我之战略防御的时期。在此阶段，中国虽有颇大的损失，但是同时却有颇大的进步，这种进步就成为第二阶段继续抗战的主要基础。第二个阶段是战略相持阶段。即敌之战略保守、我之准备反攻的时期。如能坚持抗战，坚持统一战线和坚持持久战，中国将在此阶段中获得转弱为强的力量。第三个阶段是战略反攻阶段。即我之战略反攻、敌之战略退却的时期。在这一阶段，国际形势将变到大有利于中国。中国的任务，就在于利用这种国际形势取得自己的彻底解放，建立独立的民主国家。至此，毛泽东得出结论："中国由劣势到平衡到优势，日本由优势到平衡到劣势，中国由防御到相持到反攻，日本由进攻到保守到退却——这就是中日战争的过程，中日战争的必然趋势。"①

从大众化的角度看，《抗日游击战争的战略问题》的主要传播对象是中国共产党党内干部、八路军和新四军全体指战员以及抗日根据地干部群众。《论持久战》则是在更大范围内发挥作用，它的大众化对象则指向全中华民族和全体中国人民，它为中国共产党和中国人民进行抗日战争，赢得战争的最后胜利指明了方向。《论持久战》发表以后不仅迅速成为党内、军队和根据地干部群众争相传阅、学习的文献，也成为国统区流行的抗日书籍。由新华日报馆出

---

① 《毛泽东选集》第2卷，人民出版社，1991年版，第469页。

版，生活书店经销的《论持久战》单行本成为国统区最流行的版本。

第四，对新民主主义理论的总结和宣传。1939年10月至1940年初，毛泽东先后发表《〈共产党人〉发刊词》、《中国革命和中国共产党》和《新民主主义论》等著作，对中国革命及其前途作出了系统的回答。

在《〈共产党人〉发刊词》中，毛泽东依据中国的国情，阐明了中国革命的性质、对象、基本动力、主要形式等问题。他指出："由于中国是半殖民地半封建的国家，政治、经济、文化各方面发展不平衡的国家，半封建经济占优势而又土地广大的国家，这就不但规定了中国现阶段革命的性质是资产阶级民主革命的性质，革命的主要对象是帝国主义和封建主义，基本的革命的动力是无产阶级、农民阶级和城市小资产阶级，而在一定的时期中，一定的程度上，还有民族资产阶级的参加，并且规定了中国革命斗争的主要形式是武装斗争。"①

在《中国革命和中国共产党》一文中，毛泽东不仅详细回答了中国社会的性质，中国革命的对象、任务、动力和性质等基本问题，还进一步阐明了中国革命的前途。也就是在这篇文章里，毛泽东提出了新民主主义革命的概念。他指出，现阶段的中国资产阶级民主主义革命已经不是一般的旧式的资产阶级民主主义革命，而是特殊的新式的民主主义革命，即新民主主义革命。中国革命会有两方面的结果：一方面有资本主义因素的发展，另一方面有社会主义因素的发展。随着无产阶级和共产党在全国政治势力中的比重的增长，加上国际环境的有利，最终会避免资本主义的前途，实现社会主义的前途。所以，毛泽东指出："中国革命的终极的前途，不是资本主义的，而是社会主义和共产主义的。"②"民主主义革命是社会主义革命的必要准备，社会主义革命是民主主义革命的必然趋势。"③

在《新民主主义论》一文中，毛泽东指出，新民主主义革命的第一步"是要建立以中国无产阶级为首领的中国各个革命阶级的联合专政的新民主主义的社会"④。毛泽东描绘了新民主主义社会的整体蓝图，提出了新民主主义的基本纲领。在政治上，要建立在无产阶级领导下的一切反帝反封建的人们联合专

---

① 《毛泽东选集》第2卷，人民出版社，1991年版，第604页。
② 《毛泽东选集》第2卷，人民出版社，1991年版，第650页。
③ 《毛泽东选集》第2卷，人民出版社，1991年版，第651页。
④ 《毛泽东选集》第2卷，人民出版社，1991年版，第672页。

政的民主共和国,这就是新民主主义的共和国。在经济上,国家使大银行、大工业、大商业,归新民主主义的国家所有,但并不没收其他资本主义的私有财产,并不禁止不能操纵国民生计的资本主义生产的发展,扫除农村中的封建关系,把土地变为农民的私产。在文化上,就是要发展无产阶级领导的人民大众的反帝反封建的文化,即民族的科学的大众的文化。最后,毛泽东得出总的结论:"新民主主义的政治、新民主主义的经济和新民主主义的文化相结合,这就是新民主主义共和国,这就是名副其实的中华民国,这就是我们要造成的新中国。"①

《〈共产党人〉发刊词》、《中国革命和中国共产党》和《新民主主义论》阐明了中国新民主主义革命及其前途的各个重大问题,都是毛泽东在延安时期影响大、传播范围广的著作,是广大干部群众学习的重要文献。

### 五、提出马克思主义大众化的原则和要求

为使马克思主义的宣传教育真正达到大众化的效果,毛泽东提出了一系列科学有效的原则和要求。在新民主主义革命时期,我们党正是遵循了这些原则,才使千百万群众赞同共产党的革命主张,跟随共产党进行艰苦卓绝的革命斗争并最终取得革命胜利。

#### (一)使群众认识自己的利益

共产党人"没有任何同整个无产阶级的利益不同的利益"②。就是说,共产党与无产阶级和广大人民的利益是根本一致的,必须代表人民的利益,维护人民的利益。从党的事业角度看,为人民谋利益是党的奋斗目标的具体化,党把推翻帝国主义、封建主义和官僚资本主义作为革命的目标,说到底就是使人民获得解放,获得自由和幸福。同时,党在革命斗争中也只有真正做到了为人民谋利益,党才能得到人民群众的支持,才能取得革命的成功。毛泽东很清楚地论述了党和群众之间的内在联系。他指出:

共产党员是一种特别的人,他们完全不谋私利,而只为民族与人民求福利。他们生根于人民之中,他们是人民的儿子,又是人民的教师,他们每时每

---

① 《毛泽东选集》第2卷,人民出版社,1991年版,第709页。
② 《马克思恩格斯选集》第1卷,人民出版社,2012年版,第413页。

刻地总是警戒着不要脱离群众，他们不论遇着何事，总是以群众的利益为考虑问题的出发点，因此他们就能获得广大人民群众的衷心拥护，这就是他们的事业必然获得胜利的根据。①

"他们是人民的儿子，又是人民的教师"是对党和人民的关系的最好阐释。前者是说党来自人民，植根于人民，人民是党的全部力量的源泉，党必须以人民的利益为出发点；后者是说党必须承担起宣传、教育和指导群众的任务，使群众认识自己的利益，认识到党的利益和群众利益的根本一致性，跟着党进行革命斗争最终为群众自己谋利益。只有这样，群众才会自觉和党站在一起，成为党的事业的坚定支持者和参与者。党的正确主张能否为群众所接受，群众能否在革命斗争中认识到自己的利益，是对群众进行宣传教育的一项重要原则。1934年1月，毛泽东在第二次全国工农兵大会上指出："一切群众的实际生活问题，都是我们应当注意的问题。假如我们对这些问题注意了，解决了，满足了群众的需要，我们就真正成了群众生活的组织者，群众就会真正围绕在我们的周围，热烈地拥护我们。"② 1945年4月，毛泽东在党的七大所作《论联合政府》中指出："应该使每个同志明了，共产党人的一切言论行动，必须以合乎最广大人民群众的最大利益，为最广大人民群众所拥护为最高标准。应该使每一个同志懂得，只要我们依靠人民，坚决地相信人民群众的创造力是无穷无尽的，因而信任人民，和人民打成一片，那就任何困难也能克服，任何敌人也不能压倒我们，而只会被我们所压倒。"③ 1947年9月，毛泽东起草《解放战争第二年的战略方针》的党内指示，指出到国民党区域作战争取胜利的两大关键之一就是"坚决执行争取群众的政策，使广大群众获得利益，站在我军方面"④。1948年4月，毛泽东在对晋绥日报编辑人员的谈话中明确指出："你们的工作，就是教育群众，让群众知道自己的利益，自己的任务，和党的方针政策。"⑤

---

① 《毛泽东文集》第3卷，人民出版社，1996年版，第47页。
② 《毛泽东选集》第1卷，人民出版社，1991年版，第137页。
③ 《毛泽东选集》第3卷，人民出版社，1991年版，第1096页。
④ 《毛泽东选集》第4卷，人民出版社，1991年版，第1231页。
⑤ 《毛泽东选集》第4卷，人民出版社，1991年版，第1319页。

## （二）向群众学习

毛泽东指出，我们对群众的关系，是一方面要教育群众，一方面要向群众学习，"为了教育群众，首先要向群众学习"①。推进马克思主义大众化，达到教育群众的目的，首先必须深入群众，了解群众，向群众学习，这是毛泽东关于推进马克思主义大众化的一个基本主张。为什么要向群众学习？怎样向群众学习？向群众学习什么？毛泽东都作了系统的回答。

为什么要向群众学习？毛泽东指出："我们应该走到群众中间去，向群众学习，把他们的经验综合起来，成为更好的有条理的道理和办法，然后再告诉群众（宣传），并号召群众实行起来，解决群众的问题，使群众得到解放和幸福。"② 这是因为群众有很好的实践经验，需要我们去学习和总结，需要我们把这些经验提炼成为更好的有条理的道理和方法，然后向更大范围的群众进行宣传和教育，以推动革命事业的发展。向群众学习，是毛泽东的切身体会。大革命时期的1926年，农民革命运动随着北伐的推进迅猛发展起来，作为党的最高领导人的陈独秀却对农民运动作出种种限制，并多次责难农民运动。毛泽东正是在这种背景下对湖南农民运动进行考察的，通过深入湖南广大农村进行调查，毛泽东亲眼看到了在中国社会最底层的农民阶级的伟大创造性。他把农民在农民协会领导下进行的革命斗争总结成十四件大事，他热情洋溢地称赞贫农是革命的先锋，农民运动好得很。1930年和1933年，毛泽东又对农村进行了两次大规模的调查，写出《寻乌调查》、《兴国调查》、《长冈乡调查》、《才溪乡调查》等一系列调查报告。毛泽东在后来回忆这些调查经历时说：

我在湖南五县调查和井冈山两县调查，找的是各县中级负责干部；寻乌调查找的是一部分中级干部，一部分下级干部，一个穷秀才，一个破产了的商会会长，一个在知县衙门管钱粮的已经失了业的小官吏。他们都给了我很多闻所未闻的知识。使我第一次懂得中国监狱全部腐败情形的，是在湖南衡山县作调查时该县的一个小狱吏。兴国调查和长冈、才溪两乡调查，找的是乡级工作同志和普通农民。这些干部、农民、秀才、狱吏、商人和钱粮师爷，就是我的可敬爱的先生。③

---

① 《毛泽东选集》第4卷，人民出版社，1991年版，第1320页。
② 《毛泽东选集》第3卷，人民出版社，1991年版，第933页。
③ 《毛泽东选集》第3卷，人民出版社，1991年版，第790页。

向群众学习，就是要像毛泽东那样真正深入到群众之中，了解中国社会的真实状况，学习群众的实践经验，并把这些情况和经验总结成党的正确决策和主张，然后再向群众进行宣传教育，转化成群众的现实革命行动。向群众学习是前提，没有这个前提就不可能向更多的群众进行宣传教育，党的主张就不可能实现。

怎样向群众学习？毛泽东指出："群众是真正的英雄，而我们自己则往往是幼稚可笑的，不了解这一点，就不能得到起码的知识。"把群众当作真正的英雄，把自己当作学生，这是毛泽东经历几次农村调查以后形成的认识。这是学习的态度和方法问题。没有虚心向群众学习的态度，就无法取得群众的信任，因而也无法从群众那里了解到情况和学到知识。所以，毛泽东这样说："我给他们当学生是必须恭谨勤劳和采取同志态度的，否则他们就不理我，知而不言，言而不尽。""没有满腔的热忱，没有眼睛向下的决心，没有求知的渴望，没有放下臭架子、甘当小学生的精神，是一定不能做，也一定做不好的。"①

"只有代表群众才能教育群众，只有做群众的学生才能做群众的先生。"②这就是毛泽东关于推进马克思主义大众化必须坚持向群众学习的原则所得出的结论。

向群众学习什么？如前所说，向群众学习，是为了了解群众，了解情况，是为了从群众中学习到革命经验。从推进马克思主义大众化的角度看，还有一个重要的学习目的，就是学习群众的语言，即学习群众的表达方式。毛泽东非常重视向群众学习语言的问题。毛泽东指出，党八股的罪状之一就是"语言无味，像个瘪三"③。我们是革命党，是为群众办事的，如果不学习群众的语言，事情就办不好。做宣传的同志，不学群众的语言，宣传就枯燥乏味，他们写的文章就没有多少人喜欢看，他们的演说就没有多少人喜欢听。人民的语汇是很丰富的、生动活泼的、表现实际生活的。所以，党的宣传工作者应当下苦功、花大气力学习语言，首要的是向群众学习语言。毛泽东自己就是善于运用群众语言的典范。如他在《反对党八股》一文中把有些同志欢喜写长文章，但是没有什么内容的情况比喻成"懒婆娘的裹脚，又长又臭"，号召"把那些又长又

---

① 《毛泽东选集》第3卷，人民出版社，1991年版，第790页。
② 《毛泽东选集》第3卷，人民出版社，1991年版，第864页。
③ 《毛泽东选集》第3卷，人民出版社，1991年版，第837页。

臭的懒婆娘的裹脚,赶快扔到垃圾桶里去"①。这就是真正的群众的语言,用这样的话宣传教育群众,群众听得懂,也爱听,因而也能达到很好的宣传效果。

### (三) 要重视干部教育

推进马克思主义大众化必须依靠广大干部,干部是马克思主义大众化的重要主体,推进马克思主义大众化是干部的重要责任。毛泽东对于干部的重要性有着极其深刻的认识。他指出:"指导伟大的革命,要有伟大的党,要有许多最好的干部。""我们党的组织要向全国发展,要自觉地造就成万数的干部,要有几百个最好的群众领袖。这些干部和领袖懂得马克思列宁主义,有政治远见,有工作能力,富于牺牲精神,能独立解决问题,在困难中不动摇,忠心耿耿地为民族、为阶级、为党而工作。党依靠着这些人而联系党员和群众,依靠着这些人对于群众的坚强领导而达到打倒敌人之目的。"② 干部是党和群众联系的桥梁和纽带,党通过干部对群众的实际工作进行领导和指导,来推动中国革命的发展。1940年12月底,毛泽东接见从前线回来到中央党校学习的同志时指出,延安的窑洞是最革命的,延安的窑洞有马列主义,延安的窑洞能指挥全国的抗日斗争。没有大量的精通马克思列宁主义革命理论的干部,要完成无产阶级革命是不可能的。③ 毛泽东始终倡导和鼓励干部到群众中去宣传马克思主义和党的主张,为马克思主义大众化作出贡献。

早在大革命时期,毛泽东就先后主持第六届广州农民运动讲习所和武昌中央农民运动讲习所的工作,亲自讲授农民问题、农村教育等课程,为党培养了一大批干部和农民运动骨干。在井冈山时期,毛泽东创办了红军军官教导队,后又在此基础上创办了井冈山红军学校,组织红军干部学政治、学军事、学文化。1929年12月,由毛泽东主持起草的《古田会议决议》中对军队的政治训练作了明确规定,设立了专门的干部班,"目的在提高现任下级干部的政治水平线,使能领导群众,以预备将来能充当中级干部"④。1937年2月国民党五

---

① 《毛泽东选集》第3卷,人民出版社,1991年版,第834页。
② 《毛泽东选集》第1卷,人民出版社,1991年版,第277页。
③ 中共中央文献研究室编:《毛泽东年谱1893—1949》中卷,中央文献出版社,1993年版,第249页。
④ 《毛泽东文集》第1卷,人民出版社,1993年版,第104页。

届三中全会召开以后,国民党基本确立停止内战、实行国共合作的原则。毛泽东认为中国将从此进入一个"全国停止内战一致抗日与和平统一团结御侮的新阶段,也走到全国统一战线的实际建立,举国抗战开始的一个过渡的时期"①。为此,"红军应利用时机,加强内部政治上的与军事上的训练,加强党在红军中的堡垒作用,重新教育干部,使他们能够负担新形势下的新任务,严整军风纪,学习群众工作,争取成为抗日军队的模范"②。为了夺取抗战的胜利,他在1940年12月为中共中央起草的党内指示中指出:"每个根据地都要尽可能地开办大规模的干部学校,越大越多越好。"③ 为迎接解放战争的最后胜利和新中国的建立,1948年9月毛泽东在中央政治局会议上明确提出要"训练干部,提高理论水平,准备占领全国后所需要的各方面工作干部"④。

### (四)体现中国作风和中国气派

马克思主义中国化是马克思主义大众化的基础和前提,要使马克思主义更好地被中国广大人民群众掌握并指导实践,就必须使马克思主义中国化,用中国化的马克思主义来指导实践,否则就会犯教条主义的错误。在新民主主义革命时期,马克思主义之所以能够在中国扎根,能够指导中国革命并取得胜利,一个重要原因在于马克思主义同中国传统文化有机结合起来,真正实现了马克思主义中国化。1938年10月,毛泽东在中共六届六中全会上明确提出了马克思主义中国化的任务,他指出:

> 共产党员是国际主义的马克思主义者,但马克思主义必须通过民族形式才能实现。没有抽象的马克思主义,只有具体的马克思主义。所谓具体的马克思主义,就是通过民族形式的马克思主义,就是把马克思主义应用到中国具体环境的具体斗争中去,而不是抽象地应用它。成为伟大中华民族之一部分而与这个民族血肉相联的共产党员,离开中国特点来谈马克思主义,只是抽象的空洞的马克思主义。因此,马克思主义的中国化,使之在其每一表现中带着中国的特性,即是说,按照中国的特点去应用它,成为全党亟待了解并亟须解决的问题。洋八股必须废止,空洞抽象的调头必须少唱,教条主义必须休息,而代替

---

① 《毛泽东文集》第1卷,人民出版社,1993年版,第495页。
② 《毛泽东文集》第1卷,人民出版社,1993年版,第496页。
③ 《毛泽东选集》第2卷,人民出版社,1991年版,第769页。
④ 《毛泽东文集》第5卷,人民出版社,1996年版,第137页。

之以新鲜活泼的,为中国老百姓所喜闻乐见的中国作风与中国气派。①

马克思主义必须通过民族形式才能实现,就是使马克思主义民族化。在中国,马克思主义的民族化就是马克思主义中国化。在内容上,就是要把马克思主义应用到中国具体环境的具体斗争中去。在形式上就是使马克思主义和中国传统文化结合起来,体现鲜明的中国特性。毛泽东之所以提出马克思主义民族化和中国化,是因为马克思主义起源于欧洲,是用欧洲人的思维习惯和表达方式阐述并揭示自然界、人类社会和人的思维发展的规律。东西方人的思维方式、表达方式存在很大差异,要使中国人民更好地理解和接受马克思主义,就必须用中国人的思维方式,中国人喜闻乐见的表达方式来阐述和宣传马克思主义。毛泽东强调:"今天的中国是历史的中国之一发展,我们是马克思主义的历史主义者,我们不应该割断历史。从孔夫子到孙中山,我们应该给以总结,我们要承继这一份珍贵的遗产。"②

毛泽东是把马克思主义与中国传统文化有机结合起来的光辉典范,他充分挖掘和利用中国传统文化的成果,用中国老百姓所熟悉的、生动活泼的语言符号对马克思主义进行解释,从而达到马克思主义大众化的目标。在毛泽东的著作里,中国传统经典名著、楹联诗词、神话传说、寓言故事、名言警句等,毛泽东都能随手拈来用以阐述马克思主义理论和革命主张。比如,毛泽东用《孙子兵法》里的名句解释掌握军事规律的重要性,他说:"中国古代大军事家孙武子书上'知彼知己,百战不殆'这句话,是包括学习和使用两个阶段而说的,包括从认识客观实际中的发展规律,并按照这些规律去决定自己行动克服当前敌人而说的。"③毛泽东用《水浒传》里的故事说明军事冒险主义的危害,他说:"《水浒传》上的洪教头,在柴进家中要打林冲,连唤几个'来''来''来',结果是退让的林冲看出洪教头的破绽,一脚踢翻了洪教头。"④"据有人统计,四卷《毛泽东选集》中仅引用《左传》中的历史典故和史实,就有四十

---

① 中央档案馆编:《中共中央文件选集》第11册,中共中央党校出版社,1991年版,第659页。

② 中央档案馆编:《中共中央文件选集》第11册,中共中央党校出版社,1991年版,第658页。

③ 《毛泽东选集》第1卷,人民出版社,1991年版,第182页。

④ 《毛泽东选集》第1卷,人民出版社,1991年版,第203页。

余处之多。"① 对联是中国语言特有的艺术形式，由对仗工整、平仄协调的对偶语句组成，听起来顺耳，容易记忆。毛泽东十分擅长运用对联教育干部战士。1930年12月，毛泽东主持召开苏区军民歼敌誓师大会，毛泽东以"十六字诀"为基础为大会题写对联，激励红军取得反"围剿"的胜利。对联是："敌进我退，敌驻我扰，敌疲我打，敌退我追，游击战里操胜算；大步进退，诱敌深入，集中兵力，各个击破，运动战中歼敌人。"② 1941年5月，毛泽东在《改造我们的学习》的报告中用对联的形式比喻那种没有科学态度的人，只知背诵马克思主义词句的人，徒有虚名并无实学的人。对联是："墙上芦苇，头重脚轻根底浅；山间竹笋，嘴尖皮厚腹中空。"③

### （五）语言通俗化

实现马克思主义大众化，必须使马克思主义的理论内容通俗化。所谓"通俗化"，就是用通俗易懂的语言文字和简单明了的具体实例解释和宣传马克思主义，使理论由抽象变得具体，由繁琐变得简洁，由深奥变得通俗，让群众听得懂，看得明白，这样才更有利于人民群众理解和接受马克思主义。正如毛泽东所说："普及的东西比较简单浅显，因此也比较容易为目前广大人民群众所迅速接受。"④ 毛泽东特别注重通俗化问题。1936年10月，毛泽东致信叶剑英、刘鼎，嘱咐他们"买一批通俗的社会科学、自然科学及哲学书，大约共买十种至十五种左右，要经过选择真正是通俗而有价值的（例如艾思奇的《大众哲学》、柳湜的《街头讲话》之类）"⑤。毛泽东认真阅读过艾思奇的《大众哲学》很多遍，还给远在苏联留学的儿子毛岸英寄去一本，叫他认真学习。1940年2月，毛泽东在给《中国工人》写的发刊词里明确提出通俗化的要求，希望《中国工人》"以通俗的语言解释许多道理给工人群众听，报道工人阶级抗日斗争的实际，总结其经验，为完成自己的任务而努力"⑥。1942年1月，毛泽东在谈到《解放日报》的工作时强调"报纸的第三版和第四版应贯彻党的政策，

---

① 张启华：《读懂毛泽东》，四川人民出版社，2001年版，第415页。
② 中共中央文献研究室编：《毛泽东年谱1893—1949》上卷，中央文献出版社，1993年版，第329页。
③ 《毛泽东选集》第3卷，人民出版社，1991年版，第800页。
④ 《毛泽东选集》第3卷，人民出版社，1991年版，第861页。
⑤ 《毛泽东书信选集》，中央文献出版社，2003年版，第68页。
⑥ 《毛泽东选集》第2卷，人民出版社，1991年版，第728页。

# 第二章
## 毛泽东与马克思主义大众化

题材应切实，文字应通俗"①。1942年2月，毛泽东在《反对党八股》的讲演中专门引述季米特洛夫在共产国际七大所作报告中的一段话，来说明通俗化的问题：

> 如果我们没有学会说群众懂得的话，那末广大群众是不能领会我们的决议的。我们远不是随时都善于简单地、具体地、用群众所熟悉和懂得的形象来讲话。我们还没有能够抛弃背得烂熟的抽象的公式。事实上，你们只要瞧一瞧我们的传单、报纸、决议和提纲，就可以看到：这些东西常常是用这样的语言写成的，写得这样地艰深，甚至于我们党的干部都难于懂得，更用不着说普通工人了。②

毛泽东指出，违背通俗化要求的党八股现象不仅中国有，外国也有，我们必须按照季米特洛夫的指示把这种毛病赶快治好。季米特洛夫的指示就是要做到语言通俗化，他是这样说的："当你写东西或讲话的时候，始终要想到使每个普通工人都懂得，都相信你的号召，都决心跟着你走。"③

毛泽东擅长用通俗的语言解释马克思主义和革命道理。为了说明实践的重要性，说明"你要有知识，你就得参加变革现实的实践"的道理，毛泽东作了这样通俗的解释："你要知道梨子的滋味，你就得变革梨子，亲口吃一吃。"④为了说明不是一概反对长文章，该长则长，该短则短的道理，他使用了这样的俗语："到什么山上唱什么歌"，"看菜吃饭，量体裁衣"。⑤为揭露国民党假意召开其一手包办的所谓"国民大会"，实则维持独裁统治，是一种把他们自己推到绝路上去的危险行为，毛泽东用一句任何人都能听得懂的话说明这种后果："历史的逻辑将向他们所设想的反面走去，'搬起石头砸自己的脚'。"⑥

毛泽东还牢牢把握住文学艺术创作中的大众化方向，要求文艺创作要贯彻通俗化的原则。1941年8月，毛泽东为一篇《解放日报》上发表的调查报告《鲁忠才长征记》写下这样的按语："这是一个用简洁文字反映实际情况的报

---

① 中共中央文献研究室编：《毛泽东年谱1893—1949》中卷，中央文献出版社，1993年版，第356页。
② 《毛泽东选集》第3卷，人民出版社，1991年版，第843页。
③ 《毛泽东选集》第3卷，人民出版社，1991年版，第843页。
④ 《毛泽东选集》第1卷，人民出版社，1991年版，第287页。
⑤ 《毛泽东选集》第3卷，人民出版社，1991年版，第834页。
⑥ 《毛泽东选集》第3卷，人民出版社，1991年版，第1068页。

告，高克林同志写的，值得大家学习。现在必须把那些'下笔千言、离题万里'的作风扫掉，把那些'夸夸其谈'扫掉，把那些主观主义、形式主义扫掉。"① 1942年5月，毛泽东发表了著名的《在延安文艺座谈会上的讲话》，要求广大文艺工作者"一定要把立足点移过来，一定要在深入工农兵群众、深入实际斗争的过程中，在学习马克思主义和学习社会的过程中，逐渐地移过来，移到工农兵这方面来，移到无产阶级这方面来"②。在《讲话》的推动下，一大批通俗化的、群众喜闻乐见的艺术作品在延安和其他根据地涌现出来。

## 六、努力探索马克思主义大众化的各种实践形式

毛泽东在推进马克思主义大众化的进程中，注重发挥各种宣传工具的作用。1943年3月毛泽东在中央政治局会议上指出，对干部进行思想理论教育的主要方式包括"报纸、电报、党务广播、口头报告"③。从毛泽东在新民主主义革命时期推进马克思主义大众化的实践来看，报刊、书籍、学校、社团、讲演、报告、著作、文章、书信、电文、广播及各种文学艺术等，都是毛泽东宣传马克思主义和党的主张的重要载体。这里我们只对前四个方面的实践形式作一些介绍和分析。

### （一）重视报刊的宣传作用

毛泽东非常重视报章杂志的宣传作用。他曾说过，报纸是很重要的宣传教育方式，中央同志要善于利用报纸，要有一半时间用在报纸上。④ 1919年7月，毛泽东以宣传最新思想为宗旨，创办《湘江评论》。毛泽东在该刊发表长篇论文《民众的大联合》，盛赞俄国十月革命的胜利及其影响。同年9月，毛泽东主持编辑《新湖南》，并开始在湖南《大公报》发表文章。11月8日，毛泽东担任湖南《大公报》馆外撰述员，在之后的三年里为该报撰写了不少以反帝反封建为主要内容的文章。经毛泽东推荐，湖南《大公报》还连续转载过

---

① 中共中央文献研究室编：《毛泽东年谱1893—1949》中卷，中央文献出版社，1993年版，第323页。
② 《毛泽东选集》第3卷，人民出版社，1991年版，第857页。
③ 《毛泽东文集》第3卷，人民出版社，1996年版，第11页。
④ 《毛泽东文集》第3卷，人民出版社，1996年版，第11页。

《共产党》月刊上的一些重要文章，为引导湖南青年走上革命道路产生过重要影响。1925 年 12 月，毛泽东创办《政治周报》，他以"向反革命派宣传反攻，以打破反革命宣传"为目的，仅在创刊号上就发表 7 篇杂文，揭露和抨击反动军阀和国民党右派的反革命宣传。1931 年 3 月，毛泽东发布红军总政治部通令，要求红军各级政治部和当地政府要"普遍地举办《时事简报》"。毛泽东还亲笔写了《怎样办〈时事简报〉》的小册子，指导红军和地方办好《时事简报》。

毛泽东担任党的主要领导人以后，依然十分关心报刊工作，十分重视报刊的宣传作用。他先后为多家报刊创刊题写发刊词。1939 年 1 月，他为《八路军军政杂志》发表发刊词，指出创办该刊有利于提高八路军的抗战力量，并为抗战友军和抗战人民提供八路军的抗战经验。1939 年 10 月，毛泽东发表《〈共产党人〉发刊词》，指出《共产党人》的任务就是要"帮助建设一个全国范围的、广大群众性的、思想上政治上组织上完全巩固的布尔什维克化的中国共产党"①。1940 年 2 月，毛泽东又为《中国工人》月刊发表发刊词，要求"《中国工人》应该成为教育工人、训练工人干部的学校"②。1948 年毛泽东在对晋绥日报编辑人员的谈话中指出，办好报纸对于开展党的工作具有非常重要的意义。他指出："要充分地利用报纸。办好报纸，把报纸办得引人入胜，在报纸上正确地宣传党的方针政策，通过报纸加强党和群众的联系，这是党的工作中的一项不可小看的、有重大原则意义的问题。"③

（二）编辑出版重要文献

为了宣传党的正确主张，批判错误思想，引导和教育广大干部群众，毛泽东在新民主主义革命时期曾多次编辑出版相关重要文献。1926 年 9 月，毛泽东编辑出版《农民问题丛刊》，介绍中国农村情况和国内外特别广东农民运动的经验。1936 年 8 月，毛泽东向参加长征的干部战士发出电报和信函，动员他们为编辑出版《长征记》写稿。众多的红军将士参加了写稿，为我们后来了解和研究红军长征提供了十分宝贵的第一手资料，也成为教育一代又一代年轻人的好教材。1941 年，毛泽东将他 1930 年到 1934 年撰写的多篇调查报告整

---

① 《毛泽东选集》第 2 卷，人民出版社，1991 年版，第 602 页。
② 《毛泽东选集》第 2 卷，人民出版社，1991 年版，第 728 页。
③ 《毛泽东选集》第 4 卷，人民出版社，1991 年版，第 1319 页。

理成《农村调查》一书出版,督促党内同志克服粗枝大叶、不求甚解的作风,树立马克思列宁主义的思想方法和工作作风。毛泽东专门为该书写了序言和跋,强调进行调查研究的重要性。

1940年到1943年,毛泽东亲自主持编辑了《六大以来》、《六大以前》和《两条路线》三部党的重要历史文献。《六大以来》的资料收集工作是从1940年下半年开始的,最初由任弼时负责,资料收集工作进展并不顺利,后来毛泽东亲自负责这项工作,毛泽东想了很多办法才把相关资料收集拢来。《六大以来》收录了从六大召开的1928年6月至1941年11月总共13年间党的历史文献519篇。包括党的会议纪要、决议、通告、声明、电报、指示以及党报社论、主要领导人文章、信件等。这些文献大致可分两类:一部分是反映王明"左"右倾机会主义路线产生、形成、危害及其纠正的文献;一部分是反映我党在这一时期的一系列正确的路线、方针、政策,特别是关于全面抗战路线和抗日民族统一战线的方针政策的制定与形成的文章。[①]《六大以来》的发表,一方面有利于党内同志正确认识六大以来党的历史。一些同志读了之后恍然大悟,明白苏维埃运动后期党的领导机关向全党发表过如此多的'左'的训令、决议等,认识到苏维埃运动后期党的领导机关确实存在一条错误的路线。另一方面有利于犯错误的同志承认和改正错误。正如毛泽东所说,六大党书一出,许多同志解除了武装,大家才承认错误。[②]《六大以来》的出版,引发了党内同志研究党史的浓厚兴趣,许多人要求编写六大以前的党史文献。于是,1942年毛泽东又编辑出版了《六大以前》,共收录党内历史文献184篇,文献的起止时间为1921年3月至1928年2月。1943年下半年,毛泽东又在《六大以来》和《六大以前》的基础上编辑出版了《两条路线》,作为党的高级干部进行路线学习的主要文献。三部党的历史文献集的编辑出版为延安整风运动的开展提供了重要的历史材料依据,对于教育全党,纠正"三风"发挥了重要作用。

### (三)兴办学校

毛泽东很早就有办学的经历。早在1917年他还是湖南第一师范学生时就举办过工人夜校,他用一般工人都能看懂的大白话写《夜学招学广告》,深入

---

[①] 《胡乔木回忆毛泽东》,人民出版社,1994年版,第179页。
[②] 《胡乔木回忆毛泽东》,人民出版社,1994年版,第183页。

到工人宿舍区和贫民区进行招生宣传和解释,从这时起毛泽东就体会到:做下层群众的工作,非做得周密细致不可。①1921年8月,毛泽东与何叔衡一起创办湖南自修大学。他们聘请李达担任学长,为学生讲授马克思主义理论。湖南自修大学及其附设的补习学校是革命者的摇篮,培养了省内外青年200余人,毛泽覃、郭亮、夏曦、夏明翰等都曾在自修大学学习过。1925年2月毛泽东回到韶山,创办夜校,对农民进行思想启蒙教育。1926年5月,毛泽东接办第六届广州农民运动讲习所,他亲自讲授中国农民问题、农村教育、地理三门课。1927年4月,毛泽东又主持武昌中央农民运动讲习所工作,参加学习的700余人,后来很多人成了党在各地领导的武装起义的骨干成员。1929年10月,毛泽东在中共闽西特委驻地上杭县苏家坡休养,他十分关心闽西特委举办的干部培训班的工作,专门结合实际给学员讲授马克思主义基本原理,以提高地方干部解决实际问题的能力。1929年12月,毛泽东在古田会议决议里专门规定了"士兵政治训练问题",分普通、特别、干部三班给干部战士上政治课。1936年5月,中央政治局常委会议讨论建立红军大学(1937年1月改名为中国人民抗日军事政治大学,简称"抗大"),毛泽东作报告对如何办学作出具体安排。其中在教学内容上面的安排是:政治方面,学习世界和中国革命基本问题、时事问题、列宁主义概论及各种重要书籍;军事方面,学习中国革命战争中的基本问题、时事问题及其他重要书籍。毛泽东亲自担任教员,为学生讲了中国革命战争的战略问题和马克思主义哲学课。收入《毛泽东选集》的《中国革命战争的战略问题》、《实践论》、《矛盾论》就是毛泽东为抗大学员讲课付出艰辛劳动的见证。在抗战期间,毛泽东还亲自修改八路军政治部编的《抗日战士政治课本》,强调教材主要应说各阶级对抗日的态度,才有现实意义。

(四)重视社团的宣传作用

1918年4月,毛泽东、蔡和森、萧子升等成立新民学会。中国共产党成立以前,毛泽东正是依托新民学会和会员们一起探求中国的出路。1918年8月,毛泽东发动新民学会会员赴法勤工俭学,1919年、1920年两年间,毛泽东先后四次在上海送别赴法留学的湖南青年。其中1919年3月17日第一批赴法学生的89名学生中就有43人是湖南青年。1920年9月,毛泽东与何叔衡等人组织成立俄罗斯研究会,先后介绍刘少奇、任弼时、萧劲光等进步青年到

---

① 金冲及主编:《毛泽东传1893—1949》(上),中央文献出版社,1996年版,第36页。

上海外国语学社学习俄语，然后赴俄国留学。依托新民学会、俄罗斯研究会这样的革命团体，毛泽东为中国革命培养和输送了大批革命人才，这也是为什么在中国现代历史上会涌现出众多湘籍无产阶级革命家的原因之一。

　　青年时代的毛泽东以创办各种社团的方式吸引进步青年，走上革命道路。后来，毛泽东成为党的重要领导人，仍然参加各种社团活动，通过讨论、发表讲话等形式宣传马克思主义。1936年11月，毛泽东出席中国文艺协会成立大会，并在大会上发表演讲，鼓励文艺工作者在"停止内战"的宣传上发挥作用。他说："怎样才能停止内战呢？我们要文武两方面都来。要从文的方面去说服那些不愿停止内战者，从文的方面去宣传教育全国民众团结抗日。"[①] 抗战时期，延安成立了各种学术团体，毛泽东总是热情支持他们的工作，希望他们在学习、宣传、研究马克思主义方面发挥积极作用。1940年2月，毛泽东出席陕甘宁边区自然科学研究会成立大会，他发表讲话说："马克思主义包含有自然科学，大家要来研究自然科学，否则世界上就有许多不懂的东西，那就不算一个最好的革命者。"[②] 同年6月，毛泽东出新延安新哲学会第一届年会。他强调理论工作的重要性，指出不提高革命理论，革命胜利是不可能的，他要求全国在这方面都要加以努力，延安要走在前面，树立榜样。

---

　　[①] 中共中央文献研究室编：《毛泽东年谱1893—1949》上卷，中央文献出版社，1993年版，第612页。

　　[②] 中共中央文献研究室编：《毛泽东年谱1893—1949》中卷，中央文献出版社，1993年版，第166页。

# 第三章  刘少奇与马克思主义大众化

刘少奇是伟大的马克思主义理论家和无产阶级革命家,是中华人民共和国的主要领导人之一。在新民主主义革命的各个阶段,刘少奇积极向党内同志和人民群众宣传马克思主义和党的革命主张,为推进马克思主义大众化作出了重要贡献。我们有必要重温刘少奇等老一辈革命家对马克思主义大众化所作的一切努力,为我们推进当代中国马克思主义大众化提供借鉴和经验。

## 一、刘少奇推进马克思主义大众化的主观条件

刘少奇从青年时代开始就勤奋学习马克思主义,在苏联留学期间,他比较系统地学习和掌握了马克思主义基本原理。还在学生年代,他就多次参加反帝爱国斗争。在后来的革命生涯中,刘少奇参加和领导了党在各方面的革命斗争,积累了丰富的革命经验。从理论和实践两方面来看,刘少奇都有能力担当起宣传马克思主义,推进马克思主义大众化的重任。

第一,通过勤奋学习,刘少奇掌握了马克思主义基本理论。刘少奇从小就有爱学习、勤思考的好习惯。1919年9月,刘少奇进入河北保定育德中学留法预备班学习,在这里他接触到了《新青年》、《每周评论》等进步刊物。1920年10月,刘少奇进入上海早期党组织创办的上海外国语学社留俄预备班学习,刘少奇在这里不仅学习俄文,还初步学习了马克思主义基本知识,阅读了《新青年》、《学灯》、《觉悟》等进步报刊。萧劲光回忆说:"他(指刘少奇)为人正直,富有革命理想,办起事来很认真,学习也很刻苦。"① 1921年夏,刘少奇与罗亦农、任弼时、肖劲光等奔赴苏联留学。在那里,他更加珍惜难得的学

---

① 萧劲光:《忆早起赴苏学习时的少奇同志》,《缅怀刘少奇》,中共文献出版社,1988年版,第70页。

习机会,系统地学习和掌握了马克思列宁主义的基本知识,坚定了共产主义理想信念。肖劲光对当时的学习情况回忆说:"我们除学习俄文外,每星期天还学习马列主义,主要是请人来演讲。我记得常来讲课的是复旦大学的教授陈望道。他主要讲他翻译的《共产党宣言》。这是我们看到的第一本马列书籍,书的封面上印有马克思的大胡子像。少奇同志几乎没有个人爱好,从不闲聊天,也不随便上街。我们不住在一起,但看见他的时候,多是在学习俄文,阅读《共产党宣言》,思考着中国革命问题。"① 在以后的革命生涯中,刘少奇始终坚持学习马克思主义理论,这为刘少奇推进马克思主义大众化奠定了坚实基础。

第二,丰富的革命经历,使刘少奇积累了丰富的传播马克思主义的经验。1915年5月,袁世凯接受日本政府提出的"二十一条",出卖中国主权,极大地激怒了中国人民,一场声势浩大的讨袁斗争迅速在全国展开。17岁的刘少奇参加了这次反袁斗争并成为骨干成员,他和几个同学挂着"勿忘国耻"的牌子,手持"内除国贼,外抗强权"的小旗,高喊"严惩卖国贼"、"坚决取消二十一条"等口号,走在游行队伍的最前面。1919年五四运动爆发后,湖南各校也举行了总罢课,在长沙私立育才中学就读的刘少奇参加了罢课游行。1922年春天,刘少奇回国后立即投入到工人运动之中,相继领导和参加安源路矿工人大罢工、上海工人罢工斗争(即"五卅"运动)、省港大罢工、武汉群众收回英租界等一系列革命斗争。大革命失败以后,刘少奇先后在上海、天津、北平、哈尔滨从事秘密工作。1932年,刘少奇进入中央革命根据地,从事工会和地方党委工作,后来参加长征。1936年刘少奇赴华北开展白区工作。抗战全面爆发后,刘少奇领导华北抗日根据地和山西抗日新军的创建工作。皖南事变后,刘少奇与陈毅重建新四军军部,恢复和发展了党在南方的抗日武装力量。1942年,刘少奇回到延安,开始担任党的高级领导职务,成为以毛泽东以为核心的领导集体的一员,领导和参加了党的一系列重大决策和重要工作。丰富的革命经历,使刘少奇积累了领导革命的经验和传播马克思主义的方法。

第三,勤于思考革命问题,善于总结革命经验。我们从刘少奇写下的丰富的理论著述看,很多文章和著作是刘少奇在指导革命斗争的过程中对相关问题进行的思考,还有很多是在革命斗争结束后进行的回顾、反思和经验总结,这

---

① 萧劲光:《忆早起赴苏学习时的少奇同志》,《缅怀刘少奇》,中共文献出版社,1988年版,第71页。

些著述为正在和即将进行的革命斗争起到了现实的指导作用。比如，1922年9月，刘少奇、李立三组织安源路矿工人举行罢工并取得胜利。1923年8月，刘少奇便与朱少连合著《安源路矿工人俱乐部略史》一文，回顾了安源路矿工人俱乐部建立的历史，重点总结了安源路矿工人罢工的经验。为纪念安源路矿工人罢工胜利一周年，刘少奇又撰写了《对俱乐部过去的批评和将来的计划》，同年10月，还与李求实合著《俱乐部组织概况》一文，对工会的意义及组织原则等作了明确阐述。1925年1月，刘少奇领导安源路矿工人举行第二次大罢工并再次取得胜利。这一年，刘少奇还参加和领导了轰轰烈烈的五卅运动，并因此遭到湖南军阀赵恒惕的逮捕。1926年2月，出狱后的刘少奇即对1925年我们党领导的工人运动进行全面总结，形成《全国职工运动的报告》和《一年来中国职工运动的发展》两个重要报告。随后，刘少奇还在总结党的工会工作的基础上，写了《工会代表会》、《工会经济问题》、《工会基本组织》等小册子，对党领导工人运动和开展工会工作发挥了直接的指导作用。为指导各地工人进行罢工，及时总结罢工失败的教训，刘少奇还专门写了《怎样罢工》、《罢工策略》、《某某兵工厂罢工斗争的经过和教训》等文章。运用马克思主义基本原理，对革命斗争的实际问题进行思考和总结，是刘少奇推进马克思主义大众化的一个显著特点，在刘少奇指导革命斗争的这些著作中，贯穿着对马克思主义立场、观点和方法的成功运用。

## 二、刘少奇推进马克思主义大众化的思想主张

刘少奇推进马克思主义大众化的实践可大致分为两个阶段。大革命时期和土地革命时期，刘少奇主要从事党的工会工作，领导工人运动，他在领导工人进行革命斗争的过程中宣传马克思主义，运用马克思主义原理解决革命斗争中的实际问题。红军长征以后，特别是进入全面抗战时期以后，刘少奇支持毛泽东的正确领导，积极宣传毛泽东的正确主张，号召全党加强马克思列宁主义理论的学习，他为宣传毛泽东思想和确立毛泽东思想为党的指导思想作出了卓越贡献。

第一，在革命斗争中宣传马克思主义。1922年回国后的刘少奇在中国劳动组合书记部（中华全国总工会的前身）工作，从此刘少奇便与中国工人运动结下不解之缘。他写了许多文章和工会工作文件用来指导工人运动和工会工作，在这些文章中还宣传了马克思主义的基本主张。例如，1923年8月，刘

少奇在《对俱乐部过去的批评和将来的计划》一文中开明宗义地向安源路矿工人阐述我们党的革命主张："我们抱定社会主义的思想,从最黑暗的家庭奋斗出来,到中国这样沉寂的社会里面,干这种改造社会的事业。"① 我们党从事的是"改造社会的事业",即改变现存的"沉寂的社会"制度,建立社会主义制度。如何改造社会呢,刘少奇进一步指出:

社会改造的步骤,我们所主张的是:(一)使无产阶级团结起来,养成无产阶级支配社会的潜伏势力;(二)实行夺取政权,用政治的力量消除社会一切阶级的压迫——人的压迫;(三)在产业公有制度底下以极大的速力发展实业,减少人类所受自然的压迫。②

上述主张不是别的主张,体现的正是马克思恩格斯《共产党宣言》中的主张——"工人革命的第一步就是使无产阶级上升为统治阶级,争取民主。无产阶级将利用自己的政治统治,一步一步地夺取资产阶级的全部资本,把一切生产工具集中在国家即组织成为统治阶级的无产阶级手里,并且尽可能快地增加生产力的总量。"③ 在刘少奇提出的三项主张中,第(二)、(三)两项和《共产党宣言》中的前述引文的含义是一致的。从刘少奇的阐述可以看出,他不仅能深刻领会马克思恩格斯著作中的原意,还能结合实际创造性地提出更加全面的主张。第(一)项就是刘少奇运用马克思主义对正在进行的安源路矿工人运动作出的具体指导。

1922年党的二大提出了反帝反封建的民主革命任务,二大通过的宣言指出:"各种事实证明,加在中国人民(无论是资产阶级、工人或农民)最大的痛苦的是资本帝国主义和军阀官僚的封建势力,因此反对那两种势力的民主主义的革命运动是极有意义的,即因民主主义革命成功,便可得到独立和比较的自由。"④ 刘少奇多次宣传党的这一主张。1925年4月,刘少奇发表《悼孙中山先生》一文,指出:"处在半殖民地的中国工人阶级,还是受了外国帝国主义与中国军阀的双重压迫。所以最近中国工人阶级争斗的目标,是积极的推倒

---

① 《刘少奇论工人运动》,中央文献出版社,1988年版,第1页。
② 《刘少奇论工人运动》,中央文献出版社,1988年版,第2页。
③ 《马克思恩格斯选集》第1卷,人民出版社,2012年版,第421页。
④ 中共中央文献研究室、中央档案馆编:《建党以来重要文献选编》第1册,中央文献出版社,2011年版,第132页。

外国帝国主义与军阀,促成中国的国民革命。"① 1926年5月,刘少奇在第三次全国劳动大会上作了题为《一年来中国职工运动的发展》的报告,指出:"一年来,职工运动均被军阀压迫与摧残,尤其在'五卅'运动时,奉直军阀摧残工人阶级更为惨酷。由这些事实,更可以明了国内军阀是帝国主义之工具和走狗。帝国主义与国内军阀永远是群众的敌人,也即是国民革命的对象。同时,又可以证明必须打倒军阀,方能使反帝国主义运动得到胜利。"② 1936年4月,为答复张东荪对中共八一宣言的评论,刘少奇发表《关于共产党的一封信》,再次对中国共产党反帝反封建的革命任务作出明确解释,并强调这是资产阶级性质的民主革命。他指出:"中国共产党向来就认为中国目前所需要的是:(一)中国的完全独立自由和统一,(二)肃清一切封建残余。因此就提出了( )驱逐帝国主义势力出中国,(二)实行土地革命,作为中国革命目前阶段的两大任务。而这两大任务的执行与完成,还不是社会主义,更不是共产主义,还是属于资本主义民主的范围和性质(资产阶级性的民主革命)。"③ 刘少奇的这封信发表以后在党内外都反响很大,发表这封信的《自由评论》杂志很快被抢购一空。当时了解这一情况的共产党员曹慕尧曾这样回忆:

  那时候我正在北方局受训,除了阅读党的秘密文件和每次接头由上级讲解问题外,又从党外公开报刊上看到陶尚行(即刘少奇)这篇长达八千字的文章,感觉到耳目一新,受教颇深,使自己视野广阔,茅塞顿开,弄清了思想上长期存在的某些糊涂认识,增长了党的基本理论知识。使我原来很低的政治水平,有了一定的提高。④

  中国共产党在领导中国革命的过程中提出的各项正确的革命主张,是把马克思主义基本原理与中国革命的具体实践相结合的产物,是中国化的马克思主义,刘少奇在领导工人运动和其他革命斗争实践中非常重视向群众宣传和解释党的主张。

  第二,正确运用马克思主义原理指导中国革命中的实际问题。在这方面,最突出的体现在刘少奇对马克思主义统一战线理论的正确领会和运用方面。统

---

① 《刘少奇论工人运动》,1988年版,第21页。
② 《刘少奇选集》上卷,人民出版社,1981年版,第2页。
③ 中共中央文献研究室编:《刘少奇年谱》上卷,中央文献出版社,1996年版,第149页。
④ 转引自陈绍畴:《刘少奇在白区》,中共党史出版社,1992年版,第136页。

一战线就是不同政治力量之间的联合。为实现革命目标，无产阶级政党必须团结一切可以团结的力量，建立起最广泛的革命统一战线。马克思主义者历来重视统一战线问题，马克思恩格斯在《共产党宣言》中提出的"全世界无产者联合起来"的口号本身就蕴含着深刻的统一战线思想：一是要加强无产阶级内部即全体工人之间的团结和联合；二是加强不同国家之间无产阶级之间的联合。在俄国十月革命胜利后不久，列宁强调在建立合作社时不仅要依靠党领导的工会组织，还需要与资产阶级工商业组织加强合作。他说："为了事业的利益，我们打算不仅利用一般的工会，而且利用工商业职员联合会，而工商业职员向来是资产阶级制度的支柱。但这些人既然跑来向我们表示同意保持睦邻关系，那就应该热情相迎，握住他们伸出的手，别怕你的手会断。我们不会忘记，明天英法帝国主义者一进攻，他们就会掉过头去，最先跑掉。但只要这班人、这些资产阶级分子没有逃跑，我们就要反复申明：应该同他们接近。"[①] 但上世纪30年代初的赤色职工国际没有很好地领会马克思主义经典作家的这些思想主张，不加区别地强调反对"改良主义工会"，并不顾各国不同的实际情况，要求一律在黄色工会里搞赤色反对派，变黄色工会为赤色工会。刘少奇不赞成这种做法，认为中国的情况与西欧资本主义国家不同，黄色工会势力强大并与反动统治者有着这样那样的联系，赤色工会即我们党领导的工会尚处于非法状态，力量也还很弱小，要想在黄色工会里建立赤色反对派的做法实际上是行不通的。正确的做法是派赤色工会会员加入黄色工会，以合法身份争取群众，提高群众的觉悟，以促成黄色工会逐渐向赤色工会的转变。如果不顾条件公开在黄色工会里搞反对派，只会过早暴露自己的力量，使自己孤立起来，这是一种欲速则不达的做法。刘少奇先后发表《最近中国职工运动，国民党工厂法、工会法与赤色工会目前的任务》、《加紧领导工人的自发斗争》、《在目前反帝运动中赤色工会应努力的工作》、《在黄色工会里面建立什么》《国民党封闭永安二厂工会及逮捕工人，我们应否号召工人反对？》、《罢工策略》、《批评"退出黄色工会"的策略》等一系列文章，阐述了他关于如何对待黄色工会的基本观点。

刘少奇认为，黄色工会的反动性在于黄色工会领袖的反动性，他们被资本家、国民党所收买，提出欺骗工人阶级的反动口号。因此，"我们应该用我们的纲领用我们的口号与黄色领袖的口号对立起来，揭破黄色领袖的口号的妥协

---

① 《列宁全集》第35卷，人民出版社，1985年版，第225页。

和叛卖工人阶级的作用,与黄色领袖争取对运动的领导权"①。刘少奇对黄色工会的这些口号进行了深刻剖析:

> 必须坚决反对黄色工会的群众中的合法观念。现在是一切的罢工以至一切工人斗争,都是犯法的,也是违反劳资合作的,要合法就只有任凭资本家如何来鱼肉工人也不斗争。黄色工会所唱的"合法"、"不作轨外行动"、"防止不良分子的捣乱"等,应无情的揭破。工人在罢工后宣布"严守秩序"(资本家的秩序)、"静候解决"。都是应坚决反对的。②

> 工人要求得自己的生存,就完全不能"合法",应坚决与国民党的法律作斗争,工人愈怕犯法,国民党、资本家就愈用法律来压迫工人,一直压迫到工人完全抛弃自己的武器,不能生存为止。"罢工要合法,就是工人的自杀!"③

刘少奇认为,必须看到这样的事实,即便是黄色工会,在一定程度上仍然发挥着有利于工人阶级的积极作用。他指出:"最近国民党的黄色工会在群众中还大部保存其固有地位,在工人斗争中表现的作用还有些增加。"从这个意义上说,"国民党工厂法、工会法施行的第一步,就是命令'改组'一切的工会,实际上是解散黄色工会,禁止工人罢工,及一切言论、集会、结社之自由"④。解散黄色工会,是国民党对整个工人阶级发动的大规模进攻,站在工人阶级的立场上,我们也不能坐视不管。刘少奇指出:

> 国民党及其政府来解散工会改组工会干涉工会的一切行动,我们无条件的是应该反对的,不管他解散的是赤色工会或者是黄色工会。因为国民党不承认工会是工人阶级的独立组织,取消工人阶级的一切自由。认为国民党解散赤色工会我们就反对,解散黄色工会我们就不反对,这是狭隘的宗派主义。⑤

刘少奇认为,要把黄色工会领袖和黄色工会中的群众区分开来,与黄色工会的群众建立统一战线。他指出:"宣传群众,组织群众,与黄色工会的群众建立统一战线,反对国民党的反动工厂法、工会法,反对国民党及其政府解散

---

① 《刘少奇论工人运动》,中央文献出版社,1988年版,第46页。
② 《刘少奇论工人运动》,中央文献出版社,1988年版,第76页。
③ 《刘少奇论工人运动》,中央文献出版社,1988年版,第77页。
④ 《刘少奇论工人运动》,中央文献出版社,1988年版,第41页。
⑤ 《刘少奇论工人运动》,中央文献出版社,1988年版,第45页。

工会、改组工会及一切干涉工会的行动,反对取消工人的一切自由。"① 刘少奇还强调:

> 应发动各厂各业的经济罢工,与那些发生劳资纠纷的黄色工会的群众建立广大的下层统一战线,号召罢工工人去参加反帝反国民党的示威和大会,在经济罢工中提出释放被捕的工人、学生,反帝及罢工的自由等要求。②

刘少奇提出与黄色工会的群众建立统一战线的观点,符合马克思恩格斯关于"全世界无产者联合起来"的口号要求,与列宁关于建立合作社不仅要利用工会,还要利用资产阶级工商业职员联合会的主张完全一致,是把马克思主义统一战线理论运用到中国革命实践的具体体现。但在当时,刘少奇的正确主张遭到了来自赤色职工国际和党内的反对,以至于刘少奇被迫要求作检查,还被撤销中央职工部部长职务。今天,我们重温刘少奇围绕黄色工会问题提出的思想主张,不仅能深切地感受到他对马克思主义统一战线理论的正确理解和运用,更能感受到他坚持真理的决心和勇气。

第三,号召全党学习马克思主义理论,增强党性修养。1937年5月,刘少奇在延安作了《关于白区的党和群众工作》的报告,指出要用马克思的辩证法代替主观主义和形式主义,用布尔什维克主义代替关门主义和冒险主义,并号召全党同志要学习马克思列宁主义,用马克思列宁主义把我们的头脑武装起来。他指出:"同志们都应该学习,学习过去的经验,学习马克思列宁主义的理论,学习马克思列宁主义的方法。只有这样,才能使我们前进,才能使党与群众工作彻底转变。学习!学习!再学习!""用马克思列宁主义把我们的头脑武装起来,我们是能克服过去的一切错误,率领千百万群众去战胜日本帝国主义,解放全中国的。"③刘少奇在《论共产党员的修养》、《清算党内孟什维主义思想》等重要著作中,对党员为什么要学习马克思主义理论和怎样学习马克思主义作了系统的论述。

共产党员为什么要学习马克思主义理论?这是因为:(1)马克思列宁主义是无产阶级的革命的科学,是工人阶级建设社会主义和共产主义的科学。只有彻底站在无产阶级立场的人,以无产阶级的理想为理想的人,才能彻底了解和

---

① 《刘少奇论工人运动》,中央文献出版社,1988年版,第50页。
② 《刘少奇论工人运动》,中央文献出版社,1988年版,第69页。
③ 《刘少奇选集》上卷,人民出版社,1981年版,第71页。

掌握它。没有坚定纯洁的无产阶级的立场和理想,是不能彻底了解和真正掌握马克思列宁主义这门科学的。(2) 马克思列宁主义的理论,是我们观察一切现象、处理一切问题的武器,特别是观察一切社会现象、处理一切社会问题的武器。在进行革命斗争的时候,依靠谁、团结谁、打倒谁的问题;谁是直接的同盟军、谁是间接的同盟军、谁是主要敌人、谁是次要敌人的问题;联合一切可能联合的同盟军,在一定条件下甚至联合次要的敌人,去打倒主要的敌人的问题;在情况发生变化的时候,及时地改变战略和策略的问题,等等,都是必须运用马克思列宁主义才能正确解决的重要问题。(3) 马克思列宁主义理论是国际工人运动经验的总结,是在革命实践中形成又服务于革命实践的理论。只要我们密切联系革命实践,去学习它,运用它,掌握它,我们就能够了解周围事变的内部联系,了解各阶级在目前如何行进和向哪里行进,了解这些阶级在最近的将来如何行进和向哪里行进;我们就能够有确定行动方针的能力,能够对革命运动的前途具有信心。这些论断既是刘少奇对马克思主义理论的内涵作出的科学判断,也是刘少奇对马克思主义理论的伟大作用作出的高度概括。正是因为马克思列宁主义理论具有这样伟大的作用,共产党员就必须加强马克思列宁主义的理论和方法的学习,并把理论学习与思想意识的修养和锻炼密切联系起来,通过学习提高共产党员的修养。刘少奇指出:

  毛泽东同志不断地提出过,一切有相当研究能力的党员,都要研究马克思列宁主义的理论,研究当前运动的实际情况,研究本国和世界的历史,学会用马克思列宁主义理论指导行动,并且经过他们去教育那些文化水平和理论水平较低的同志。毛泽东同志的这个指示,在任何时候,都应该引起我们全党的注意。①

  共产党员应该怎样学习马克思主义理论?刘少奇十分肯定地回答:"做马克思和列宁的好学生。"② 具体内容包括:

  一是学习马克思列宁主义创始人的品质,即"把伟大的马克思列宁主义创始人一生的言行、事业和品质,作为我们锻炼和修养的模范"③。刘少奇引用恩格斯的话说,马克思的优秀品质就在于"他进行斗争的热烈,顽强和卓有成

---

① 《刘少奇选集》上卷,人民出版社,1981年版,第120页。
② 《刘少奇选集》上卷,人民出版社,1981年版,第103页。
③ 《刘少奇选集》上卷,人民出版社,1981年版,第104页。

效",他"高瞻远瞩,在应当迅速行动的时刻,他总能作出正确的决定,并立即打中要害"。刘少奇又引用斯大林的话说,要像列宁那样"去反对、去战胜国内外敌人","去建设新生活、新风俗和新文化","在工作中决不要拒绝做小事情"①。

二是认真地学习马克思列宁主义的理论和方法,掌握马克思列宁主义的精神和实质。就是敬仰马克思主义"创始人的伟大人格和无产阶级革命家的品质,在革命斗争中认真地去进行自我修养,去检查自己处事、处人、处己是否合于马克思列宁主义的精神"。就是"熟读马克思列宁主义的书籍,同时又着重调查和分析活生生的现实,研究自己所处的时代和本国无产阶级所处的各方面情势的特点,把马克思列宁主义的普遍真理和本国革命的具体实践结合起来。他们不以背诵马克思列宁主义的原理和结论为满足,而要站在马克思列宁主义的坚定立场上,掌握马克思列宁主义的方法,身体力行,活泼地去指导一切的革命斗争,改造现实,同时改造他们自己"②。

三是用马克思列宁主义的原则处理实际问题。在努力学习和掌握马克思列宁主义的基础上,切实掌握实事求是的方法,观察和处理各种实际问题时比"其他同志更敏捷而正确",在斗争中"能够更好地洞察真理"和"更勇敢地拥护真理",能把"理论学习同他的思想意识的修养正确地结合起来,用马克思列宁主义原则去抵制和克服自己思想意识上的旧东西"③。

四是要反对教条主义,做真正的马克思主义者。刘少奇指出,教条主义者是口头的马列主义者,而不是实际行动的马列主义者,他们在做工作的时候总是拿本子作根据,拿马克思、恩格斯、列宁、斯大林的个别词句,拿决议上的条文作根据,而不是拿实践的经验和对于实际工作的计算来作根据,他们在解决问题、决定方针的时候,不是从实际出发,不是从调查研究周围的实际情况出发,而是从书本上的公式出发,从历史上的类比出发,或者从苏联、从西欧各国、从其他相像的事情出发。这种教条主义者"可以把党的事业弄到很危险的地步"④。刘少奇号召全体党员做真正的马克思主义者,即"将马克思主义用于实际","特别注意规定适合环境的实行马克思主义的方法和手段以及这些

---

① 《刘少奇选集》上卷,人民出版社,1981年版,第104页。
② 《刘少奇选集》上卷,人民出版社,1981年版,第107页。
③ 《刘少奇选集》上卷,人民出版社,1981年版,第114页。
④ 《刘少奇选集》上卷,人民出版社,1981年版,第299页。

方法和手段的变更","不仅说明世界,而最着重的是去改造世界"。①

第四,支持毛泽东的正确领导,执行毛泽东的正确决定。在上世纪 30 年代初,毛泽东和刘少奇都曾经遭到王明"左"倾教条主义的排挤和打击。这种共同的经历促使刘少奇在后来的革命斗争岁月中始终坚持毛泽东的正确领导,在和党内各种错误作斗争的时候坚定地与毛泽东站在一边。1935 年 1 月,刘少奇出席了遵义会议,在会上支持毛泽东的正确意见。会议增选毛泽东为中央政治局常委,实际上确立了以毛泽东为代表的新的中央的正确领导。在两河口、沙窝、巴西、俄界等地召开的中央政治局会议上,刘少奇都毅然决然地支持毛泽东和党中央关于北上抗日和建立川陕甘根据地的战略方针。红军长征到达陕北以后,刘少奇即开始思考建立抗日民族统一战线策略的问题。在 1935 年 11 月 29 日的中央政治局会议上,刘少奇提出,必须反对关门主义,"尽可能运用上层统一战线,取得公开机会,去领导和组织有广大群众参加的反日活动,在反日斗争中巩固和加强自己的基础"②。12 月 3 日,刘少奇发表《抗日反蒋与广泛的统一战线》一文,强调很好地成功地运用广泛的抗日统一战线的策略,是我们目前团聚与领导广大民众的抗日反蒋运动走向胜利之路的关键。12 月 17 日,在瓦窑堡会议上,毛泽东在主题发言中明确提出,我们要从关门主义中解放出来,建立广泛的抗日民族统一战线。随后中央派刘少奇去华北,以中共中央代表的身份,主持中共中央北方局工作。刘少奇以贯彻毛泽东和党中央确立的抗日民族统一战线政策为己任,提出华北党的任务和工作方针是"准备自己,准备群众,为保卫平津、保卫华北而战"。为顺利地执行这个任务,必须联合华北一切可能抗日的党派、阶层,建立抗日民族统一战线。为尽快落实党的建立抗日民族统一战线的政策,刘少奇对于以关门主义为代表的党内各种错误思想进行了深入分析和批判。他指出:

广泛的民族革命统一战线,成为我党领导中国革命到胜利之路的中心问题和主要关键,这时如果我党不能完全肃清关门主义与冒险主义,那就谈不上广泛的民族统一战线,广大民众的抗日反汉奸运动,就不会在我党的领导之下开展起来,那就要障碍着我党和革命的前进。③

---

① 《刘少奇选集》上卷,人民出版社,1981 年版,第 296 页。
② 中共中央文献研究室编:《刘少奇年谱》上卷,中央文献出版社,1996 年版,第 143 页。
③ 《刘少奇选集》上卷,人民出版社,1981 年版,第 24 页。

民族统一战线的问题,是中国目前的中心问题,是我们战胜侵略者的中心关键。所以阻碍和破坏民族统一战线的关门观点,就成了一切救国先进分子中之主要危险。①

在担任北方局书记期间,刘少奇根据毛泽东和党中央的指示,成功领导了华北抗日根据地和山西新军的创建工作。1936年10月,毛泽东给刘少奇发电报,指出北方统一战线非常要紧,晋绥应放在第一位。刘少奇接到电报以后即派人去太原和阎锡山接触,转达我们党对时局的看法,推动阎锡山同共产党合作抗日。刘少奇积极贯彻党的抗日民族统一战线政策和毛泽东游击战争思想,使山西的统战工作很快打开了局面,一支由我们党倡议并实际领导的抗日武装山西新军建立起来,这支抗日武装力量先后进行大小战斗7000余次,为山西和华北抗日战争及其胜利作出了贡献。为指导党在白区工作的顺利开展,刘少奇还提出训练和选拔优秀干部的任务,要求按毛泽东提出的干部标准培养干部。他指出:"毛泽东同志在结论中提出了我们现在所需要的干部的标准:懂得马克思列宁主义,有政治远见,有工作能力,富于牺牲精神,能独立解决问题,在困难中不动摇,忠心耿耿地为民族、为阶级、为党而工作,而且没有自私自利个人英雄主义等毛病。我们每一个干部应当按照这样的标准来修养。"②

在1935年12月召开的瓦窑堡会议上,毛泽东提出了"同日本军队进行直接的有力的游击战争"③的战略方针。全民族抗战开始后,毛泽东即把开展独立自主的游击战争规定为我军的首要作战原则。他指出:"在整个战略方针下执行独立自主的分散作战的游击战争,而不是阵地战,也不是集中作战,因此不能在战役战术上受束缚。只有如此才能发挥红军特长,给日寇以相当打击。"④刘少奇结合华北抗战的实际,对毛泽东游击战争思想进行了深入思考和阐释,用以直接指导我党在华北的抗日斗争。1937年10月,刘少奇写出《抗日游击战争中各种基本政策问题》一书,由解放出版社印成单行本公开发行。11月,又为中共中央北方局起草《独立自主地领导华北游击战争》的文

---

① 中共中央文献研究室编:《刘少奇年谱》上卷,中央文献出版社,1996年版,第153页。

② 《刘少奇选集》上卷,人民出版社,1981年版,第69页。

③ 《毛泽东军事文集》第1卷,军事科学出版社、中央文献出版社,1993年版,第414页。

④ 《毛泽东文集》第2卷,人民出版社,1993年版,第1页。

件。刘少奇指出，由于国民党的片面抗战已很难支持，华北已进入我党独立自主领导游击战争的新阶段。在华北组织与发展抗日游击战争，具有重要的政治军事意义：牵制日本极大的兵力于华北，在战略上配合华中华南的正规战争；在华北长期坚持抗日战争，消耗日本帝国主义的力量，以便最后战胜日本帝国主义；围困日本侵入内地的军队而最后消灭之，部分地收复失地；给华北人民以斗争的出路，给汉奸以打击，暴露投降者的可耻面貌和民族失败主义者的错误，给某些可能的对日妥协企图以极大的牵制；在游击战争继续扩大与胜利的过程中，将转变到以正规战争为华北人民抗日的主要斗争方式，最后驱逐日军出华北。为争取游击战争的胜利，我党要在抗日民族统一战线的原则下，更加独立自主地去发动民众运动，要建立统一战线的民主的抗日政权与新的抗日武装部队，要加强我党在政权、武装及群众运动中一切方面的领导作用。

1938年中共六届六中全会决议提出发展华中的方针，按照毛泽东和党中央的指示，刘少奇奔赴华中，任中原局书记，贯彻党的独立自主建立华中抗日根据地的方针。由于项英执行王明的错误路线，没有在思想上组织上准备与发展敌后游击战争，新四军与华北和八路军的地域空间联系被隔断，陷于敌伪顽夹击的危险境地。刘少奇到达华中以后，及时纠正了项英在皖南的错误，建立了以苏北为中心的华中敌后根据地，"奠定了敌后华中长期抗战的基础，并为下一阶段解放战争准备了条件"。皖南事变发生后，刘少奇临危受命，与陈毅一起重建新四军军部，迅速改变了新四军的困难处境。正如陈毅在七大发言指出的，"刘少奇同志代表中央南下，到华中执行毛主席的主张"，"对全局解决了重大的问题"①。1939年7月，刘少奇在延安马列学院发表《论共产党员修养》的著名演讲，演讲稿多处援引毛泽东的相关论述，要求党员要遵照毛泽东所说的方法去学习马克思列宁主义理论。

1941年5月，毛泽东在延安高级干部会议上作《改造我们的学习》的报告，号召全党注重调查研究，树立理论与实际相统一的马克思主义学风，为即将开展的全党整风运动作好舆论准备。刘少奇一边精心主持华中局工作，一边积极响应毛泽东的号召，深入思考党的建设问题。1941年6月之后的半年时间内，刘少奇先后发表《人的阶级性》、《论党内斗争》、《答宋亮同志》、《反对党内各种不良倾向》、《民主精神与官僚主义》、《论党员在组织上和纪律上的修养》等一系列文章。这些文章虽然多是在华中局党校所作演讲，所阐述的问题

---

① 本书编写组：《缅怀刘少奇》，中共文献出版社，1988年版，第113页。

对全党都有指导意义,所以在整风运动中,《论党内斗争》一文被收入《整风文献》,被列为整风学习的必读文件之一。

刘少奇卓有成效地在白区开展工作,得到了毛泽东和党内其他同志的充分肯定。毛泽东称刘少奇是"我党在国民党区域工作中"的"正确的领袖人物","刘少奇同志的见解之所以是真理,不但有当时的直接事实为之证明,整个'左'倾机会主义路线执行时期的全部结果也为之证明了"。① 王稼祥作出这样评价:"过去中国党毛主席代表了唯物辩证法,在白区刘少奇同志是代表了唯物辩证法。"② 王稼祥的这一评价,恰恰说明了刘少奇坚决支持毛泽东正确领导的态度和行为表现。

第五,宣传毛泽东的历史功绩和领袖作用,系统阐述毛泽东思想。刘少奇在华中的突出表现得到了毛泽东的高度赞赏。1942年2月13日,毛泽东致电陈毅、刘少奇,要刘少奇返回延安,并嘱刘少奇路过山东时帮助解决领导干部之间关系等问题。6月30日,刘少奇在中共中央山东分局纪念"七一"干部大会上作了二十一年党的奋斗史的报告。报告指出,二十一年来我党为民族为阶级而英勇奋斗,取得了很大的成绩。在抗日斗争中,共产党更起了伟大的作用。"党已有了经过长期锻炼的坚强干部,也有正确的政治路线,更有了精通马列主义和中国实际情况为每一个党员所拥护的党的领袖——毛泽东同志。"③ 1942年12月30日,经过九个多月的长途跋涉,穿过敌人一百多道封锁线,刘少奇回到延安。1943年3月,中央进行机构调整,设立由毛泽东、刘少奇、任弼时组成的中央书记处,刘少奇进入中央领导核心。7月6日,刘少奇在《解放日报》上发表《清算党内的孟什维主义思想》一文。重点宣传了毛泽东的历史功绩和领袖作用,号召全党用马列主义清算党内的孟什维主义思想,即小资产阶级的思想意识。文章主要有以下几个观点。

毛泽东是中国无产阶级和革命人民的领袖,是伟大的革命家。刘少奇指出:"在二十二年长期艰苦复杂的革命斗争中,终于使我们的党、使我国的无

---

① 中共中央文献研究室编:《刘少奇年谱》上卷,中央文献出版社,1996年版,第386页。

② 中共中央文献研究室编:《刘少奇年谱》上卷,中央文献出版社,1996年版,第371页。

③ 中共中央文献研究室编:《刘少奇年谱》上卷,中央文献出版社,1996年版,第401页。

产阶级与我国革命的人民找到了自己的领袖毛泽东同志。我们的毛泽东同志,是二十二年来在各种艰苦复杂的革命斗争中久经考验的、精通马列主义战略战术的、对中国工人阶级与中国人民解放事业抱无限忠心的坚强伟大的革命家。"①

毛泽东是真正的马克思主义者。刘少奇指出:"从有马克思主义以来,在马克思主义运动中就有真假两派马克思主义者。整个马克思主义运动的历史,就是充满着这两派斗争的历史,在中国的马克思主义运动中也同样充满着这两派马克思主义者的斗争。"②"真马克思主义者,在中国,就是毛泽东同志以及团结在毛泽东同志周围的其他许多同志,他们历年来所坚持、所奋斗的路线,他们的工作方法,实质上就是中国的布尔什维主义。"③

全体党员要用毛泽东同志的思想体系武装自己。刘少奇指出:"一切干部,一切党员,应该用心研究二十二年来中国党的历史经验,应该用心研究与学习毛泽东同志关于中国革命的及其他方面的学说,应该用毛泽东同志的思想来武装自己,并以毛泽东同志的思想体系去清算党内的孟什维主义思想。"④ 在这里,刘少奇提出了"毛泽东同志的思想体系"的概念,号召全党用毛泽东同志的思想来武装自己,实际上非常接近以毛泽东思想为指导思想的提法了。

1945年5月14日至15日,刘少奇在中共七大作《关于修改党章的报告》,进一步论述了毛泽东的领袖地位,并在我们党的历史上,第一次全面、系统地对毛泽东思想进行了论述,号召全党"学习毛泽东思想,宣传毛泽东思想,遵循毛泽东思想的指示去工作",为毛泽东思想确立为党的指导思想起到了最关键的作用。

刘少奇在《清算党内的孟什维主义思想》的基础上更加全面、深入地论述了毛泽东的领袖作用和历史功绩。报告指出,我们的党,已经是一个有了自己伟大领袖的党。这个领袖,就是我们党和现代中国革命的组织者与领导者——毛泽东同志。我们的毛泽东同志,是我国英勇无产阶级的杰出代表,是我们伟大民族的优秀传统的杰出代表。他是天才的创造的马克思主义者,他将人类这一最高思想——马克思主义的普遍真理与中国革命的具体实践相结合,而把我

---

① 《刘少奇选集》上卷,人民出版社,1981年版,第291页。
② 《刘少奇选集》上卷,人民出版社,1981年版,第294页。
③ 《刘少奇选集》上卷,人民出版社,1981年版,第296页。
④ 《刘少奇选集》上卷,人民出版社,1981年版,第300页。

国民族的思想水平提到了从来未有的合理的高度,并为灾难深重的中国民族与中国人民指出了达到彻底解放的唯一正确的道路——毛泽东道路。报告还说,毛泽东不只是伟大的革命家和政治家,而且是伟大的理论家。他在理论上敢于进行大胆的创造,抛弃马克思主义理论中某些已经过时的、不适合于中国具体环境的个别原理和个别结论,而代之以适合于中国历史环境的新原理和新结论,所以他能成功地进行马克思主义中国化这件艰巨的事业。

刘少奇从不同层面揭示了毛泽东思想的科学内涵,对广大党员和人民群众全面理解和掌握毛泽东思想起到了很好的帮助作用。(1)"毛泽东思想,就是马克思列宁主义的理论与中国革命的实践之统一的思想,就是中国的共产主义,中国的马克思主义。"① 毛泽东思想是以马克思主义辩证唯物论与历史唯物论为根本指导,即在坚固的马克思列宁主义理论的基础上,根据中国这个民族的特点,依靠近代革命以及中国共产党领导人民斗争的极端丰富的经验,经过科学的缜密的分析而建设起来的。刘少奇在这里揭示了毛泽东思想与马克思列宁主义之间的内在联系,即毛泽东思想是马克思列宁主义与中国革命的具体实践相结合的产物,马克思列宁主义是毛泽东思想的根本依据。(2)毛泽东思想是"发展着与完善着的中国化的马克思主义"②。毛泽东思想是用马克思主义的立场与方法来解决现代中国革命中的各种问题,其中有许多是在世界马克思主义者面前从来没有提出过与解决过的问题。毛泽东思想是依据中国具体的经济、政治环境及条件,对于马克思列宁主义作独立的光辉的补充。毛泽东思想是用中国人民通俗语言的形式表达出来的,适合于新的历史环境和中国的特殊条件,是中国无产阶级群众与全体劳动人民群众战斗的武器。在这里刘少奇揭示的是毛泽东思想的特殊性,它是中国化、民族化的马克思主义,是专门用来指导中国革命的马克思主义。

刘少奇对毛泽东思想的内容体系作了比较完整的归纳。他指出,毛泽东思想的主要内容包括"关于现代世界情况及中国国情的分析,关于新民主主义的理论与政策,关于解放农民的理论与政策,关于革命统一战线的理论与政策,关于革命战争的理论与政策,关于革命根据地的理论与政策,关于建设新民主主义共和国的理论与政策,关于建设党的理论与政策,关于文化的理论与政策

---

① 《刘少奇选集》上卷,人民出版社,1981年版,第333页。
② 《刘少奇选集》上卷,人民出版社,1981年版,第335页。

等"①。这是我们党的历史上第一次对毛泽东思想作出如此全面、系统的归纳和总结。这也反映出刘少奇对毛泽东的著作进行过系统的学习和研究，准确把握了毛泽东思想的精神实质。

刘少奇指出，由于党在理论上准备不够，我们过去在工作中吃了不少苦头，走了不少弯路。毛泽东同志以他艰巨的工作和天才的创造，为我们党和人民在理论上作了充分准备，这必将极大地增强我们的信心和战斗力量，极大地加速中国革命胜利的进程。所以，刘少奇号召全党都要认真学习、宣传毛泽东思想，遵循毛泽东思想的指示去进行工作。他指出：

现在的重要任务，就是动员全党来学习毛泽东思想，宣传毛泽东思想，用毛泽东思想来武装我们的党员和革命的人民，使毛泽东思想变为实际的不可抗御的力量。为此目的，一切党校和训练班，必须用毛泽东同志的著作作为基本教材；一切干部，必须系统地研究毛泽东同志的著作；一切党报，必须系统地宣传毛泽东思想；为了适应一般党员的水准，党的宣传部门，应将毛泽东同志的重要著作，编为通俗读物。②

在党内，使马克思主义中国化，用马列主义的原理来解释和指导中国革命的实践，毛泽东作出了最大的贡献，所以马克思主义中国化的成果以毛泽东的名字命名。但是包括刘少奇在内的其他中国共产党人也作了相应的贡献，他们关于中国革命的正确理论和经验，也都构成了毛泽东思想的重要组成部分。在党内，刘少奇是仅次于毛泽东的马克思主义理论家，一方面，他积极宣传和解释毛泽东的思想主张，使毛泽东思想走向群众，为群众所了解和掌握。另一方面，他也对中国革命的许多问题作过独立的理论探索，这些理论成果也是毛泽东思想体系的重要内容。比如前面所述《抗日游击战争中各种基本政策问题》，就是刘少奇在1937年10月为我党在华北抗日进行独立自主的游击战争发表的指导性文献。我党其他主要军事领导人发表同类著作的情况分别是：毛泽东于1938年5月发表《抗日游击战争的战略问题》。朱德的《论抗日游击战争》于1938年初陆续发表，同年11月出版单行本。对比这些著作我们会发现，它们的立意和很多观点都是一致的，都强调我党独立自主地进行游击战争的重要性，都坚持游击战争与正面战场的配合及八路军与国民党军队的合作，都重视

---

① 《刘少奇选集》上卷，人民出版社，1981年版，第335页。
② 《刘少奇选集》上卷，人民出版社，1981年版，第337页。

建立根据地的作用等。刘少奇的上述著作则是我们党的领导人第一次系统论述抗日游击战争的著作。刘少奇不仅为宣传毛泽东思想,把毛泽东思想确立为党的指导思想作出了突出贡献,也为毛泽东思想在内容上的丰富和完善作出了重要贡献。正是由于刘少奇对毛泽东思想作出了特殊贡献,1963年9月毛泽东在审阅《关于斯大林问题——二评苏共中央的公开信》时,就曾将"早在三十多年以前,以毛泽东同志为代表的中国马克思列宁主义者,就在抵制斯大林的某些错误的影响"的句子,改写为"早在二十年代末期和整个三十年代,随后又在四十年代的初期和中期,以毛泽东同志和刘少奇同志为代表的中国马克思列宁主义者,就在抵制斯大林的某些错误的影响"[①]。

## 三、刘少奇对马克思主义大众化基本原则的探索

从刘少奇的相关论述和实践来看,他推进马克思主义大众化遵循了这样几个原则:理论联系实际的原则、依靠群众的原则、注重差异原则及通俗化原则。

第一,理论联系实际的原则。在新民主主义革命时期,党内多次发生"左"和右的错误思想,根本的原因在于理论与实践相脱离,主观与客观不统一。在马克思主义的学习和宣传教育方面也存在着严重的理论脱离实际的表现。刘少奇指出:"我们必须坚决反对和彻底肃清旧社会在教育和学习中遗留给我们的最大祸害之一——理论和实际的脱离。"[②] 他认为,在我们党的队伍里,对于学习马克思主义,存在两种根本不同的态度。其中一种人采取的就是理论脱离实际的态度。他们"学习马克思、列宁,不能学习到马克思列宁主义的本质,只是肤浅地学习到马克思列宁主义的词句。他们虽然读了马克思列宁主义的书籍,但是,不能把这些书籍中的马克思列宁主义的原理和结论当作行动的指南,运用到活生生的具体实际问题上去。他们以背诵个别的原理和结论而自满,甚至以'真正'的马克思列宁主义者自居,然而他们决不是真正的马克思列宁主义者,他们的活动方法是和马克思列宁主义完全相反的"[③]。与这

---

① 中共中央文献研究室编:《毛泽东年谱1949—1976》第5卷,中央文献出版社,2013年版,第260页。

② 《刘少奇选集》上卷,人民出版社,1981年版,第110页。

③ 《刘少奇选集》上卷,人民出版社,1981年版,第106页。

种相反的是另一种学习态度,即理论联系实际的学习态度。"他们熟读马克思列宁主义的书籍,同时又着重调查和分析活生生的现实,研究自己所处的时代和本国无产阶级所处的各方面情势的特点,把马克思列宁主义的普遍真理和本国革命的具体实践结合起来。他们不以背诵马克思列宁主义的原理和结论为满足,而要站在马克思列宁主义的坚定立场上,掌握马克思列宁主义的方法,身体力行,活泼地去指导一切的革命斗争,改造现实,同时改造他们自己。"①刘少奇号召广大党员要采取后一种态度学习马克思主义,即用马克思列宁主义的立场、观点和方法指导革命斗争,解决革命中的各种问题。

从宣传马克思主义的角度看,理论联系实际,就是指要真正了解宣传的对象,根据宣传对象的实际和需要确定宣传的方式和方法,有针对性地开展宣传教育。刘少奇曾以《资本论》为例很好地说明了这个道理。他说:

比如《资本论》中关于剩余价值一段,对于某些党员来说,是不容易了解的。但是对于这些由工人出身的党员就不同。因为工人在生产中,在同资本家斗争中,深切了解资本家如何计算工资、工时,如何剥削工人取得利润,如何压迫工人等。因此,他也常常比某些其他阶级出身的党员能够更深刻地了解马克思的剩余价值论。②

工人在工厂做工,遭受资本家的经济剥削,工人创造的剩余价值被资本家无偿占有,这就是工人的实际。只要宣传方法得当,工人比其他群众更容易懂得马克思的剩余价值理论。所以理论联系实际,就是指"不能脱离广大劳动群众的、特别是无产阶级群众的实际革命运动"③。马克思主义大众化就是向人民群众宣传马克思主义,使人民群众了解和接受马克思主义。是否真正了解人民群众的实际并按群众的实际开展宣传教育活动,是宣传教育是否取得成功的关键。

另外,刘少奇所说的实际,还指我们进行的革命斗争和各项工作所处的具体环境,相关事件发展的现实状况等。刘少奇全面分析了不顾具体环境及其变化而组织群众斗争的冒险主义做法。他指出:

我们的同志常常不懂得根据当时当地的环境与条件,根据群众觉悟的程

---

① 《刘少奇选集》上卷,人民出版社,1981年版,第107页。
② 《刘少奇选集》上卷,人民出版社,1981年版,第113页。
③ 《刘少奇选集》上卷,人民出版社,1981年版,第101页。

度，提出群众可能接受的部分的口号、要求和斗争的方式，去发动群众的斗争，并根据斗争过程中各种条件的变化，把群众的斗争逐渐提到更高的阶段，或者"适可而止"地暂时结束战斗，以准备下一次更高阶段和更大范围的战斗。而是常常要群众去背诵我们的基本纲领和基本口号，或是提出今天群众还不了解、还不能为群众所接受的口号、要求和斗争方式，去强迫群众接受，强迫群众斗争。甚至不经过群众的同意，用群众团体的名义发表同党一样的、在当时环境下不能允许的宣言、传单和文件。对于任何一次群众斗争，不管条件怎样，都要机械地"坚持到底"，即坚持到任何力量都耗费尽了才止。①

刘少奇指出，这样严重脱离实际的冒险主义，决不会使革命斗争获得胜利，相反只会导致如下三种结果："使得群众斗争不能发动；或者在斗争发动后，群众离开我们，不接受我们的领导；或者放弃了某些胜利的条件、机会，使斗争受到打击，直到最后的失败。"② 刘少奇对理论联系实际有着非常全面、深刻的论述，对理论联系实际本身的含义也有很全面的解释："不仅要联系中国的实际，而且要联系外国的实际；不但要研究现在的实际，而且要联系历史的实际。"③ 现在我们很多人在讲理论联系实际时，只强调中国的实际和当前的实际，显然与刘少奇对这一原则的要求存在差距。

第二，依靠群众的原则。共产党的事业就是人民的事业，党在革命斗争和各项具体工作中都要坚定虚心向人民群众认真学习的信念，坚持尊重群众的原则。刘少奇阐述了无产阶级政党和群众的关系，指出："群众是共产党的母亲，党是群众的儿子。所以，我们的党无论在任何时间、任何地方都要与劳动群众结合起来，依靠自己的群众，依靠自己的阶级。"④ 坚持依靠群众的原则，主要表现在以下三个方面：

首先，要尊重群众，信任群众。就是说，群众是党的事业的根本依靠力量，群众基础是党的事业发展的组织前提。在做各项工作之前，先要做好群众工作，赢得群众的信任和支持。如何赢得群众的信任和支持呢？正确的做法就是尊重群众。具体地说，就是"以群众中一员的资格，在群众中出现，提出主

---

① 《刘少奇选集》上卷，人民出版社，1981年版，第27页。
② 《刘少奇选集》上卷，人民出版社，1981年版，第27页。
③ 《刘少奇选集》上卷，人民出版社，1981年版，第416页。
④ 中共中央文献研究室编：《刘少奇年谱》上卷，中央文献出版社，1996年版，第398页。

张和办法，使群众自愿地接受，自动地跟着我们行动"①。刘少奇得出结论：只有我们的同志尊重群众，信任群众，群众才会尊重我们，信任我们。

其次，要组织群众，发动群众。刘少奇认为，民众的力量在于组织，动员全中华民族四万万五千万人的力量成为统一的力量，是战胜强大的日本帝国主义的最基本的条件。组织群众，就要深入到群众之中启发群众，组织成各种不同性质的民众团体。刘少奇提出组织群众的具体要求："一切民运工作者与领导者，必须经常的、积极的去启发与提高民众的要求，从低级的提到高级的，从经济的提到政治的，从部分的、暂时的提到全体的、永久的，从地方的提到国家的、民族的。只有这样，然后才能在被启发与提高了的民众要求之上，去组织广大的民众。"②

再次，为群众谋利益。争取群众利益，保护群众利益，是一切革命者获得群众拥护和支持的先决条件。早在1926年刘少奇就明确指出："工农群众不是可以骗得来革命的。一定要真确地为工农利益而奋斗，继续不断地增加工农群众的利益，真确地谋得工农的解放，这样，自然可以得到工农群众对于革命的热烈参加，革命成功的希望自然不远。"③ 全心全意为人民服务是中国共产党的宗旨，党奋斗的全部任务和责任归根结底是为人民群众谋利益。正如刘少奇所说："我们党从最初起，就是为了服务于人民而建立的，我们一切党员的一切牺牲、努力和斗争，都是为了人民群众的福利和解放，而不是为了别的。"④ "我们必须在减租减息、增加工资及深入的教育工作中去吸引群众紧随着我们。"⑤ 在长期的革命斗争中，刘少奇始终坚持为群众谋利益，把为群众谋利益作为革命任务去实现，同时也把为群众谋利益作为引导、教育和组织群众参加革命斗争的重要方法。

从党和群众的关系看，人民群众是马克思主义大众化的对象，党要向群众宣传马克思主义和自己的革命主张。人民群众也可以是马克思主义大众化的主体，他们会把他们已经接受的主张传到更多的群众之中，在这一过程中他们还会创造出很多新颖有效的传播方式。

---

① 《刘少奇选集》上卷，人民出版社，1981年版，第60页。
② 《刘少奇论党的建设》，中央文献出版社，1991年版，第86页。
③ 《刘少奇选集》上卷，人民出版社，1981年版，第5页。
④ 《刘少奇选集》上卷，人民出版社，1981年版，第348页。
⑤ 《刘少奇选集》上卷，人民出版社，1981年版，第229页。

第三，注重差异原则。注重差异，就是要注意区分宣传对象的差异性，注意不同宣传工作方式的差异性，注意宣传工作与其他工作的差异性。要根据这些差异确定不同的、合适的宣传方法和途径。注重差异，首先就是要根据不同的对象确定采取不同的宣传方式，以达到最佳的宣传效果。1939年5月，刘少奇在《解放》杂志上发表《论组织民众的几个基本原则》，具体谈到了在对群众进行抗日宣传时必须注意群众之间差异性的问题。他指出："民众并不是一样的人，而是各种各样的人，有各种各样的不同的要求，有不同的职业、不同的年龄、性别、地域、阶层和文化觉悟程度等。因此，要组织民众，就必须采用各种各样不同的方式去组织，才能真正组织民众的多数。民众内部的复杂性（再加上外部政治环境的复杂性），规定民众组织方式的复杂性。如果企图采用单一的方式去组织各种各样的民众，那必然不能组织民众的多数。企图把各种各样的民众纳在单一的组织方式之内，也是必然不能成功的。"① 如果不注意群众内部的这些复杂性，采用单一的方式去做工作，就不能深入民众，不能与民众结合一起，不能提出组织这些民众的适当的方法。因此，刘少奇把采用各种各样的方式去组织民众当作组织民众的三大基本原则之一。在领导工人运动时，刘少奇采用工人容易接受的宣传方式，如通过创办出版物，成立小报社，开办读书班和工人补习学校等方式开展宣传鼓动工作。对农民进行宣传教育时，刘少奇又根据农村的不同实际采取相应的方式方法。比如，在1942年，我党为调动农民群众的抗日积极性，战胜因日本侵略军和国民党顽固派的封锁面临的空前困难，在各解放区农村放手发动群众，开展了轰轰烈烈的减租减息运动，刘少奇在总结华中群众运动的经验的基础上指出："在中心区、村，集中力量发动群众，突破一点，打开局面。非中心区、村则及时宣传中心区进行减租减息的成绩和经验，造成声势，相互呼应。"②

抗日战争时期，党的宣传工作不单是对群众的宣传，也包括对抗日盟友的宣传。刘少奇要求要注意两者的差异性，在对抗日盟友进行宣传时要尽量采取抗日盟友可以接受的方式。刘少奇强调，要打击顽固势力，就要争取阎锡山的进步，建立一条坚固的抗日民族统一战线。为此，我们党的宣传工作者必须学会革命斗争的艺术，"在宣传上，在政府及其他公开团体与机关的文件和口号上，应以少说或者不说'民主政府'、'统一战线政府'等语为好，相反，应用

---

① 《刘少奇论党的建设》，中央文献出版社，1991年版，第88页。
② 《刘少奇选集》上卷，人民出版社，1981年版，第235页。

三民主义及阎锡山按劳分配主义的语句。新的内容要用旧的形式表现,用国民党与阎锡山的形式表现"①。

注重差异,要考虑宣传工作与其他工作的差别,考虑不同性质的宣传工作之间的差异性。刘少奇曾在1937年3月写给张闻天的信中专门谈到这个问题。他指出:"我们在宣传工作上的虚浮、夸大、形式、刻板,也是一贯的,至今还未纠正过来。我们常使宣传口号与行动分别不清,使公开的宣传工作与秘密的宣传工作分别不清,使对外的宣传工作与对内的教育工作分别不清。我们常常在刊物上不自觉的向敌人告密。"②革命行动需要宣传口号,宣传口号对群众具有激励作用,对革命行动具有指向性作用,但宣传口号不能等同于革命行动,推翻旧制度不是靠喊宣传口号就可以解决的,新的制度取代旧的制度必须靠现实的革命行动。至于"不自觉的向敌人告密",是混淆了公开的宣传工作与秘密的宣传工作之间、对外宣传与对内教育之间的差异性的结果。在革命战争年代,公开的宣传,是指利用公开的、合法的身份进行的宣传,比如在我们党自己建立的根据地对群众进行的宣传,在国民党统治区域获准进行的公开的抗日宣传。这两种宣传虽然都是公开宣传,但宣传对象不一样,党的群众基础不一样,宣传的具体要求也不一样。秘密的宣传工作,是指我们在处于非法状态下或者在敌占区进行的宣传,宣传的内容、方式与公开的宣传都有很大的差别。注重差异,就是要达到最佳宣传效果,就是要避免给革命事业造成不应有的损失。

第四,通俗化原则。大众化,在语言表达上就是要通俗化。用通俗的语言向人民群众宣传马克思主义和党的主张,是刘少奇一贯坚持的原则。1928年2月,刘少奇在中央临时政治局召开的一次谈话会中指出:"中央发表的东西文字太深,不能普播到群众中去。要使党的策略达到乡村,更成问题。""须出一本普通的农民均能看懂的关于共产主义的书,使农民能明了党的很浅的理论。"③1931年6月,刘少奇在写给赤色职工国际的报告中明确提出"通俗化"的要求:"与实际问题联系来研究职工国际的决议和文件,使这些决议通俗化,

---

① 中共中央文献研究室编:《刘少奇年谱》上卷,中央文献出版社,1996年版,第223页。

② 中共中央书记处编:《六大以来》(上),人民出版社,1981年版,第810页。

③ 中共中央文献研究室编:《刘少奇年谱》上卷,中央文献出版社,1996年版,第76页。

传到群众中去,肃清各种不正确的倾向和立场。"① 这些话直接表达了刘少奇对马克思主义大众化的见解,即必须使马克思主义理论通俗化,使人民群众能识其字,能会其意。用通俗易懂的语言宣传马克思主义,是马克思主义大众化的基本要求。刘少奇认为,向群众传播马克思主义和党的政策主张,必须使用通俗的语言,这样的语言群众才能听得懂,才能产生亲切感,从而使这些思想主张内化为群众自己的主张并紧跟党的步伐前进。他说:"语言和举例应当是当地农民容易懂而又切身感受到的。农民听懂了,觉悟会提高的。华中那些刚觉悟的农民,常常兴奋得睡都睡不着,跑来问这问那,提出许多问题。这样,农民的革命思想树立起来了,农民说'换了一个脑袋了'。这就是以马列主义教育农民,是新的启蒙运动,也就是阶级教育。这个教育搞好了,农民跟上我们走,就不会因为受一点波折而怀疑动摇。"② 用群众听得懂的语言向群众宣传马克思主义理论,就会收到很好的宣传效果。同样道理,在党内,组织工农群众出身、文化程度不高的党员学习马克思主义理论,如果注意使理论通俗化,照样会取得很好的学习效果。刘少奇指出:

  我们常看到某些由工人出身的最好的党员,虽然对于马克思列宁主义理论的准备比较少,若要考试背诵马克思列宁主义的书籍和公式,他不一定比别人记得多。但是,在他学习马克思列宁主义理论的时候,只要能用他懂得的话解释给他听,他的兴趣,他所了解的程度,常比某些知识分子出身的党员还要高得多。③

## 四、刘少奇推进马克思主义大众化的主要途径

  党在不同时期的任务不同,宣传教育的对象不同,推进马克思主义大众化的方式和途径也必然是多种多样的。刘少奇历来主张采用多种方式和途径做党的宣传工作,他要求根据不同的情况采取不同的宣传方式,使群众更加容易理解和接受马克思主义,从而真正实现马克思主义大众化的目标。

  第一,通过报刊杂志宣传马克思主义。报刊杂志是大众媒体,发行量大,

---

① 《刘少奇论工人运动》,中央文献出版社,1988年版,第51页。
② 《刘少奇选集》上卷,人民出版社,1981年版,第237页。
③ 《刘少奇选集》上卷,人民出版社,1981年版,第113页。

传播速度快,作为纸质材料还可以保存下来,具有持续发挥作用的效果。刘少奇在长期领导中国革命的过程中,经常在报刊杂志上发表文章,揭露敌人的阴谋,宣传马克思主义理论和党的主张。1925年4月,刘少奇在《中国工人》第4期发表《"二七"失败后的安源工会》,指出"二七"罢工失败后反动势力弥漫全国,各地工会差不多都被封闭。但安源工会不仅没被资本家取消,反而还为工人争取到了不少权益。究其原因,就是"工友能够齐心,能够奋斗,又能够看清环境"①。"我相信,无论哪处的工友只要能够齐心、奋斗,并能服从指挥,看清环境,也一定能够致胜,能够办得安源工会那样好或还要更好。"②在这里,刘少奇不只是总结了安源工会工作取得的成绩,更是对处于黑暗统治下的各地工人运动和工会工作的极大鼓励,也是向工人群众传授正确、有效的斗争方法。1928年,刘少奇在顺直工作期间,顺直省委创办了内部刊物《出路》,刘少奇为《出路》第1期写了《绪言》,指出顺直党内存在严重的问题,提出要"决定新的政治路线,建设党的真正布尔什维克化的基础"。"凡关于改造党的意见,集合起来编成这本《出路》,以便同志们研究和讨论。"③刘少奇在《出路》上先后发表《怎样改造顺直的党》、《错误观念的纠正》等文章,为纠正党内存在的错误,纯洁党的队伍,提高党员的政治素质起到了积极的作用。1946年5月,刘少奇为中共中央起草电文,要求各中央局贯彻中央"五四"指示,推进各解放区进行土地改革的群众运动,要充分发挥报刊的宣传作用,指出:"为了拥护当前的群众运动,各地报纸应尽量揭露汉奸、恶霸、豪绅的罪恶,申诉农民的冤苦。各地报纸应多找类如《白毛女》这样的故事,不断予以登载。"④

第二,充分发挥标语口号、传单、小册子等宣传工具的作用。刘少奇非常重视口号在革命斗争中的作用,同时也强调正确使用口号,要根据革命需要提出适当的宣传口号,也要根据革命形势的发展变化而调整口号。1928年10月,他发表《论口号的转变》一文,专门谈了这个问题。他说:"在群众一切争斗中,口号的作用极大,它包括争斗中群众的要求和需要,它使群众的精神

---

① 《刘少奇论工人运动》,中央文献出版社,1988年版,第18页。
② 《刘少奇论工人运动》,中央文献出版社,1988年版,第20页。
③ 金冲及主编:《刘少奇传》上卷,中央文献出版社,1998年版,第127页。
④ 中共中央文献研究室编:《刘少奇年谱》下卷,中央文献出版社,1996年版,第45页。

特别振作,特别一致,发生强有力的行动。因此口号性质的转变及口号的转换,要依争斗实际形势的转变来决定。如果争斗的形势已经改变,口号不及时地随之改变,群众即没有一致的目标,将使争斗不能继续前进,无力而至于溃散。"① 1936 年,在"三三一"事件中,学生游行时喊出"打到卖国贼宋哲元"的口号。刘少奇认真分析后认为,宋哲元不甘愿卖国当汉奸,有转向抗日的可能,于是引导学生改喊"拥护宋委员长抗日"、"拥护二十九军抗日"等口号,促使宋哲元的态度产生变化,真正走上了抗日道路。1937 年 10 月,刘少奇发表《为发动华北广大群众的抗日救国运动而斗争》一文。提出只有把政治口号和经济口号结合起来,才能更有效地动员广大群众参加抗日斗争。他说:"为了广大的发展与充实群众的救亡运动,并发动广大的群众走上民族革命的战场,坚决的去发动与组织群众的经济斗争是一个最重要的关键。因此,我们必须用抗日救国,保卫华北、山西等政治口号去直接动员群众,还必须同时用经济口号去动员群众。"②

标语口号是一项重要的宣传手段,不仅要利用标语口号宣传教育人民群众和抗日盟友,还要利用标语口号进行对敌宣传,发挥瓦解敌军的作用。1938 年 3 月,刘少奇和毛泽东共同发布电文指出:"在华北对于瓦解敌军的宣传工作异常不够,许多地区看不见一句向敌军进行宣传的标语口号。为在政治上瓦解敌军,教育群众,影响友军,各部队、各地党部及群众团体应用中、蒙、日三种文字大量书写对日军及伪蒙军进行宣传的标语口号和材料。"③

传单是指起宣传作用的单页印刷品,小册子则是装订成册的小型印刷品,两者都是纸质宣传材料。通过这两种宣传材料宣传我们党的政治主张,指导群众斗争,揭露敌人的阴谋,是革命战争年代我们党进行群众宣传和对敌宣传的常用方式。早在 1926 年,刘少奇就曾编写《工会代表会》、《工会经济问题》、《工会基本组织》三本小册子,专门用来指导党的工会工作。1945 年 11 月,刘少奇为中共中央起草关于扩大邯郸起义宣传的指示,要求各解放区"将邯郸战役和新八军起义的消息,高树勋通电和谈话印成传单,用一切方法向国民党

---

① 《刘少奇选集》上卷,人民出版社,1981 年版,第 10 页。

② 中共中央文献研究室编:《刘少奇年谱》上卷,中央文献出版社,1996 年版,第 192 页。

③ 中共中央文献研究室编:《刘少奇年谱》上卷,中央文献出版社,1996 年版,第 207 页。

军队,向一切大小城市的人民散发,并在国民党区域进行口头宣传,扩大邯郸起义的影响,在国民党军队中和人民中扩大反对内战、主张和平的运动,号召国民党军队中的官兵学习新八军榜样,拒绝进攻解放区,在战场上实行怠工,和八路军新四军联欢,到解放区去,回家去"①。1945年12月,国民党军警在西南联大、云南大学制造了杀死学生4人、伤60余人的"昆明惨案",刘少奇致电中共谈判代表团以此为契机进行反对国民党独裁统治的宣传,指出:"昆明惨案材料,连同郭沫若、陶行知的文章、诗歌等已广播,并令各地印成小册子广为散发到各城市学生和军队中去,望你处亦搜集尽可能多的材料印成小册子散发。应把昆明事件看成是新阶段中一次很有意义的、公开的群众政治运动。"②

第三,通过创办学校、培训班宣传马克思主义。在领导安源工人运动期间,刘少奇主持工人俱乐部工作,致力于给工人办实事,在全路矿开办了七所工人学校、五个工人读书处、一个工人图书馆,用来训练部员,提高工人阶级的理论知识并且训练工人的做事能力。在省港大罢工期间,中华全国总工会开设劳动学院培训广东、香港两地工会领导干部,刘少奇在开学典礼上发表热情洋溢的演说,说明办学的目的是"因为我们需要的是革命的教育,奋斗的方法,打倒帝国主义的战术,消灭军阀和资本主义的智谋。我们要得到这些知识,也惟有托革命的学校,劳动学校,才可以培养出来"③。刘少奇激励学员"要看此劳动学院当作一个大火炉,自己却是当作一枝很粗的坚强的钢铁,把自己投到炉火中去锻炼,炼到成一个坚强不挠,能够担当伟大事业的革命家,做无产阶级革命的领袖去奋斗,以得到本阶级彻底的解放"④。刘少奇还给学员讲授工会组织法、工会经济问题等课程。在领导湖北总工会的工作中,工会组织迅猛发展,出现了工会骨干人才奇缺、组织一时难以健全的问题。不少在工人运动的高潮中被仓促推上领导岗位的工会干部,政治觉悟和文化水平都不

---

① 中共中央文献研究室编:《刘少奇年谱》上卷,中央文献出版社,1996年版,第526页。

② 中共中央文献研究室编:《刘少奇年谱》上卷,中央文献出版社,1996年版,第547页。

③ 中华全国总工会中国职工运动史研究室编:《中国工会历史文献》(1),工人出版社,1958年版,第236页。

④ 中华全国总工会中国职工运动史研究室编:《中国工会历史文献》(1),工人出版社,1958年版,第238页。

能适应工作的需要。针对这一问题，刘少奇领导创办了湖北省工人运动讲习所，对工会干部和工会积极分子进行培训，提高他们的马克思主义理论素养和工作实践能力。

  曾任陕甘宁边区总工会主任的毛齐华回忆，在抗战初期，刘少奇还撰写过《中国工运史提纲》一书，"这个《提纲》后来成为抗日军政大学职工大队的主要教材"①。刘少奇还领导北方局在临汾开办许多训练班，用来培养游击战争骨干力量，训练结束后分派到各地区进行工作，为晋南开展游击战争打下了坚实的基础。1941年3月，刘少奇致电张云逸、邓子恢等，要求要在根据地开展"广泛的教育工作。不论对党员对群众均须切实教育，大办学校与民众夜校，提高干部与人民的民族觉悟及政治文化水平"②。解放战争时期，中共中央决定创办高级党校（但仍沿用延安时期"马列学院"的叫法），刘少奇兼任校长。1948年12月14日，刘少奇给第一班学员作了重要讲话。针对学员的思想情况，他专门谈了为什么要学马列主义的问题。他说："革命的行动是受革命的理论指导的。理论正确，指导正确，革命就能胜利，否则不能胜利。马列主义是我们党的理论基础，但我们党在提高理论修养方面是有缺点的。"③因此，"马列学院办起来，就是要使一些负责干部有时间、有机会学到一些马克思主义理论，或多或少就有马列主义理论修养，再回到工作中去，把工作做得更好。"④

---

  ① 毛齐华：《忆工人运动的杰出领袖刘少奇同志》，《刘少奇与中国工人运动》，吉林人民出版社，1988年，第154页。
  ② 中共中央文献研究室编：《刘少奇年谱》上卷，中央文献出版社，1996年版，第336页。
  ③ 《刘少奇选集》上卷，人民出版社，1981年版，第409页。
  ④ 《刘少奇选集》上卷，人民出版社，1981年版，第410页。

# 第四章　李达与马克思主义大众化

李达是中国共产党的主要创始人和早期领导人之一,是杰出的马克思主义理论家、宣传家、教育家。在新民主主义革命时期,即从五四运动到新中国成立的30年,是李达学习、研究和宣传马克思主义理论并作出重大贡献的30年,也是李达推进马克思主义大众化的30年。和其他湘籍无产阶级革命家相比,李达对推进马克思主义大众化所作贡献具有很大的独特性,这是因为,李达是一位学者型的马克思主义者,他首先是一个学问家、理论家,他对马克思主义的宣传教育建立在他对马克思主义理论全面的、深刻的理解与把握之上,因而他推进马克思主义大众化也带有作为一个理论家的特点。

## 一、从激进的爱国主义者到马克思主义理论家

李达在成长为马克思主义者之前,是一个爱国主义者,一个激进的爱国主义者。

李达(1890—1966),湖南零陵人。在他10岁的时候,他就听到长辈谈论八国联军侵华的事情,但那时的他还很懵懂,搞不清是怎么回事。1905年李达考入零陵的永州中学,进入中学的他有了一定的国家观念,有了爱国心。其间,李达和他的同学收到一封来自长沙的信件,里面写着徐特立断指血书、号召全国人民起来做反日救国运动的内容。李达和他的同学就把自己所有日本制的文具集中起来拿到操场上烧了。[1] 这是李达最早参加的一次爱国行动。1909年,李达考入京师优级师范,入学路上,他在汉口、上海、天津等地看到的都是帝国主义国家在我们的国土上建立的租界,修建的高楼大厦,外国人在中国人面前趾高气扬,骄横跋扈。他意识到自己的国家已经变成帝国主义列强的殖

---

[1] 《李达文集》第4卷,人民出版社,1988年版,第730页。

民地了。他想到，国家之所以如此贫弱，是由于教育不发达，国人的文化教育程度低，只有发展教育事业，才能唤醒全国人民奋发图强，于是他有了"教育救国"的思想。辛亥革命爆发以后，受孙中山到处宣传三民主义，大办"实业"的思想影响，李达又放弃了"教育救国"的理想，决心走"实业救国"的道路。于是他决定放弃师范学习，参加了赴日本留学的统考。1913年，李达考上了留日公费生，在东京第一高等师范学习理科。从"教育救国"到"实业救国"，李达改变的只是一种救国方式，却没有改变一颗爱国的拳拳之心。1915年，日本帝国主义向袁世凯政府提出灭亡中国的"二十一条"，李达和其他留日学生群起激愤，通过发通电、开大会等形式表示抗议。这时的李达因找不到一条合适的救国救亡道路感到极度苦闷。1917年的俄国十月革命震动了全世界，日本的社会主义者开始对马克思主义进行零碎的介绍，李达从报刊上的这些零碎的介绍中看到了光明，开启了他向马克思主义转变的历程。1918年4月，李达等留日学生听到了段祺瑞政府同日本秘密签订卖国反苏的"中日共同防敌协定"的消息，他们义愤填膺，举行集会和罢课，并组成"留日学生救国团"，回到国内，分赴北京、上海等地开展救国运动。李达是这次救国运动的带头人之一。由于段祺瑞政府玩弄欺骗手段，拒不承认卖国罪行，请愿斗争以失败告终。

这次请愿活动成了李达救国理想的一次重大转折点，他最终放弃了"实业救国"的道路，坚定了走俄国式革命道路的决心。李达再赴日本以后毅然放弃了理工科课程的学习，专心致志地学习和钻研起马克思主义理论。这时候的日本，介绍马克思主义的书籍已越来越多，李达认真研读了马克思的《资本论》第一卷和列宁的《国家与革命》，研读了介绍马克思唯物史观、剩余价值理论和阶级斗争学说的各种书籍，逐步实现了从一个激进的爱国主义者到马克思主义者的转变。一方面他刻苦攻读马克思主义著作，不断提高自己的马克思主义理论修养，为实现由马克思主义的信仰者向马克思主义理论家和宣传家的进一步转变奠定基础。另一方面他积极参加各种革命活动，把马克思主义理论运用于变革中国社会的实践之中，与此同时他正式踏上研究和宣传马克思主义的道路。1919年国内爆发了五四运动，这是一场规模空前的反帝爱国运动，远在日本的李达高度关注运动的进展，他为运动的迅速发展，亲日派卖国贼曹汝霖、章宗祥、陆宗舆被罢免，中国代表最终拒绝在巴黎和会上签字感到欢欣鼓舞。运动取得最后胜利，日本企图合法占领中国山东的阴谋破产，李达从中看到了中国人民团结起来显示出的巨大力量，看到了灾难深重的中国和中华民族命运出现的转机。他感到他有责任引导这股巨大的力量朝着社会主义方向前进,于是开始了最早的马克思主义宣传教育活动。他写了《什么是社会主义》、《社会主义的目的》、《战前欧洲社会党运动之情形》等文章,寄回国内,在上海《民国日报》的《觉悟》副刊上连续发表。在前两篇文章里,他阐述了社会主义与共产主义的区别、社会主义与无政府主义的区别以及社会主义的政治目的和经济目的,初步阐述了科学社会主义的基本思想。在后一篇文章里,他介绍了欧洲各国社会主义政党的活动情况。这些文章的发表证明,李达是五四运动期间马克思主义在中国启蒙和传播的先驱者之一。

从1918年秋到1920年8月回国前夕,李达一边刻苦攻读马克思主义理论,一边夜以继日地翻译马克思主义著作,为正在发生变化的中国和中国人民探索中国的前途提供科学的思想指南。他翻译的著作有:高畠素之的《社会问题总览》、郭泰的《唯物史观解说》、考茨基的《马克思经济学说》。1920年8月,李达从日本回国,在上海参加了中国共产党的建党活动,是中共一大的召集者。他主办了上海早期党组织的党刊《共产党》月刊,宣传马克思列宁主义,介绍俄国十月革命的成就和经验,报道国际共产主义运动的相关消息。1921年7月,李达参加了中共一大,担任党中央宣传主任,成为中国共产党的主要创始人之一。一大结束后,李达创办了党的第一个出版机构人民出版社,出版了《共产党宣言》、《工钱劳动与资本》、《国家与革命》、《〈资本论〉入门》等15种马克思主义经典著作和相关书籍。

从李达回国到大革命失败的7年里,为宣传马克思主义,教育广大群众,李达发表了数量十分丰富的文章。有宣传马克思主义基本理论和观点的《马克思还原》、《马克思派社会主义》、《马克思学说与中国》等。有介绍苏俄和国际共产主义运动情况的《俄国的新经济政策》、《李卜克内西传》、《评第四国际》等。有歌颂工农大众、动员工农起来推翻剥削制度的《劳动者与社会主义》、《劳工神圣颂》、《"五一"运动》、《对于全国劳动大会的希望》等。有宣传妇女解放的《女子解放论》、《告诋毁男女社交的新乡愿》、《平民女学是到新社会的第一步》、《女权运动史》等。有批判无政府主义和其他非马克思主义错误思潮的《社会革命底商榷》、《讨论社会主义并质梁任公》、《无政府主义之解剖》、《社会主义与江亢虎》等。1926年,李达出版了代表当时研究和宣传马克思主义唯物史观最高水平的《现代社会学》。该书先后印行14版,在革命者中广为流传,影响甚大。至此,李达已经由五四时期的马克思主义的笃信者进一步转化为一个名副其实的马克思主义理论家和宣传家。

## 二、坚持完整系统地推进马克思主义大众化

在整个新民主主义革命时期，李达始终如一地肩负起宣传马克思主义，推进马克思主义大众化的历史重任。从李达翻译、发表和出版的各种著述来看，从李达在新民主主义革命时期从事的马克思主义宣传教育的实践活动来看，李达推进马克思主义大众化的理论和实践至少包含以下几方面的内容。

### （一）马克思主义基本原理

马克思主义理论是一个内容十分丰富的思想理论体系，马克思主义哲学、政治经济学和科学社会主义是马克思主义的三个重要组成部分。早在1918年秋季到1920年夏，李达先后翻译出版《唯物史观解说》、《马克思经济学说》和《社会问题总览》三本马克思主义通俗著作，这三本著作分别包含了马克思主义哲学、政治经济学和科学社会主义三个方面的内容。李达选择翻译这三本书，从根本上说是为了让人民群众了解马克思主义的三个组成部分及其基本原理，再者是因为这三本书本身就是通俗易懂的马克思主义著作，易于为人民群众所接受，能够起到大众化的作用。李达在《唯物史观解说》一书的译者附言中指出："这部书是荷兰人郭泰为荷兰的劳动者作的，解释唯物史观的要旨，说明社会主义必然发生的根源，词义浅显，解释周到。"① 李达建议凡是要研究、批评、反对社会主义的人至少非把这书读两遍不可。到1936年，这本书先后印行了14版，堪称马克思主义大众化的经典读本。《马克思经济学说》是考茨基的一部著名的马克思主义政治经济学通俗著作，李达的译本曾被李大钊列为北京马克思主义研究会的阅读文献，对于传播马克思主义政治经济学产生过重要影响作用。《社会问题总论》的影响也非常大，到1932年先后共出了11版。后来，在《现代社会学》一书中，李达对马克思主义的三个组成部分及其相互关系作了通俗的解释。他指出：

马克思社会主义之内容，可分为历史观，经济论，政治论三大部分。历史观与经济论属于理论的方面，政治论属于实际政策的方面。历史观之根柢为唯物史观说，经济论之根柢为剩余价值说，政治论之根柢为劳工专政说，而贯串唯物史观剩余价值与劳工专政三大原理，使成有机的联络关系者，则为阶级斗

---

① 转引自王炯华：《李达评传》，人民出版社，2004年版，第40页。

# 第四章
## 李达与马克思主义大众化

争说。①

李达对马克思主义三个组成部分的划分,与我们通常说的马克思主义哲学、政治经济学、科学社会主义是相对应的,但外延略小一些,主要体现在马克思主义哲学方面,他着重强调要把握唯物史观。这可能是李达考虑到当时条件下宣传和普及马克思主义不能做到面面俱到有关。再就是李达在当时主要是从事唯物史观的教学和研究,对辩证唯物主义还没来得及作深入的研究。

围绕马克思主义的三个重要组成部分,李达先后翻译了一系列马克思主义著作,如《从科学的社会主义到行动的社会主义》、《德国劳动党纲领栏外批评》(即《哥达纲领批判》)、《社会科学概论》、《现代世界观》、《马克思主义经济理论基础》、《理论与实践的社会科学根本问题》、《经济学入门》、《政治经济学教程》、《唯物辩证论教程》等。其中,《社会科学概论》、《现代世界观》、《理论与实践的社会科学根本问题》、《辩证法唯物论教程》等哲学著作的翻译出版,弥补了李达之前对辩证唯物主义宣传不够的缺陷。在翻译出版这些著作的同时,李达还潜心研究马克思主义基本原理,发表、出版了一系列相关文章和著作。

李达最早是从宣传社会主义思想开始的。李达在《什么叫社会主义》、《社会主义的目的》、《马克思还原》、《马克思派社会主义》、《社会主义与江亢虎》等文里比较系统地论述了科学社会主义的基本观点和原理,同时也全面辨析了科学社会主义与无政府主义、改良主义、修正主义等社会思潮之间的根本区别。在《什么叫社会主义》一文里,他用"简简单单"即通俗的语言解释了什么是社会主义。他指出:"社会主义,是反对个人竞争主义,主张万人协同主义。社会主义,是反对资本万能主义,主张劳动万能主义。社会主义反对个人独占主义,主张社会公有主义。社会主义,是打破经济的束缚,恢复群众的自由。"② 这几方面的解释,抓住了社会主义的核心内容,即消灭私有制,建立公有制;消灭压迫,实行民主。他强调要注意区分社会主义和共产主义、社会主义和无政府主义的区别。他说社会主义主张废除私有资本,共产主义主张废除私有财产,但现在的社会主义纲领还不能到达私有财产也共有的地步;社会主义虽然不承认现存国家,但也要组织一种社会主义的政府,和无政府主义那种完全打破政府组织是不一样的。这种从理论上讲清楚什么是社会主义,讲清

---

① 《李达文集》第1卷,人民出版社,1980年版,第370页。
② 《李达文集》第1卷,人民出版社,1980年版,第1页。

楚社会主义和共产主义、社会主义和无政府主义的区别,在那个各种思潮鱼龙混杂的年代,对于人们正确认识马克思主义,区分马克思主义和其他社会思潮具有十分重要的意义。李达指出:"社会主义有两面最鲜明的旗帜,一面是救济经济上的不平均,一面是恢复人类真正平等的状态。"① 就是说,实现社会主义,必须在经济上消灭剥削,在政治上实行平等。

在《马克思还原》一文中,李达一开篇就指出:"马克思的社会主义,已经在俄国完全实现了。可是还有许多人正在那里怀疑,实在有替他们解释的必要。"② 从这些话可以看出,李达写这篇文章就是为了消除人们对马克思主义的疑虑,就是为了让更多的人对马克思主义有正确的理解。他给马克思主义归纳了五项重要原则:唯物史观、资本集中说、资本主义崩坏说、剩余价值说、阶级斗争说。这实际上是告诉人们马克思主义理论体系中有哪些最主要的内容。这对于那些完全不了解马克思主义的人或者对马克思主义知之甚少的人理解马克思主义的内容很有帮助。他在认真研读《共产党宣言》和其他相关著作的基础上,把马克思的社会革命基本原理归纳为7个方面:第一,生产关系是社会制度的基础,一切宗教、哲学、法律、政治等组织均由经济基础决定。第二,生产力发展到一定程度时必然与现存生产关系发生冲突,随着资本剥削的加深,社会必然产生有产者和无产者两大对立的阶级。第三,人类的历史是阶级争斗的历史。劳动阶级一经觉悟,必然与有产阶级进行猛烈的争斗。第四,资本主义在发展中呈现出国际化的倾向,这也需要无产阶级联合起来,实现国际团结。第五,无产阶级的革命就是要颠覆有产阶级的政权,建立劳动者的国家,实行无产阶级专政。第六,无产阶级将凭借政治统治,用强制手段夺取资本阶级一切资本,将一切生产工具集中到劳动者的国家手里,用最大的速度,发展生产力。第七,国家是一个阶级压迫另一个阶级的机关,经过无产阶级专政的阶段的长期发展,国家最终会自然消灭。

在《社会主义与江亢虎》一文中,李达还特别提出马克思的科学社会主义的理论根据问题。他指出:"马克思提倡社会主义,首先根据他的唯物史观学说,说明社会革命的发生及其经过;根据他的剩余价值学说,说明资本主义的发展及其崩坏;根据他的阶级斗争学说,说明无产阶级推倒资本阶级的方法及

---

① 《李达文集》第1卷,人民出版社,1980年版,第5页。
② 《李达文集》第1卷,人民出版社,1980年版,第30页。

其手段。"① 这些精辟的概括，一方面为《马克思还原》例举的 7 个方面的社会革命原理做了理论依据上的注解，另一方面也为人们区分真假马克思主义提供了帮助。

李达是我国唯一参加了马克思主义哲学传播的几乎全部过程，又为马克思主义哲学在中国系统化作出了卓越贡献的马克思主义哲学家。② 我们从上世纪二三十年代李达翻译、撰写的马克思主义哲学著作情况看，他研究和传播马克思主义哲学的进程大致可分为三个阶段。第一阶段是唯物史观的研究和传播阶段，时间大约是在上世纪整个 20 年代，主要代表作是他早期翻译的《唯物史观解说》和他的哲学专著《现代社会学》。第二阶段是辩证唯物主义理论的翻译和传播阶段，时间大约是在上世纪 20 年代末到 30 年代中期，李达翻译出版了一系列马克思主义辩证唯物主义的专著，主要包括杉山荣所著《社会科学概论》、塔尔海玛的《现代世界观》、卢波尔的《理论与实践的社会科学根本问题》、西洛可夫、爱森堡等的《辩证法唯物论教程》。这个阶段是李达通过这些译著宣传马克思主义辩证唯物主义的阶段，也是李达潜心学习和研究辩证唯物主义，为构建完整的马克思主义哲学作准备的阶段。第三阶段是系统研究和宣传马克思主义哲学的阶段，代表作是他的哲学名著《社会学大纲》，该著作集他之前研究马克思主义哲学理论成果之大成，系统论述了马克思主义辩证唯物主义和历史唯物主义原理。

李达在党的创建时期翻译出版《唯物史观解说》一书，拉开了他传播马克思主义哲学的序幕。这本译著为中国共产党人从一开始就接受马克思主义唯物史观学说的武装，起到了非常关键的作用。

1923 年至 1926 年，李达先后在湖南自修大学、湖南法政专门学校、湖南第一师范等学校系统讲授唯物史观。1926 年，他把讲义整理成《现代社会学》一书出版。李达在这些学校任教期间，很多革命青年听过他的课，该书出版以后则让更多的人读到了它的内容，从 1928 年到 1933 年仅 6 年时间就印行了 13 次。该书介绍了两种对立的社会说、社会之构造、社会之发达、社会之变革、社会意识、阶级与国家等问题，系统阐述了生产力、生产关系及其相互关系，经济基础、上层建筑及其相互关系，阶级与国家，社会意识及其作用，个人的历史作用等唯物史观的基本原理。

---

① 《李达文集》第 1 卷，人民出版社，1980 年版，第 224 页。
② 王炯华：《李达与马克思主义在中国》，华中理工大学出版社，1988 年版，第 13 页。

李达指出，社会学是有阶级性的。契约的社会说、生物的社会说、心理的社会说都是拥护资产阶级的，他旗帜鲜明地表明他主张唯物史观社会说。就是说，李达坚持唯物史观，而反对一切形式的唯心史观。他说："社会非由契约而成，非由心性相感作用而起，亦非如有机体之受自然法则所支配，乃由加入生产关系中之个人结合而成。"① 他把"唯物史观的社会本质说之概要"归纳为如下内容：

社会生活之历程，即物质的生产历程，而物质的生产历程，完全受生产技术及生产力之支配。在物质的生产历程中，所谓精神文化，皆由物质的生产关系中产出，随生产力之发达而发达，随生产关系之变迁而变迁。社会之进步，亦即生产力之进步。②

所谓唯物史观的社会本质说之概要，就是指唯物史观的基本原理。李达的概括至少可以理解为这样的意思：物质生产是社会生活的基础；生产力是物质生产过程中的决定因素，它决定生产关系的发展和变化；精神文化即社会意识是生产关系的反映。在当时条件下，能把唯物史观作如此精炼的概括，体现出李达对马克思主义理论的十分深刻的理解和精准的把握。

1932年，李达和雷仲坚合译出版了西洛可夫、爱森堡等苏联哲学家的《辩证法唯物论教程》。该书坚持理论与实践相统一，哲学与政治相结合，说明了哲学的党性，对各类唯心主义和机械唯物主义展开了批判，阐述了辩证法、认识论和逻辑学三者的一致性和唯物辩证法的规律与范畴，说明了辩证法的思维方法。③ 毛泽东称赞这部书翻译得很及时，他仔细阅读了这本哲学著作，在1936年11月至1937年4月半年内，就在该书第3版和第4版上写了13000字的批注。这些批注既有毛泽东对书中相关观点所作的评述，也有联系中国革命特别是抗日战争的实际进行的分析。比如，书中说："过程发展其一切方面而转化为其对立物。过程之量的增大引导其自身转化为新质。"毛泽东对此作出进一步解释："量发展便变为新质，新质发生，新量也发生，质变为量。"④ 再如，书中说："新火花派的人们，虽曾努力记述并说明在他们眼前发生着的斗争的过程，却完全不能定出关于这个斗争的正确口号。"毛泽东联系中国正在

---

① 《李达文集》第1卷，人民出版社，1980年版，第241页。
② 《李达文集》第1卷，人民出版社，1980年版，第243页。
③ 王炯华：《李达与马克思主义在中国》，华中理工大学出版社，1988年版，第110页。
④ 《毛泽东哲学批注集》，中央文献出版社，1988年版，第57页。

进行的抗日战争写下批注:"目前斗争的正确口号是抗日民族统一战线,而首先的问题是国内和平即国共合作。"① 毛泽东很重视对该书的学习和研究。1941年9月,他在致中央研究组及高级研究组的信中明确要求把"李译《辩证唯物论教程》第六章'唯物辩证法与形式论理学'"②作为理论方面的学习材料。

《社会学大纲》是李达的代表作,无论是从李达自己研究马克思主义哲学的角度看,还是从我国马克思主义哲学研究的整体情况看,它都是那个时代最高水平的哲学著作。因为它是一部规模宏大、结构严谨的马克思主义哲学著作,构建了马克思主义哲学整体性的教材体系,它的体系的严谨性和内容的深刻性超过了当时我国翻译出版的包括苏联、日本在内的所有同类哲学著作。③《大纲》首先从人类认识史的角度研究了辩证唯物主义的产生和发展问题,说明了马克思主义辩证唯物论与费尔巴哈唯物论和黑格尔辩证法之间的关系,指出:"辩证法的唯物论是费尔巴哈唯物论的克服,并不是费尔巴哈唯物论的原形;同样,唯物论的辩证法是黑格尔辩证法的改造,并不是黑格尔的辩证法的原形。""唯物辩证法,具有其新的质、新的生命、新的内容和新的历史使命。"④ 全书分为唯物辩证法、当作科学看的历史唯物论、社会的经济构造、社会的政治建筑、社会的意识形态5篇。其中第一篇"唯物辩证法"就是我们今天所说的辩证唯物主义或者辩证唯物论,这是李达以前的著作未作专门研究的问题,是他在学习、翻译、消化前述《社会科学概论》、《现代世界观》、《理论与实践的社会科学根本问题》、《辩证法唯物论教程》等马克思主义哲学著作的基础上取得的新成果。该篇共分四章,分别介绍辩证唯物论的产生和发展,辩证唯物论的基本原理、唯物辩证法的基本规律和范畴、认识论。这些内容虽然只有1篇,但占了全书近一半篇幅,反映出李达对辩证唯物论问题的高度重视。从运用很多相对应的术语解释哲学的基本问题这一点,我们还可以看出,李达希望这本书能让更多人读懂,这是他推进马克思主义哲学大众化的一种有益的尝试。他指出:"一切哲学上的根本问题,是我们的意识与环境的关系如何的问题。这个问题,用别种术语来说,就是所谓自然与认识、客观与主体、

---

① 《毛泽东哲学批注集》,中央文献出版社,1988年版,第8页。
② 《毛泽东书信选集》,中央文献出版社,2003年版,第171页。
③ 王炯华:《李达与马克思主义在中国》,华中理工大学出版社,1988年版,第143页。
④ 《李达文集》第2卷,人民出版社,1981年版,第56页。

物与我、外物与内心、物质世界与观念世界、存在与意识、存在与思维等的关系如何的问题。再用平易的术语来说，即是物质与精神的关系如何的问题。"①

《社会学大纲》1935年作为北平大学法商学院教材印行，1937年由上海笔耕堂书店出版，以后多次出版发行，无论是在解放区还是国统区都广为流传，是一本很受欢迎的、真正大众化的马克思主义哲学著作。该书对中国共产党人的影响非常深远。毛泽东非常赞赏这本书，称这是为中国人自己写的第一本马克思主义哲学教科书，而李达是在十年反动时期写出这本书的，因此他称赞李达是一个真正的人。他后来说他把《社会学大纲》读了10遍，并在自己的读书日记上写下阅读进度。他还向抗日军政大学推荐此书，在中共六届六中全会上号召党的高级干部学习此书。②

如前所述，李达在《现代社会学》一书中指出，马克思主义的三大组成部分是历史观、经济论、政治论，经济论之根柢为剩余价值说。在《现代社会学》一书里，李达专门对剩余价值学说作了介绍，他还把"剩余价值说之梗概"归纳为："商品价值，由商品中所包含之社会劳动总量决定，惟劳动中一部分所实现之价值，虽以工银形式支给代价，而其他一部分实未给代价。故自原则上言，商品即不按实价以上之价值出售，而仅以实价出售，亦足以构成利润"③。1929年，李达出版《社会之基础知识》一书，其中第二篇里就有很多内容属于马克思主义政治经济学的内容，比如商品与货币、资本的生产过程、资本主义的矛盾、资本主义竞争、金融资本与帝国主义等。李达通过对资本主义经济的深刻分析，科学地预见第二次世界大战的到来。他说："世界资本主义的现势，是生产的增大与过剩，是资本集中的尖锐化，是失业状态的恒久化。目前虽说已经进到资本主义的再建期，而由这些情势所发生的资本主义内在的矛盾和危险，却是更加尖锐化，因而发生了资本主义的新的对立。"④"目前帝国主义列强间的新的对立正在发达，军备竞争的激烈，战争技术的更新，无日不在准备第二次世界大战的新形态。新的世界战争的危险，已是日见增大了，所谓'世界和平'和'国际弭兵'的呼号，只不过是准备第二次世界大战

---

① 《李达文集》第2卷，人民出版社，1981年版，第70页。
② 王炯华：《毛泽东读书生涯》，长江文艺出版社，1998年版，第87页。
③ 《李达文集》第1卷，人民出版社，1980年版，第380页。
④ 《李达文集》第1卷，人民出版社，1980年版，第542页。

的手段而已。"①

李达对马克思主义经济学的宣传更多的是通过出版译著的方式实现的。仅 1930 年他就翻译出版了三部马克思主义经济学著作，即马克思的《经济学批评》（即《政治经济学批判》）、米哈列夫斯基的《经济学入门》、河上肇的《马克思主义经济学基础理论》。1932 年他翻译出版了拉比托斯、渥斯特罗维查诺夫的《政治经济学教程》。李达也写了《经济学大纲》、《货币学概论》等马克思主义经济学著作。其中，《经济学大纲》是李达在北平大学法商学院讲授经济学时的讲义，曾于 1935 年由北平大学法商学院内部印行，一直没有公开出版，1948 年生活书店曾将该书的绪论和第一部分以《先资本主义的社会经济形态》的书名出版。李达在书中提出广义经济学的概念，并说明他研究广义经济学的原因。他说："我讲授的这部经济学，是广义的经济学。我的研究所以要采取广义经济学的立场，不仅是具有纯理论的意义，并且还具有实践的意义。因为广义经济学，并不仅是为了求得经济学的知识才去研究一切经济构造，而实在是为了求得社会的实践的指导原理才去研究它们。"② 李达非常清楚地表明，他构建广义经济学的目的不仅仅是探讨经济问题，而是要为"整个中国自求生存、自求解放"服务。他说："要解决这个问题，必须有正确的客观的理论做实践的指导，才能成立民族解放的战线，才能进行民族解放的工作，才能提起中国经济改造的问题。但要获得那种客观的正确的指导的理论，就必须把捉住一般根本路程上的经济的进化之客观的法则，同时具体的考察中国经济的特殊的发展法则，以期建立普遍与特殊之统一的理论。"③

（二）马克思主义的其他理论

在重点研究和宣传马克思主义基本原理的同时，李达还把很多马克思主义其他问题的研究成果也介绍到中国，使中国人民对马克思主义有更为全面的认识和把握。

第一，马克思主义妇女解放理论。1921 年，李达相继翻译发表《列宁的妇人解放论》、《女性中心说》、《社会主义的妇女观》、《妇女运动和妇女问题》等文章，他自己还撰写了《女子解放论》、《〈女性中心说〉中译本序言》、《告

---

① 《李达文集》第 1 卷，人民出版社，1980 年版，第 543 页。
② 《李达文集》第 3 卷，人民出版社，1984 年版，第 15 页。
③ 《李达文集》第 3 卷，人民出版社，1984 年版，第 24 页。

诋毁男女社交的新乡愿》、《介绍几个女社会革命家》、《平民女学是到新社会的第一步》、《女权运动史》等文章。通过这些译作和文章，李达对妇女问题的由来、妇女解放的基本途径等问题进行了探讨，向长期处于封建专制统治之下的中国人民特别是中国妇女介绍世界各国妇女解放运动的情况和经验，大力宣传了马克思主义妇女解放思想。

在《女子解放论》一文中，李达考察了妇女问题的由来。妇女问题，简单地说，实际上就是妇女的地位问题，就是指妇女地位低下，没能获得与男子平等地位的问题。李达指出，妇女问题在人类历史上已经是一个长期存在的问题，妇女问题表现为妇女在社会生活各个方面的地位低下。他指出："世界女子过去一大部分的历史，是被男子征服的历史。在这时期，道德上风俗上习惯上法律上政治上经济上一切种种，凡是女子所处的地位，无一不在男子的下层。男子好像天神，是主人。女子好比是奴隶，囚犯。好像这世界是男子独占的世界，不是男女共有的世界。"[1] 李达认为，妇女问题的产生与人类历史发展过程中的社会分工和生产力的发展有直接关系。在人类社会早期，男女共同生活，共同应对恶劣的自然环境以求得生存，妇女因具备生儿育女、繁衍后代的能力，能够再生产出更多的劳动力而受到尊重。随着生产力的发展，劳动力的增加对人类获取物质生活资料过程中决定性作用逐步减弱，妇女问题便产生了，一些"圣贤大盗"的头脑中产生了"与众不同"的"见识"，即产生了歧视妇女的思想观念："他们瞧出了社会上一个破绽，说女子本领薄弱，是全靠男子过活的，忘了女子生儿是件神圣职业，便把女子当做育儿的机械，以为人类只男子有能力，把男子作了本位，这社会遂成了男子的社会了。"[2]

在《女权运动史》一文中，李达分析了女权运动的由来及欧洲各国女权运动的基本情况。他指出，欧洲产业革命以来，经济组织发生变化，人民的生活也发生变动，妇女不得不靠自己的劳动来维持生活。"但伊们虽欲取得一种谋生的职业，却因为缺乏职业的训练和智识，又因为感受社会的习惯和束缚，依然得不着谋职业的机会，所以伊们首先起来要求教育的门户开放，要求职业的门户开放，要求一切法律上经济上社会上的两性平等，以便能够得到自营生业的能力和机会，从苦痛的境地解放出来，这便是女权运动的开端。"[3] 李达认

---

[1] 《李达文集》第1卷，人民出版社，1980年版，第9页。
[2] 《李达文集》第1卷，人民出版社，1980年版，第11页。
[3] 《李达文集》第1卷，人民出版社，1980年版，第147页。

为，妇女问题的中枢是职业问题，广义的解释就是劳动问题，劳动问题解决了，妇女问题也就自然会消灭。李达依次分析了法国、英国、德国、奥匈国、意大利、荷兰、比利时、瑞士、斯干的那维亚、巴尔干、俄国等欧洲国家和地区的女权运动情况。李达最后介绍俄国的女权运动，目的在于说明苏俄共产党是以马克思主义为指导，在解决妇女问题上采取了与其他欧洲国家完全不同的道路。李达认为，俄国的妇女问题已经得到成功解决。俄国的妇女运动是从19世纪中叶开始的，距今不过六七十年间，何以成功如此之速，何以号称民主国家的英法等国的妇女运动反不如专制的俄国的妇女运动早日奏效呢？李达指出，关键在于俄国的妇女问题与英法等国的女权运动采取的方式不一样。英法等国的女权运动最初在于要承认妇女的权利。而俄国妇女进行妇女运动"最初的目的，就在结合国内和伊们处同样境遇的男子们，共同向专制政府及大地主贵族资本家作战"①。李达感慨地说，俄国的女权运动史，简直就是女子革命史，因为俄国妇女们的运动，始终都是带着革命性质的。李达要求凡是做女权运动的人都应该特别注意上述两种不同的方式，只有像俄国那种带有革命性质的女权运动才能从根本上使妇女获得解放。就是说，要按照马克思主义妇女解放理论指导妇女运动。

怎样使中国妇女获得解放，1919年李达在《女子解放论》一文中李达就作了初步思考，这就是：男女共同教育，婚姻制度的改善，女子精神的独立，女子经济的独立，男女普通选举的实行，家庭恶习的废止，娼妓的禁绝。这时李达关于妇女解放的思想主张，主要是从欧美国家的经验中得出的启示，如他所说"我们提倡女子解放，不可不学欧美各国的样子"②。1921年李达翻译发表了《列宁的妇人解放论》③，列宁指出：

但是资本主义连形式上的平等（法律上的平等，饱食者和挨饿者、有产者和无产者的"平等"）也不能彻底做到。这种不彻底性的最鲜明的表现之一，就是男女间权利不平等。权利的完全平等在任何一个资产阶级国家，甚至在最共和、最民主、最先进的资产阶级国家里，也是不曾有过的。④

---

① 《李达文集》第1卷，人民出版社，1980年版，第181页。
② 《李达文集》第1卷，人民出版社，1980年版，第15页。
③ 建国后我国出的两个中文版《列宁全集》均收录了此文，标题分别为《迎接国际妇女节》、《迎接国际劳动妇女节》。
④ 《列宁全集》第38卷，人民出版社，1986年版，第203页。

俄罗斯苏维埃共和国一下子就扫除了妇女在法律上不平等地位的一切痕迹，保证了妇女在法律上的完全平等的地位。①

有人说，妇女的法律地位最能说明文明程度，这句话很有些道理。从这个观点来看，只有无产阶级专政，只有社会主义国家才能够达到而且已经达到了高度的文明。②

女工运动的主要任务是争取妇女的经济平等和社会平等，而不仅是形式上的平等。让妇女参加社会生产劳动，使她们摆脱"家庭奴役"，从一辈子只是做饭、看孩子这种使人变得愚鲁、卑微的从属地位中解放出来。这就是主要的任务。③

列宁的这些主张，既是李达要向中国人民宣传的马克思主义者关于妇女解放的思想，也是促使李达本人妇女解放思想发生重大转变的思想。其实，李达还在《介绍几个女社会革命家》一文中谈到过同样的事实。该文介绍了罗扎（即罗莎·卢森堡）和克拉拉（即克拉拉·蔡特金）两位德国女革命家的主要革命经历，赞扬她们对德国妇女运动指导得最多，是"世界无产妇女的明星"，她们从事妇女运动也是和无产阶级革命联系在一起的。李达指出："德国社会党底妇女运动，是世界无产阶级妇女运动中最有组织的运动，伊们常常打着无产阶级鲜明的旗帜干的。"④ 从德国社会党革命家的历史经验和俄国共产党人的成功实践中，从列宁的关于妇女解放的思想主张中，李达探索出了中国妇女解放的正确途径。他认为，中国妇女也要像俄国妇女那样，积极参加民族民主革命事业，男女平等只有在男女共同参与的革命斗争中体现出来。他号召一切"有志改造社会的男女们，彼此不可不有阶级的共存的自觉，共同携手参与改造事业，和那共同的社会的敌人奋斗，建设男女两性为本位的共同生活的社会"⑤。

第二，马克思主义民族理论。1929 年，李达出版《民族问题》一书。该书是现代中国第一部民族问题的专著，也是一部系统介绍马克思列宁主义民族理论的著作。李达在引言中论述了研究民族问题的重要性，他指出："民族问

---

① 《列宁全集》第 38 卷，人民出版社，1986 年版，第 203 页。
② 《列宁全集》第 38 卷，人民出版社，1986 年版，第 203 页。
③ 《列宁全集》第 38 卷，人民出版社，1986 年版，第 204 页。
④ 《李达文集》第 1 卷，人民出版社，1980 年版，第 112 页。
⑤ 《李达文集》第 1 卷，人民出版社，1980 年版，第 105 页。

题，是世界革命的根本问题之一，也是中国革命的根本问题之一，要了解世界革命和中国革命的理论和策略，就必得研究民族问题。"① 全书分五章，分别介绍民族、帝国主义前期的民族问题、帝国主义时代的民族问题、苏俄的民族问题、民族问题几个根本原理。

在第一章"民族"当中，李达对民族的四个特性即常住的共同体、言语的共同体、地域的共同体、经济的共同体进行了分析，得出民族的定义："所谓民族，是历史所形成的常住的人们共同体，并且是因共同的言语，共同的居住地域，共同的经济生活及表现于文化的共同心理而结合的人们共同体。"② 从民族的这四个特性及民族的定义来看，李达是在认真学习和研究了斯大林民族理论以后写这本书的。李达指出，民族是一个历史范畴。他指出："资本主义发展的过程，同时是民族发展的过程。民族不仅是一般历史的范畴，而且是某一定时代之历史的范畴，即是资本主义时代的范畴。"③ 和马克思主义观点不同的是，拥护帝国主义的人们则主张民族的永久性，其目的在于维护资本主义制度和帝国主义侵略的永久性。

在第二章"帝国主义前期的民族问题"当中，李达揭露了资产阶级利用民族问题维护自身利益的本质。在资产阶级对封建贵族进行阶级斗争的时期，"资产阶级的民族政策，是在于建设单一的民族，以对抗封建的诸侯制度。为动员广大的群众参加这种斗争，就创造民族的科学、民族的文化、民族的艺术；同时，对于其他新兴的民族，却努力保护自己的市场活动范围"④。在资产阶级确立自己的阶级统治，掌握政权以后，他们"就抛弃他们的口号——'民族的自由'，'民族的问题'，压迫属于同一民族的无产阶级，同时，蹂躏他民族的自由，开始进行其侵略政策。"⑤ 这种侵略政策就是所谓"殖民政策"，即"资产阶级向着自己的民族及国家的境界以外，实现其阶级利益的新形态"。⑥ 李达还用大量历史事实说明资产阶级是在利用民族问题为本阶级利益服务。比如，俄罗斯的资产阶级和地主阶级，在革命以前提倡泛斯拉夫主义，

---

① 《李达文集》第1卷，人民出版社，1980年版，第560页。
② 《李达文集》第1卷，人民出版社，1980年版，第564页。
③ 《李达文集》第1卷，人民出版社，1980年版，第565页。
④ 《李达文集》第1卷，人民出版社，1980年版，第573页。
⑤ 《李达文集》第1卷，人民出版社，1980年版，第574页。
⑥ 《李达文集》第1卷，人民出版社，1980年版，第575页。

鼓吹一切斯拉夫人都是同胞，都是上帝的选民。结果，俄罗斯的农民为泛斯拉夫主义与土耳其战斗，不知造成了多少人在枪林弹雨之中牺牲。又如日本的资产阶级主张排斥西欧白色民族的"物质文明"，发扬东洋民族的"精神文明"，还提倡"东洋归东洋人"的口号，以排斥在中国、朝鲜、蒙古等处的日本资本的竞争者，实际上是使日本的资产阶级独占其所谓特殊利益。"东洋归东洋人"这个口号的内容，其实就是"东洋归日本资产阶级"的代名词。

在第三章"帝国主义时代的民族问题"中，李达阐述了很多马克思主义民族理论的重要观点。他分析了帝国主义时代的民族问题的主要特征。他指出，全世界分为压迫民族和被压迫民族两个阵营；民族的差别与憎恶，因世界经济的发展被消灭，促进了民族的混合；国际被压迫阶级在世界革命的道路上和被压迫民族解放斗争中组成同盟军。李达分析了资本输出及其后果。他指出，资本输出是帝国主义最重要的特征之一，对于殖民地问题与民族问题来说比商品输出具有更大的意义。这是因为，资本输出使后进国及殖民地的民族都与帝国主义列强发生密切的关系，使殖民地半殖民地广大的劳苦群众成为帝国主义资本的剥削手段。资本输出的结果，一方面使更多的独立的国家和民族变成帝国主义的殖民地和半殖民地；另一方面也使殖民地半殖民地的劳苦群众迅速无产阶级化，这种无产阶级与广大的劳苦群众，就成了民族解放运动的阶级的推动力。李达得出结论："资本主义，是自掘墓穴啊！这种殖民地政策，使几亿被征服的殖民地及半殖民地的劳苦群众，走上了坚决的革命的斗争道路了！"[①]

在第四章"苏俄的民族问题"中，李达对沙皇统治时代和十月革命以后的苏俄时代民族政策进行了对比分析，说明苏俄的新型民族政策的正确性。他指出："在俄皇统治时代，大俄罗斯民族，有种种特权，资产阶级与地主，一方面要造成强大的大俄罗斯民族，使成为压迫者，一方面要使经济文化落后的民族，成为被压迫民族，曾在经济文化和统治各方面，施行了不少的政策。"[②]这种民族政策的后果使得俄罗斯族和其他民族之间产生了巨大的经济差别和心理隔阂。要取得革命斗争胜利，要建设社会主义国家，就必须制定正确的民族政策。李达盛赞苏俄的民族政策，他把苏俄的民族政策归纳为以下内容："苏俄对于民族问题的根本政策，是承认各民族的民族自决权，即是承认与本国分

---

① 《李达文集》第1卷，人民出版社，1980年版，第597页。
② 《李达文集》第1卷，人民出版社，1980年版，第600页。

离，有独立的国家存在权"①；苏俄政府现在已把沙俄时代造成的民族间的不平等扫除了；"苏俄政权的本质，是一切民族的工农联盟，使一切的民族一律平等，参加经济及国家组织"。②

在最后一章"民族问题几个根本原理"中，李达对民族自决权及其实现条件作了科学解释。他指出："所谓民族自决权，实是殖民地和隶属国对于帝国主义的本国，完全脱离的权利，是被压迫民族要求独立国家存在的权利。这种民族分离权和建设独立国家权，不是法律的问题，不是帝国主义宪法范围内的问题，不是'民族平等'的声明书和宣言的问题，而是实际斗争问题，即是以被压迫民族的实力对付帝国主义列强的实力的问题。"③李达运用马克思主义民族理论，归纳出七条民族问题的基本原理：世界已分为有全权的少数压迫剥削民族与没有权利的大多数被压迫被剥削民族；被压迫被剥削民族是压迫剥削民族的力量源泉；被压迫民族反帝国主义的民族解放运动，是从剥削与压迫解放出来的唯一道路；压迫民族中的被压迫阶级革命与被压迫民族的解放斗争有形成共同战线的必要与必然；被压迫阶级不积极援助被压迫民族的解放斗争，就不能形成这种共同战线；只有民族的结合与协助，才能建设单一世界经济；民族的结合不是合并，而是由于各民族的自由意志与相互的信赖。

第三，马克思主义史学理论。李达专门的史学著作并不多，但李达无愧为马克思主义史学家，在他众多的著述中他坚持用唯物史观阐述历史问题，宣传马克思主义史学观点。

关于奴隶社会问题。中国历史上是否经历过奴隶社会，是上世纪二三十年代中国史学界关于中国社会史大论战的焦点问题。李达认为，奴隶制是世界各国历史发展过程的共有现象，中国同样也经历过奴隶社会。早在1919年，李达就在《女子解放论》一文中对奴隶社会形成的过程作过探讨。他认为，在原始社会后期，由于生产力的发展和生产方法的改进，产生了私有制，因战争获得的奴隶被那些"最崛强的人"即奴隶主占为己有，奴隶制就在这样的情形下形成了。李达指出：

由渔猎时代转入畜牧农工时代，发生了一个大大的社会革命，生产的方法大进了步，从前大宗生活资料由渔猎而得的，今则由畜牧农工摄取而来，于是

---

① 《李达文集》第1卷，人民出版社，1980年版，第601页。
② 《李达文集》第1卷，人民出版社，1980年版，第602页。
③ 《李达文集》第1卷，人民出版社，1980年版，第604页。

男子的劳力，用于渔猎者少，用于农耕牧者多，事实上将女子驱逐出来，单变成男子的独占事业了。后来人人想得些大土地，免不得彼此的利害冲突起来，发生了战斗，于是那最崛强的人，得了多大的土地，和无数的奴隶，他便作威作福，君临人上，自为最有权力的支配人，定出了奴隶制度，家长制度。①

在《经济学大纲》一书中，李达进一步指出，奴隶的来源除了战争所得的俘虏以外，还有另一个来源，那就是原始社会共同体内部发生的财富的不平等。他说："社会有了贫富的区别，贫者因向富者借贷而不能清偿之时，债权者就有籍没债务者为奴隶甚至击毙的权利。于是破产的家族，就变成了奴隶制的来源。"②在李达看来，从原始社会到奴隶社会的转变过程，是社会开始分裂为主人和奴隶、剥削者与被剥削者的过程，这是人类社会历史发展的一般规律。所以他肯定地说："我国殷代的社会，也有奴隶制存在的痕迹。奴隶制是社会发达过程中所必经过的阶段。世界任何民族的历史，都曾通过了各种各色的奴隶制的阶段。"③李达的《经济学大纲》，也是按原始社会的经济形态、奴隶制的经济形态、封建的经济形态、资本主义的经济形态的顺序编写的。李达的这些观点当时在于对李季、陶希圣等人否认中国存在奴隶社会的观点进行反驳，目的在于维护马克思主义关于五种社会发展形态的思想。李达还赋予奴隶制理论以现实的革命意义。他把奴隶制与现代帝国主义的对外侵略联系起来，号召人民实行民族革命，反对帝国主义，实现民族解放。他说："就今日世界的情形说，奴隶制的遗物，在许多落后的民族中仍旧残存着。特别是就帝国主义与殖民地民族的关系来看，殖民地人民，实际上变成了帝国主义者的奴隶。全世界有十二亿的殖民地的人民，都被帝国主义者当作奴隶榨取着。我们中国的五亿人民，就处在这样的奴隶状态，在目前我们中国民族的最重要的使命，就是要从这种状态中解放出来。"④

关于亚细亚生产方式。亚细亚生产方式是马克思 1859 年在《〈政治经济学批判〉序言》中明确提出的。马克思指出："大体说来，亚细亚的、古代希腊罗马的、封建的和现代资产阶级的生产方式可以看做是经济的社会形态演进的

---

① 《李达文集》第 1 卷，人民出版社，1980 年版，第 12 页。
② 《李达文集》第 3 卷，人民出版社，1984 年版，第 65 页。
③ 《李达文集》第 3 卷，人民出版社，1984 年版，第 66 页。
④ 《李达文集》第 3 卷，人民出版社，1984 年版，第 92 页。

几个时代。"① 亚细亚生产方式是上世纪二三十年代社会史论战的又一议题。当时的论战背景是:"当时正值大革命失败,中国共产党痛定思痛,在莫斯科举行的第六次全国代表大会上,重新确认中国社会性质,认定大革命失败后的中国,仍是半殖民地半封建社会,'并没有从帝国主义的铁蹄下解放出来','一切半封建余孽并没有肃清'。苏联共产党内有一批人反对中国共产党人这种分析,他们认为中国存在'独特的'亚细亚生产方式,无需进行革命,否认中国共产党人开展反帝反封建的、以土地革命为中心的新民主主义革命的必要性。"② 1926 年,李达在《现代社会学》一书中曾指出亚细亚生产方式是原始的社会状态。面对国内外一些人借亚细亚生产方式发表反对中国革命的言论,在《经济学大纲》一书中,他果断改变了自己的提法,提出亚细亚生产方式是变相的封建制,"就其基本的生产关系说来,'亚细亚的生产方法',只是封建的生产方法之特殊的形相,即是封建的生产方法的变种"③。难能可贵的是,李达不是因为革命的需要而简单作出的判断,而是具体分析了亚细亚诸国的特殊经济条件以后得出的合乎逻辑的结论。

关于中国社会性质。李达认为,中国的封建社会是从周代一直到鸦片战争,前后延续了两千多年。1923 年他在《中国商工阶级应有之觉悟》一文中就很明确地提出了这一观点:

中国是个农业国家,自周秦以至满清末年,可说是长期的纯粹的农业经济时代。和这长期的农业经济组织相适应的政治组织是封建的专制政治。两千多年之间,经济组织上没有发生重大的变化,所以政治组织上虽有转朝易代的波澜,而在实质上也没有发生重大的变化。④

在《经济学大纲》中,李达进一步明确这一点,并对中国封建社会的发展阶段作了进一步划分。他指出:"中国的社会,由周代到鸦片战争的时期,是属于封建经济的社会。在这个期间,可以分为典型的封建经济时期,与变相的封建经济时期。西周和东周时代属于前者,由秦汉迄于鸦片战争时代属于后

---

① 《马克思恩格斯选集》第 2 卷,人民出版社,2012 年版,第 3 页。

② 朱政惠:《1978 年以来亚细亚生产方式问题研究的若干思考》,《史学理论研究》1995 年第 3 期。

③ 《李达文集》第 3 卷,人民出版社,1984 年版,第 106 页。

④ 《李达文集》第 1 卷,人民出版社,1980 年版,第 216 页。

者。"① 两者的区别在于：在典型的封建经济时期，"土地所有者是封建领主，农民是农奴，没有土地所有权。所谓土地关系，就是土地所有者的封建领主与直接生产者的农民之间的关系"②。土地的买卖在春秋时代就已见端倪，"到了秦并六国统一天下之后，土地私有制已推行全中国了"，"这种土地的封建领有与土地私有制的并存，就是中国变相的封建经济的特征"。③

李达指出，从鸦片战争以来，近代中国的性质则属于半殖民地半封建的社会。中国社会的半殖民地性质是在鸦片战争爆发以后逐渐形成的。李达在1923年《新时代》上连续发表的《马克思学说与中国》和《中国商工阶级应有之觉悟》两篇文章都明确指出阐述了这一观点。他指出："自从中英鸦片战争以后，欧美日本资本主义的帝国主义侵入中国，中国固有的经济组织，于是开始发生变动。"④ 满清末年，中国有新知识的官绅和富商大贾开始效仿欧美的新生产方法，实行殖产兴业，"遂使中国进于产业革命时代，但是中国早已被帝国主义征服了，经济上政治上早已形成半殖民地的状态"⑤。这种半殖民地是国际帝国主义侵略世界弱小民族的方式之一，即"不能独吞亦不能直接分割者，则以变相之分割方法处理之"⑥。在李达上世纪二三十年代的著作中，他更多的是强调中国社会是半殖民地的社会，但在《中国产业革命概观》一文中提出了中国是半殖民地半封建的社会的论断。他指出，中国产业迟不发展的主要原因是国际帝国主义之侵略，封建势力和封建制度的存在，这就使得中国的劳动问题显现出半殖民地半封建的特殊性。他指出：

中国劳动运动的性质，一面是经济的同时又是政治的，他们迫于生活的困难，不得不要求经济的地位的改善，迫于民族生存的威胁，不得不从事反对帝国主义和封建势力。（最显著的如二七运动，是反抗封建势力的，五卅运动和省港罢工运动是反抗帝国主义的，他们在过去的历史上，已经表示他们确是中国革命的急先锋，是反抗资本主义最激烈的战士。）这种趋势，和先进国家的劳动运动，必须经历数十年的经济运动然后转换到政治运动的趋势，截然不

---

① 《李达文集》第3卷，人民出版社，1984年版，第110页。
② 《李达文集》第3卷，人民出版社，1984年版，第111页。
③ 《李达文集》第3卷，人民出版社，1984年版，第114页。
④ 《李达文集》第1卷，人民出版社，1980年版，第216页。
⑤ 《李达文集》第1卷，人民出版社，1980年版，第217页。
⑥ 《李达文集》第1卷，人民出版社，1980年版，第350页。

同。这可说是帝国主义时代的半殖民地的半封建的社会中的劳动运动的特殊性。①

鸦片战争以来的中国近代社会,是一个半殖民地半封建的社会,这是李达运用马克思主义唯物史观认真分析研究近代中国经济政治发展状况得出的科学结论,这一结论为中国共产党探索中国革命道路提供了科学依据。

第四,马克思主义法学理论。早在1928年,李达就曾翻译出版过日本近代著名法学家穗积重远的《法理学大纲》。李达在北平大学法商学院写成的《社会学大纲》初步阐述了一些法律问题。一是苏联的宪法。李达指出:"苏联宪法是推翻资本主义走入社会主义的标志,它具有不同于各资本主义国家宪法的特质。"② 这些特质的"重要之点"包括:(1)普罗列达里亚专政(即无产阶级专政)。这与布尔乔亚(即资产阶级)民主主义,即实际上的布尔乔亚专政(即资产阶级专政),是完全相反的。(2)私有制度的废除。苏联的一切重要经济政策,其目的就在彻底铲除私有制度,借此以消灭一切的阶级差别而建立一完全无阶级的社会主义社会。(3)选举制度的民主化。苏联的选举,对于工农劳苦群众是毫无限制的选举。(4)外国人的权利。在苏俄境内的外国人,享有选举权和被选举权,这和资本主义国家宪法绝不相同的规定,更是代表苏联宪法的最大特色之一。二是资产阶级的法律和道德。李达指出:"在资本主义社会,法律和道德的规范充分表现出它的布尔乔亚的阶级性。"③

1947年李达进入湖南大学法学院担任法理学教学工作,他撰写了《法理学大纲》。与他在1928年翻译出版穗积重远的《法理学大纲》不同的是,李达是以马克思主义辩证唯物主义和历史唯物主义为指导,阐述的是马克思主义法理学的基本原理。这部教材对中国马克思主义法学的建立起到了奠基作用,"在今天看来,仍然是我国法学战线上的一份珍贵遗产"④。李达也因此成为"我国最早运用马克思主义研究法学的一位拓荒者和带路人"⑤。

关于法理学和哲学的关系。李达指出:"各派法理学,都采用一种哲学作

---

① 《李达文集》第1卷,人民出版社,1980年版,第493页。
② 《李达文集》第2卷,人民出版社,1981年版,第555页。
③ 《李达文集》第2卷,人民出版社,1981年版,第601页。
④ 李达:《法理学大纲》,法律出版社,1983年版,《序言》第1页。该《序言》为韩德培所作。
⑤ 李达:《法理学大纲》,法律出版社,1983年版,《序言》第2页。

为理论的根据。各种法理学,都是一种特定的哲学在法律领域中的应用和扩张。"① 而本书采用的哲学,是一个科学的世界观,它是研究整个世界的发展的一般法则的科学,是人类知识全部历史的总结论。关于各派法理学的共同缺陷。李达指出,各派法理学所以都未能构成一个科学的法律观,这是由于各派都有下述四个共同的缺陷:各派法理学的哲学基础都是观念论;各派法理学都没有历史主义的观点;各派法理学都缺乏社会现象互相联系的观点,不懂得法律在社会诸现象中所处的地位;各派法理学都是站在不公平的基础上去追求公平的。关于法律的本质。李达指出,"国家的目的,是在于保障特定的阶级的经济机构,而法律是实现国家目的的手段。这便是说,法律是国家的统治者用以保障特定阶级的经济机构的许多规则之总和。因此,我们可以知道,法律的本质,即是阶级关系,即是阶级性。而法律的功用,是保障特定阶级的经济机构的。"② 关于法律和道德的关系。李达指出,法律与道德没有截然不同的区别。"法律中有道德的成分,道德中也有法律的成分。法律与道德的区别,只是国家规范中非道德部分的法律与道德规范中未经法律化的部分的道德之区别;又可以说是包含了道德的法律与未经采订为法律的道德之区别。那些已被采订为法律的道德,是借公权力强制实行的;那些未经采订为法律的道德,是不借公权力的强制而放任社会自由遵守的。至于已经采订为法律的道德,其本身已是法律,当然保持着法律的本质。"③

### (三) 马克思主义在苏俄和其他国家的实践

把马克思主义在苏俄的实践介绍到中国,激励中国人民向苏俄共产党和人民学习,走苏俄人民革命和建设的道路,是李达在党的创立时期传播马克思主义的一条重要路径。李达还向中国人民介绍当时其他欧亚国家的民族民主革命斗争情况,以及共产国际和各国共产党的活动情况,使中国人民了解世界革命的发展形势和趋势,对革命前途更加充满信心。为此,李达先后翻译出版了《俄国农民阶级斗争史》、《劳农俄国底结婚制度》、《劳农俄国研究》等著作。仅在1921年4月出版的《共产党》月刊第3号上,李达就发表了一系列文章介绍苏俄和其他欧亚国家革命斗争情况,包括《劳农俄国之农工决议》、《全欧

---

① 李达:《法理学大纲》,法律出版社,1983年版,第1页。
② 《李达文集》第1卷,人民出版社,1980年版,第727页。
③ 《李达文集》第1卷,人民出版社,1980年版,第736页。

共产党及独立社会党之联席会议》、《俄罗斯之少年共产党大会》、《捷克矿产国有与罢工风潮》、《捷克斯拉威之共产运动》、《复辟声中希腊共产党之胜利》、《劳工神圣之远东共和国》、《土耳其革命运动之蜂起》、《最近赤化小国之社会主义运动》、《德意志共产运动遍布全国》等文章。此外,他还撰写了《第三国际党(即国际共产党)大会的缘起》、《介绍几个女社会革命家》、《俄国的新经济政策》、《李卜克内西传》、《日本政党改造之趋势》等文章。

在《第三国际党(即国际共产党)大会的缘起》一文中,李达介绍了共产国际的性质和由来、共产国际一大召开的情况、共产国际的主旨,对于早期中国共产党人了解共产国际这个刚诞生不久的国际共产主义组织有非常重要的作用。李达指出:"国际共产党联盟是世界各国的共产党和急进的社会党所组织的,是世界大革命的总机关。"① 共产国际是在第二国际的多国社会党的"堕落"的背景下产生的。这些原本标榜社会革命的社会党变成了改良主义政党,他们采用议会主义,专心谋劳动者生活改善的问题,竟然和资本家妥协起来了;第一次世界大战爆发以后,他们站在他们所在的帝国主义国家的立场上,成为公然主战的人。"他们讲什么社会主义呢!他们已经变成讲国民自由主义的人了。他们这种堕落,丝毫没有价值可言,哪能配代表各国的社会党呢!所以国际共产党,就产生出来了。"② 李达强调:"国际共产党联盟的主旨,就是实行马克思的共产主义,即革命的社会主义,由公然的群众运动,断行革命,至于实现的手段,就是采用无产阶级专政。"③ 李达向一切共产主义者发出号召,要为实现共产国际制定的这一目标前进。

1922年初,李达在青年团机关报《先驱》上发表《俄国的新经济政策》一文,对资产阶级和小资产阶级报纸上面发表所谓"俄国改变了以前的政策了"、"他们放弃共产主义了"的言论进行回应和解释。李达从三个方面进行分析和研究的:"第一,俄国共产党最初执掌政权时代所预定的政策与现在的政策的比较;第二,从他们所信的主义上观察现在政策的基础;第三,这政策实行以后的利害。"④ 李达指出,俄国共产党自执掌政权以来,他们的政策与现在是一样的。在过去的两年,俄国政策的改变,并非出于俄国党和政府的本

---

① 《李达文集》第1卷,人民出版社,1980年版,第27页。
② 《李达文集》第1卷,人民出版社,1980年版,第28页。
③ 《李达文集》第1卷,人民出版社,1980年版,第29页。
④ 《李达文集》第1卷,人民出版社,1980年版,第113页。

意,完全是由环境所迫造成的。但政策的改变并不意味着俄国抛弃了劳动阶级专政和实行社会主义。这是因为,俄国现在实行的经济政策,无论是原定的,或是改变的,都是含有与农民妥协的意思。所以有人就提出疑问:"允许自由交换商品,就是允许自由贸易,允许自由贸易就是回复到资本主义。这不是对农民退让么,这不是对农民妥协调和么?调和是马克斯主义者认为正当的么?"李达回答说:"妥协和调和,在马克斯和因格尔斯看来有时是必要的。"① 为此李达专门引用了恩格斯在批评布朗基主义者时说的一大段话来说明这一观点。然后,李达具体说明了俄国党和政府向农民妥协的正当理由:

> 俄国的革命在工业不十分发达,农民占五分之四的国家成功,他们因维持政权起见当然要与这占大多数的农民妥协,所以采用许多过渡的方法,以缓和农民的反感。他们的这种精神何曾违背马克斯主义的原理呢?
>
> 因格尔斯也说将来无产阶级对于大地主须剥夺其财产,对于中等农民或须加以扶助。俄国共产党党纲本着这原则也规定了竭力与'般富农民奋斗,不扰及中等农民,扶助穷苦农民',这正是本着马克斯主义而与农民的妥协。他们不扰及农民的财产,自然须许可农民自由营业,自由交换商品。由此看来他们的方法又何曾违背共产主义呢?②

实行新经济政策,是俄国共产党依据俄国的国情采取的正确政策,这些政策本身也是马克思主义理论的要求,这就是李达得出的结论。李达指出,从俄国实行的新经济政策的实际效果来看,新经济政策对发展生产力有益,根本没有危及苏维埃政府存在的危险。

### (四)中国革命的理论

李达始终坚持马克思主义普遍原理同中国革命的具体实际结合起来,一方面他孜孜不倦地学习和研究马克思主义,把大批马克思主义著作翻译到中国来,让中国人民认识和接受马克思主义;另一方面他又坚持用他所掌握的马克思主义原理来分析中国历史和现实,通过对马克思主义理论的分析得出关于中国革命的正确结论,为中国革命提供正确的导向作用。李达运用马克思主义基本原理,对中国社会和中国革命的许多问题进行过专门的探讨,出版、发表了

---

① 《李达文集》第1卷,人民出版社,1980年版,第116页。
② 《李达文集》第1卷,人民出版社,1980年版,第117页。

一系列著作和文章。如《马克思学说与中国》、《中国商工阶级应有之觉悟》、《中国所需要的革命》、《中国产业革命概观》、《中国现代经济史之序幕》、《中国现代经济史概观》、《中国社会发展迟滞之原因》等。

1923年，李达发表《马克思学说与中国》一文，指出"马克思学说之在中国，已是由介绍的时期而进到实行的时期了"①。李达主要通过对《共产党宣言》的研究探索出中国共产党进行革命的方法和策略。李达指出："至于中国无产阶级对于目前的政治运动，究应怎样决定，这一点马克思在《共产党宣言》上并未为中国共产党筹画，若按照目前中国国情，参照马克思在一九四八年替波兰瑞士德国共产党设下的计画，也可以定出一个政策来。"② 这个政策就是"中国共产党联合国民党推到军阀政治"③。就是说，打倒封建军阀，是中国革命的重要任务；但中国的封建军阀势力十分强大，要取得革命的胜利，中国共产党必须与国民党建立统一战线。同时，李达经过深思熟虑，又强调了中国共产党在与国民党合作时必须引起注意的地方：一是共产党要对国民党发挥影响和引导作用，以保证革命的正确方向；二是共产党在与国民党合作时要时刻保持独立性。他指出：

一，中国国民党似乎是一个社会民主的党派，有资本家、知识分子及劳动者的三种党员，共产党至好是影响他们向左倾。将来民主革命成熟时，共产党至好引导到无产阶级革命去。不然，共产党应该单独的严整无产阶级的阵。

二，共产党应注重"组织无产者成为一阶级"的工作，时时要保持独立的存在，免受他党所影响。④

1923年6月，中共三大在广州召开，大会通过《关于国民运动及国民党问题的决议案》，确定采取党内合作的形式同国民党建立联合战线。李达认为，仅仅依靠国共两党的合作还不够，统一战线应该由更加广泛的中国进步力量所组成，要动员他们都参加到国民革命的斗争中去。基于这种认识，李达写了《中国商工阶级应有之觉悟》一文，他向中国商工阶级（即民族资产阶级）发出号召，希望他们也参加到反帝反封建斗争的队伍中来。李达指出，中国的民族资产阶级是受帝国主义和封建主义双重压迫的阶级，参加反帝反封建的革命

---

① 《李达文集》第1卷，人民出版社，1980年版，第202页。
② 《李达文集》第1卷，人民出版社，1980年版，第211页。
③ 《李达文集》第1卷，人民出版社，1980年版，第212页。
④ 《李达文集》第1卷，人民出版社，1980年版，第212页。

斗争是民族资产阶级的正确选择。他指出，一方面，中国早已被帝国主义征服了，经济上政治上早已形成半殖民地的状态，"中国这般有新智识的官绅和富商大贾所构成的商工阶级处于国际资本阶级的压迫之下，他们所锐意经营的新式工业是很难发达的"①。另一方面，数千年因袭而来的专制政治仍然统治着中国，孙中山领导民主革命党人代表商工阶级的利益，发动了辛亥革命，推翻了阻碍中国新工业发展和社会进步的满清政府，"可惜民主党派没有商工阶级的支持，势力过于薄弱，致使封建余孽连年倡乱，遂以酿成今日武人政治。民国以来，武人割据，鱼肉人民，战时抢掠劫夺，平时搜刮剥削，弄得民不堪命，商工业之不能发达，本来是自然的现象"②。由此可见，帝国主义和封建军阀都是中国民族资本主义工商业发展的阻碍，"中国人如欲发达工商业，首先要排除外力，推倒军阀，这几乎是天经地义了"③，"推倒军阀政治完成民主政治，以促工商业之发展，确是商工阶级唯一的重要使命"④。李达指出，要实现这一目标，商工阶级分子应有以下四个觉悟：应当与国民党联合；应当与工人携手；绝对不与任何军阀妥协；应当反对外力。李达通过各个革命阶级的合作"造成民主革命的联合战线，完成国民的工作"的思路，与陈独秀党内合作的主张相比，站得更高，看得更远，在当时来说是难能可贵的。

1922年7月召开的中共二大制定了反帝反封建的民主革命纲领。大会《宣言》指出："各种事实证明，加给中国人民（无论是资产阶级、工人或农民）最大的痛苦的是资本帝国主义和军阀官僚的封建势力"⑤，因此，党在目前的奋斗目标是"消除内乱，打倒军阀，建设国内和平"，"推翻国际帝国主义的压迫，达到中华民族完全独立"。⑥ 李达在很多著作中宣传了党的反帝反封建的革命目标。

1923年4月，李达发表《何谓帝国主义》一文，开篇就提出："我们从政治上经济上分析中国的乱源，知道搅乱中国的两大障碍物，一个是国际帝国主

---

① 《李达文集》第1卷，人民出版社，1980年版，第217页。
② 《李达文集》第1卷，人民出版社，1980年版，第217页。
③ 《李达文集》第1卷，人民出版社，1980年版，第217页。
④ 《李达文集》第1卷，人民出版社，1980年版，第218页。
⑤ 中共中央文献研究室、中央档案馆编：《建党以来重要文献选编（1921—1949）》第1册，中央文献出版社，2011年，第132页。
⑥ 中共中央文献研究室、中央档案馆编：《建党以来重要文献选编（1921—1949）》第1册，中央文献出版社，2011年，第133页。

义，一个是国内武人政治。我们民众要期待统一与和平，要获得自由与幸福，非首先组织起来打破这两大障碍物，绝对没有成功的希望。"① 1929 年 1 月，李达出版《中国产业革命概观》一书，李达通过深入细致的观察和研究，概括出现代中国经济的基本状况："第一，新式的工业的确有了相当的发展，但还只是刚到粗工业的阶段，而且已经呈现出了停滞的征象；第二，农业呈现破产的倾向，原料和食粮，大受限制；第三，手工业逐渐破产；第四，国际帝国主义和国内封建势力压迫加重，生产力已受束缚难顺利发展；第五，贫困程度增加，劳动问题和农民问题，日形严重。"李达指出，要打破这种经济的乱象，就必须进行革命。"中国革命，即是要打破这种经济的混乱和政治的混乱，去求得新的出路。"②通过对中国经济进行全面分析和深入思考，李达得出结论："要发展中国产业，必须打倒帝国主义的侵略；廓清封建势力和封建制度，树立民众的政权，发展国家资本，解决土地问题。"③李达又在随后出版的《社会之基础知识》一书中进一步强调："中国一面是半殖民地的民族，同时又是半封建的社会。所以为求中国的生存而实行的中国革命，一面要打倒帝国主义，一面要铲除封建遗物，前者是民族革命的性质，后者是民主革命的性质。"④李达不仅对旧中国的社会性质及中国革命的任务作出了正确判断，还明确指出了中国革命的前途。他说："考察目前中国的出路，只有民众起来打倒帝国主义，铲除封建遗物，树立民众政权，建设国家资本，解决土地问题，以求实现真正自由平等的新社会。"⑤

## 三、向广大群众和一切进步力量宣传马克思主义

回顾李达在整个新民主主义革命时期宣传马克思主义走过的历程，我们可以看到，李达把他接触到的各方面的革命群众和进步力量都当作传播马克思主义的对象，马克思主义宣传的受众范围之广，人数之多，真正达到了"大众化"的境界，这是同时代其他共产党人和马克思主义理论家所不能比拟的。归

---

① 《李达文集》第 1 卷，人民出版社，1980 年版，第 192 页。
② 《李达文集》第 1 卷，人民出版社，1980 年版，第 394 页。
③ 《李达文集》第 1 卷，人民出版社，1980 年版，第 495 页。
④ 《李达文集》第 1 卷，人民出版社，1980 年版，第 558 页。
⑤ 《李达文集》第 1 卷，人民出版社，1980 年版，第 559 页。

纳起来，李达作为马克思主义宣传教育的对象主要有：

（一）共产党员。李达是中国共产党的重要创始人和党的早期重要领导人。1920年11月，上海共产党组织决定创办《共产党》月刊，李达任主编。该刊虽然只出了6期，但对党的创建起到了重要的指导作用，这是因为刊物针对党在初创时期党员普遍缺乏马克思主义理论修养和革命经验的实际，着重宣传列宁的建党学说和共产党的基本知识，介绍苏俄革命经验和各国革命斗争情况。当时国内各早期党组织都把《共产党》月刊作为党员学习马克思主义和党的基本知识的必读教材。毛泽东曾在1921年给蔡和森的信中说："出版物一层，上海出的《共产党》，你处谅可得到，颇不愧'旗帜鲜明'四字。"[①] 1922年8月，毛泽东在长沙创办湖南自修大学，这是一所传播马克思主义，培养党的干部的专门学校，李达受毛泽东的邀请担任湖南自修大学学长。李达一方面主持全校教学工作，一方面为学员讲授马克思主义理论。他还与毛泽东一起创办校刊《新时代》，为《新时代》撰写理论文章，如《何谓帝国主义》、《马克思学说与中国》等，他把《德国劳动党纲领栏外批评》（即《哥达纲领批判》）翻译成中文发表在该刊上。此外他还编写《马克思主义名词解释》，供学员阅读。这些学员中既有党的创始人毛泽东、何叔衡，还有夏明翰、郭亮、罗学瓒、毛泽民、毛泽覃、夏曦等中共早期党员。李达的《社会学大纲》代表了上世纪30年代中国马克思主义哲学研究的最高水平，该书出版后引起了很大的社会反响，也成为延安时期我们党学习研究马克思主义著作的重要文献。

（二）工农群众。工人和农民是现代国家占人口的绝大多数的社会成员，是革命的基本依靠力量，没有工人和农民的参与，任何革命都不可能取得胜利。马克思主义只有被工人和农民所掌握，才能汇聚成巨大的革命力量。共产党要实现自己的奋斗目标，就必须对工农群众进行马克思主义宣传教育。早在1920年，李达就发表《劳动者与社会主义》、《劳工神圣颂》等文章，向工人和农民宣传革命道理，促进工人农民觉悟起来，参加到推翻剥削制度的队伍中来。马克思主义政治经济学认为，工人创造的全部价值的绝大部分作为剩余价值被资本家无偿占有了，而工人获得的仅仅是相当于劳动力价值的那部分价值。李达则用工人看得懂、听得清的语言表述了这个原理："资本家晓得劳动者除了进工厂做工以外，不是冻死，就是饿死，所以逞威作势把劳动者百方压迫，每日只给工人些少的工钱，却要工人做几十倍几百倍的工作。劳动者每天

---

[①]《毛泽东书信选集》，中央文献出版社，2003年版，第11页。

自早到晚，千辛万苦，才能得到那些少的工钱，只能够一天的用度，虽说是可以吃饭穿衣，也不过是未冻死未饿死罢了。"① 工人如何改变这种"残酷悲惨已极"的处境呢？李达指出，这就需要劳动者觉悟起来，"劳动者若看清了资本的专横跋扈掠夺无人道，就应该组织劳动者的团体（如工会之类）去和资本家对抗"。但是这种经济斗争不能从根本上消除剥削，必须发动革命，推翻资产阶级的统治，建立社会主义制度。他说："等到团体的势力加大了，然后就和资本家阶级开战，一哄把资本家铲除了，然后方能达到最后的目的。"② 在《劳工神圣颂》里，李达用诗一般的语言揭露了资本家和工人的阶级对立。"资本家为着金子，把地球卖了。他还获了人类当奴隶卖了。他是地球不肖的儿子。生产的劳动者，或耕或种，把地球装饰了。所以劳动者是地球的宠儿。"③ 他说："劳动者是万物的创造主，资本、利息、土地、货币，都是劳动者创造的。劳动者对于这些东西，都可以主张所有权的。"④ 李达认为，农民跟工人的处境完全一样，"佃户无论如何含辛茹苦的劳动，他们的命运总是铸定的。他们每年劳苦所得的收获，要缴纳一半多给田主，年岁好的时候，他们还可以穿点仅仅冻不死的衣，吃点仅仅饿不死的饭，住点过风漏雨的屋。倘若年岁不好，他们不是冻死，就是饿死。每届凶荒，他们之中冻死的饿死的何止数千百万"⑤。李达认为，"中国田主佃户两阶级的分立"及"无产阶级和有产阶级的对抗"，已经预示着"社会革命的机会到了"⑥。由此可见，用马克思主义基本原理揭示现代中国的阶级矛盾，唤起工农大众自觉参加革命，是李达推进马克思主义大众化的一个重要目的。

（三）青年学生。在民主革命时期，李达先后数度在高等学校任教，他为青年学生讲授马克思主义理论，培养了一批又一批中国革命的重要力量。1923到1926年，李达先后在湖南公立法政专门学校、湖南大学、湖南第一师范学校任教，他为学生讲授马克思主义唯物史观，为了不引起反动派的注意，李达将唯物史观改称为社会学，后来他翻译和出版的马克思主义哲学大多使用"社

---

① 《李达文集》第1卷，人民出版社，1980年版，第40页。
② 《李达文集》第1卷，人民出版社，1980年版，第41页。
③ 《李达文集》第1卷，人民出版社，1980年版，第42页。
④ 《李达文集》第1卷，人民出版社，1980年版，第45页。
⑤ 《李达文集》第1卷，人民出版社，1980年版，第47页。
⑥ 《李达文集》第1卷，人民出版社，1980年版，第48页。

会学"的名称。我国当代著名的马克思主义史学家吕振羽就是在这一期间从李达那里接受马克思主义启蒙教育的。在讲授唯物史观的基础上,李达写成《现代社会学》并于1926年正式出版。该书曾在革命者当中广泛流传,大革命失败之后湖南反动当局对李达进行通缉,称李达为"著名共首,曾充大学教授,著有《现代社会学》,宣传赤化甚力"。1929年到1932年,李达先后到上海法政学院、暨南大学任教,为学生讲授马克思主义社会学、政治学及辩证唯物主义。"他的讲课受到进步青年的热烈欢迎,教室里常常挤得满满的,外系学生也来听讲。不少青年因为受到他讲课的影响而决心走上了革命的道路。"①1932年至1937年,李达到北平大学法商学院、中国大学经济系及朝阳大学等校任教,讲授社会学、政治学、经济学、货币学、社会进化史、社会科学方法论等课程,在这些课程中为学生讲授、宣传马克思主义理论,他的著名的《社会学大纲》就是在这个期间出版的。1947年,李达到湖南大学任教,讲授法理学,坚持用马克思主义理论分析法律现象,鼓励青年学生参加革命斗争。

（四）劳动妇女。在半殖民地半封建的旧中国,妇女不能享有与男性一样的权利,关心妇女问题和妇女解放运动就成了李达推进马克思主义大众化的重要内容。一方面,他翻译了一系列马克思主义关于妇女解放的著述,并运用马克思主义妇女解放理论分析中国妇女问题,他还撰写了一系列文章和著作介绍和讴歌各国妇女解放运动。另一方面,他直接参与妇女解放的实际工作。他热心指导《妇女声》半月刊的编辑出版工作,还主办了上海平民女校。平民女校使广大妇女接受了文化知识和马克思主义理论,也为党培养了一批优秀的妇女干部。1922年3月,李达在《妇女声》上面发表《平民女学是到新社会的第一步》一文,对平民女校的办学方式和特点作大力宣传。他说:"平民女校有下列三特点。一,为无力求学的女子设工作部,替伊们介绍工作,使取得工资维持自己的生活,实行工读互助主义。二,为年长失学的女子设专班教授,务使于最短时间,灌输最多智识。三,为一般不愿受机械的教育的女子设专班教授,使能自由完成个性。"② 李达希望各地都能创办平民女校,使更多的有觉悟的妇女能够得到求学的机会,为中国妇女解放运动奠定组织基础。党的二大召开期间,李达还是"教育问题与妇女问题组"的召集人,在他的积极努力下,二大通过了《关于妇女运动的决议》。

---

① 《李达文集》第1卷,人民出版社,1980年版,第14页。
② 《李达文集》第1卷,人民出版社,1980年版,第129页。

（五）其他进步力量。李达是站在为中华民族求解放的高度从事马克思主义宣传教育工作的，他把马克思主义大众化的客体扩展到一切支持和参加民族解放事业的进步力量。1932年6月至7月，李达去泰山给冯玉祥将军及其研究室讲学，讲课的内容包括列宁主义、唯物史观和辩证法，他还指导冯玉祥阅读《马克思资本论基础知识》、《国家与革命》等马克思主义著作。冯玉祥在日记中写道："辩证唯物论是被压迫阶级的哲学，而观念论、唯心论都是压迫阶级的哲学。各有一套理论，互相矛盾、斗争。若要为劳苦大众谋幸福，求解放，非在理论上压倒唯心论的主张不可，今日我始深知革命理论之重要矣。"①一个国民党的高级将领对马克思主义理论有如此深刻的认识，说明李达的讲学对冯玉祥的思想认识产生多么重大的影响。1937年，李达的《社会学大纲》出版，当时正是中国人民全面抗战前夕，他热情洋溢地在扉页上题写了"献给英勇的抗日战士"的寄语。1939年该书第4版出版，李达又在序言中写道："我无数同胞都正在壮烈的牺牲着，英勇的斗争着"，"战士们为要有效的进行斗争的工作，完成民族解放的大业，就必须用科学的宇宙观和历史观，把精神武装起来，用科学的方法去认识新生的社会现象，去解决实践中所遭遇的新问题，借以指导我们的实践"。②

## 四、采用多种途径和方法宣传马克思主义

通过前面的分析我们就可以看到，李达推进马克思主义大众化的方法和途径是非常丰富的。主要包括：

（一）翻译出版马克思主义著作，推进马克思主义中国化，为马克思主义大众化奠定基础。"十月革命一声炮响，给我们送来了马克思列宁主义。"③但在上世纪二三十年代，中国人民能够直接读到的马克思主义著作还很少，大批马克思主义著作还没有介绍到中国来。顺应时代发展的要求，李达成了这个时期最活跃的马克思主义理论翻译家，他先后翻译、发表、出版了一系列马克思主义著作、文章和其他进步书籍。这些译作在当时国内群众缺乏马克思主义著

---

① 中国第二历史档案馆编：《冯玉祥日记》第3卷，江苏古籍出版社，1992年版，第651页。
② 《李达文集》第2卷，人民出版社，1981年版，第7页。
③ 《毛泽东选集》第4卷，人民出版社，1991年版第1471页。

作可以阅读的情况下，对于传播和宣传马克思主义发挥了重要作用。这些译作主要有：郭泰的《唯物史观解说》，柯祖基（即考茨基）的《马克思经济学说》，高畠素之的《社会问题总览》，山川菊荣的《劳农俄国底结婚制度》《劳农俄国底妇女解放》《社会主义的妇女观》《妇女问题与妇女运动》，左野学的《俄国农民阶级斗争史》，山川均的《从科学的社会主义到行动的社会主义》，Hermann Gorter 的《唯物史的宗教观》《列宁的妇人解放论》（即列宁的《迎接国际劳动妇女节》），堺利彦的《女子中心说》，安部矶雄的《产儿制限论》，马克思的《德国劳动党纲领栏外批评》（即《哥达纲领批判》），高柳松一郎的《中国关税制度论》，杉山荣的《社会科学概论》，塔尔海玛的《现代世界观》（原书名为《辩证唯物论入门》），河西太一郎的《农业问题之理论》，马克思的《经济学批评》（即《政治经济学批判》），米哈列夫斯基的《经济学入门》（原书名为《政治经济学》），河上肇的《马克思主义经济学基础理论》，卢波尔的《理论与实践的社会科学根本问题》，河田嗣郎的《土地经济论》，拉比托斯、沃斯特罗维查诺夫的《政治经济学教程》，西洛可夫、爱森堡等的《辩证法唯物论教程》等。李达并非一个专职的翻译家，在那种极其艰苦的环境下却收获了如此丰富的翻译成果，因而他与任何一个专职翻译家相比都毫不逊色。他翻译出版的《唯物史观解说》《社会科学概论》《现代世界观》《辩证法唯物论教程》《马克思主义经济理论基础》等著作，为那个时代的中国人了解和接受马克思主义提供了重要的文本。

（二）通过著书立说宣传马克思主义。在众多的湘籍无产阶级革命家中，李达是著述最丰富的马克思主义理论家和宣传家。为了让更多的群众了解和接受马克思主义，他夜以继日地学习和研究马克思主义，撰写了一篇又一篇宣传马克思主义的文章，出版一部又一部马克思主义著作。在整个新民主主义革命时期，坚持宣传马克思主义理论的不乏其人，但像李达那样涉猎马克思主义理论的各个领域，坚持完整系统地研究和宣传马克思主义理论的人却凤毛麟角。李达写了大量的文章，宣传科学社会主义的基本观点和原理，批判改良主义、无政府主义、修正主义等各种反马克思主义思潮。这些文章包括：《什么叫社会主义》《社会主义的目的》《张东荪现原形》《马克思还原》《社会革命底商榷》《讨论社会主义并质梁任公》《无政府主义之解剖》《马克思派社会主义》《社会主义与江亢虎》《评江亢虎的中国社会党》等。李达撰写了代表上世纪二三十年代最高水平的马克思主义哲学著作。这些著作包括：《现代社会学》《社会之基础知识》《社会学大纲》《辩证法的唯物论问答》等。与此同时，李达还发表了一系列研究和宣传马克思主义哲学的文章。如《辩证逻辑与形式逻辑》、《唯物辩证法对象》、《辩证法的几个法则》、《逻辑的根本原理》、《逻辑大意》、《形式逻辑扬弃问题》等。李达撰写了很多文章，宣传苏俄革命和建设的基本情况和经验，以及国际共产主义运动的相关情况。这些文章包括：《战前欧洲社会党运动之情形》、《第三国际党（即国际共产党）大会的缘起》、《俄国的新经济政策》、《评第四国际》等。李达撰写了马克思主义经济学代表作《经济学大纲》、《货币学概论》，还运用马克思主义经济学原理写了《中国现代经济史之序幕》、《中国现代经济史概观》、《经济问题之处理办法》等文章。李达坚持用马克思主义分析中国国情，研究中国革命和中国社会各种现实问题，为中国革命提供指导，为中国社会进步提供改造方案。这类著作和文章包括：《劳工神圣颂》、《为收回旅大运动敬告国人》、《中国所需要的革命》、《中国产业革命概观》、《中国社会发展迟滞的原因》等。李达的很多著作多次出版印刷，成为那个时代人民大众最宝贵的精神食粮。

（三）主办刊物，建立出版机构，掌握宣传马克思主义理论的阵地。1920年11月上海党组织创办我们党的第一个党刊《共产党》月刊，李达任主编，他为该刊翻译和撰写了许多重要文章，喊出了"共产党万岁"的响亮口号。1921年9月，李达主持建立了我们党第一个出版机构——人民出版社，出版社就设在李达在上海的寓所内，出版社的各项工作很多时候实际上是李达独自完成的。人民出版社的主要任务就是出版发行马克思主义著作，在短短一年里先后出版了"马克思全书"3种：《共产党宣言》、《工钱劳动与资本》（即《雇佣劳动与资本》）、《资本论入门》。"列宁全书"5种，即《劳农会之建设》、《讨论进行计划》、《共产党礼拜六》、《劳农政府之成功与困难》、《列宁传》。"康民尼斯特丛书"4种，即《共产党的计划》、《俄国共产党党纲》、《第三国际决议案及宣言》、《劳动革命史》。1923年4月，李达和毛泽东创办湖南自修大学校刊《新时代》，该刊以宣传马克思主义为己任，具体探讨国家如何改造，政治如何澄清，帝国主义如何打倒，武人政治如何推翻，教育制度如何改革等重大问题。1928年冬，李达和邓初民等人一起创办了昆仑书店，翻译和出版了大量的马克思主义经典著作和革命书籍。依托昆仑书店，李达修订并重印了《现代社会学》，还在国内首次出版了马克思的《资本论》第1卷第1分册、《政治经济学批判》和恩格斯的《反杜林论》上册等著作。1932年李达又创办笔耕堂书店，继续出版和宣传马克思主义。

（四）通过教学向青年学生及其他民众传播马克思主义。1921年10月，李达和陈独秀商议创办上海平民女校，1922年平民女校正式开学，李达讲授马克思主义基础知识，使学生在这里初步受到马克思主义教育。1922年至1923年，李达在毛泽东创办的湖南自修大学担任学长，为学员讲授马克思主义基本原理。湖南自修大学被湖南军阀赵恒惕封闭以后，李达到湖南公立法政专门学校（后改为湖南大学）任教，李达系统研究和讲授唯物史观，他的马克思主义哲学名著《现代社会学》就是在讲义基础上写成的。1927年，李达到达武汉，在毛泽东主持的中央农民运动讲习所，为学员讲授社会科学概论课，宣传马克思主义唯物史观。1929年至1932年2月，李达在上海法政学院和暨南大学讲授社会学、政治经济学等课程，受到了广大进步青年的热烈欢迎。为此他招致了法国巡捕房的抄家和反动特务的毒打，但他毫不畏惧，始终坚守马克思主义理论的宣传阵地。1932年6月至7月，李达应邀去泰山为冯玉祥及其研究室讲学，讲授列宁主义、唯物史观和唯物辩证法。1932年8月，李达来到北平，在北平大学法商学院、中国大学、朝阳大学等高校任教。一方面他担任哲学、政治经济学、货币学、社会发展史等课程的教学工作，利用大学讲坛宣传马克思主义。另一方面他还鼓励其他进步教师宣传马克思主义，李达和这些进步教师因此为誉为"红色教授"。1938年到1940年，李达曾有过在广西大学、广东中山大学等高校短暂教学的经历，在这些学校讲授政治经济学和唯物辩证法。1947年来到湖南大学任教，学校惧怕李达宣传马克思主义，要他讲授他并不熟悉的法理学，但这并没有难倒坚持宣传马克思主义的李达，他运用马克思主义分析法律现象，成为我国马克思主义法学教学和研究的奠基人。

通过前面的论述，我们可以清楚地看到，与中共其他领导人和同时代的其他进步学者相比，李达在宣传马克思主义、推进马克思主义大众化方面具有许多与众不同的鲜明特征，这就是：目的的明确性，内容的完整性，对象的广泛性，方式的多样性。其实，李达推进马克思主义大众化的理论和实践还可以总结出时间的持续性、影响的深远性等特点。所谓时间的持续性，就是指李达从五四运动前后由一个激进的爱国主义者转变成为马克思主义者以后，就一直自觉肩负起宣传马克思主义的责任，从未终止、从未间断过。所谓影响的深远性，就是指李达为宣传马克思主义所作的一切努力对中国革命的发展和中国社会的变革产生了深远的影响作用，今天我们推进当代中国马克思主义大众化仍然要学习李达的那种执著精神。

# 第五章　任弼时与马克思主义大众化

任弼时是伟大的马克思主义者和杰出的无产阶级革命家，是中国共产党第一代领导集体的重要成员。在新民主主义革命的各个历史时期他都非常重视马克思主义理论和党的主张的宣传教育，对我们党在民主革命时期推进马克思主义大众化作出了积极贡献。

## 一、号召每个同志必须成为群众中的宣传鼓动家

任弼时对马克思主义理论的宣传和普及工作的重视源于他的特殊革命履历和对早期中国共产党自身发展状况的正确认识。1921 年 7 月，任弼时同刘少奇、罗亦农等人远赴莫斯科，进入莫斯科东方大学学习。东大根据中国革命的需要为中国班设置了历史唯物主义、政治经济学、西方革命运动史等课程，中共旅莫支部也为学员安排了相应研究范围和专题。当时的苏俄正处于物质生活极其匮乏的战时共产主义时期，学习条件极其艰苦，任弼时就是在这种艰苦条件下磨练成为一名坚强的无产阶级革命战士和理论修养高的马克思主义者。1924 年 6 月至 7 月，共产国际五大和青年共产国际第四次代表大会相继召开，任弼时等 4 人代表中国社会主义青年团出席了青年共产国际第四次代表大会。7 月，旅莫支部召开大会，任弼时和他的战友讨论并通过了对中共四大的十项提案。该提案第三项就是"党员对共产主义理论太幼稚，此后吾党须特别注意教育工作"，要求今后党的出版物"须有系统的合乎客观要求的宣传"[①]。这份提案责成任弼时等人回国后向党中央作详细陈述，因而也可视为任弼时推进马克思主义大众化的起点。马克思主义大众化，首先需在党内得到实现，只有加强全党的马克思主义理论教育，才能改变党"对共产主义理论太幼稚"现状。

---

[①] 蔡庆新：《任弼时与中共党史重大事件》，中央文献出版社，2001 年版，第 33 页。

任弼时在党的七大的发言中把这种理论上的"幼稚"称之为"缺乏充分的马列主义的思想准备"。他说：

中国党是在中国人民需要反对外国压迫和十月革命影响下组织起来的，虽然开始缺乏充分的马列主义的思想准备，但一组成就轰轰烈烈地参加中国的政治舞台。①

中国共产党是在俄国十月革命影响下按照马克思列宁主义的建党原则建立起来的无产阶级政党，但在建党初期却"缺乏充分的马列主义的思想准备"。只有组织全体党员学习和掌握马克思主义理论，才能把马克思主义的基本原理运用到指导中国革命的实际当中去，这是中国共产党必须解决的重大问题。

回国以后的任弼时首先担任的是共青团的领导工作，他号召广大团员要学习列宁主义，指出"本团以后的发展应仿俄国共产党——布尔什维克党的精神，学习他们几十年奋斗的经验，按照列宁指示我们斗争方法的原则，以扩张增加我们进攻的实力"②。1928年，任弼时为中共中央起草了题为《城市农村工作指南》的文件，在文件中就党的宣传工作作了比较系统的论述。他指出："我们须努力宣传教育群众，使群众接受我们争斗的主张，尤须有党的独立宣传，向工人解释党的政策，使工人群众了解党，不致因白色恐怖而不敢与我们接近，仅如此在争斗时才能获得广大群众起来参加。"③对群众进行宣传教育，是使群众了解党的主张，争取群众参加革命的有效方法。

在领导革命斗争的实践中，任弼时积累了丰富的宣传工作经验，形成了关于马克思主义大众化的基本认识。第一，宣传内容必须通俗化。1928年5月，任弼时出席了中央临时政治局常委（留守）会议时，对主办党的《布尔什维克》杂志明确提出了"内容要尽量通俗化"④的要求。同年7月，任弼时提出，希望创造社在革命文学及理论方面多发挥作用，并嘱咐"政治文章要写得巧妙些，调皮些；翻译文章要通俗些。"⑤通俗化是马克思主义大众化的内在

---

① 《任弼时选集》，人民出版社，1987年版，第392页。
② 《任弼时选集》，人民出版社，1987年版，第1页。
③ 《任弼时选集》，人民出版社，1987年版，第59页。
④ 中共中央文献研究室编：《任弼时年谱》，中央文献出版社、人民出版社，1993年版，第98页。
⑤ 中共中央文献研究室编：《任弼时年谱》，中央文献出版社、人民出版社，1993年版，第107页。

要求。没有通俗化，再科学的理论一般群众也领会不了，掌握不了，也就发挥不了它应有的作用。第二，宣传过程必须群众化。"群众化"是任弼时早期著作中使用得较多的一个词汇。他所说的"群众化"，包括两层含义：一是指党的宣传工作要深入群众。不深入到群众中去，群众就不可能了解和赞同党的主张，也就不可能参加到革命队伍中来。任弼时指出："中国国民革命成功的第一步，还是要注意于民众的政治教育，取得民众之多数同情于革命，方才能使革命的实力发展。"①"因此组织群众，引导他们在作日常的部分的斗争中去培养群众暴动夺取政权的意识，巩固阶级组织，是目前最紧迫的工作。"② 二是指注重群众的利益。任弼时指出，实现党的宣传目标，"必定不是一种宣传与鼓动就可以满足的，而须使群众从本身利益（阶级利益）的争斗中，去了解去认识，进而去组织自己，去培养暴动的意识"③。党的任何决定，只有符合群众的需要，才能得到群众的拥护。只有照顾群众利益，党的主张才能变成群众的自觉行动。

党的宣传工作是党领导人民群众进行革命斗争的必要前提。正是任弼时充分认识到了宣传工作的重要性，他向全党同志提出了这样的号召："每个同志必须成为群众中的宣传鼓动家，尤须注意利用一切公开可能以发展党的宣传工作。"④ "成为群众中的宣传鼓动家"，就是要坚持向群众宣传马克思主义，使群众了解马克思主义，接受马克思主义。

## 二、通过多种方式从不同侧面推进马克思主义大众化

毛泽东指出：灾难深重的中华民族"直到第一次世界大战和俄国十月革命之后，才找到马克思列宁主义这个最好的真理，作为解放我们民族的最好的武器，而中国共产党则是拿起这个武器的倡导者、宣传者和组织者"⑤。任弼时就是我们党杰出的马克思主义宣传家，他坚持用多种方式宣传马克思主义理论，号召广大党员、团员和革命战士认真学习马克思主义，学会用马克思主义

---

① 《任弼时选集》，人民出版社，1987年版，第11页。
② 《任弼时选集》，人民出版社，1987年版，第39页。
③ 《任弼时选集》，人民出版社，1987年版，第40页。
④ 《任弼时选集》，人民出版社，1987年版，第70页。
⑤ 《毛泽东选集》第3卷，人民出版社，1991年版，第796页。

基本原理解决中国实际问题，从不同侧面推进了马克思主义大众化。

(一) 重视马克思主义理论教育，正确阐释马克思主义基本原理

中国共产党是以马克思主义为指导思想的政党，正是坚持用马克思主义理论武装全党，中国革命才不断取得胜利。任弼时是出色的马克思主义宣传家、鼓动家，他十分重视马克思主义理论的宣传教育，在长期的革命生涯中，他始终把动员党员、团员和一切革命者学习运用马克思主义当作一项重要的职责。在大革命时期，他负责共青团的工作，响亮地提出"学习列宁主义"①的口号。在土地革命战争时期，他提出"加紧战士的阶级教育"的要求，反对"不学习政治的错误倾向"②。在抗日战争时期，他提出要"加紧党内马克思列宁主义及抗日民族统一战线的基本教育，提高党员的理论水平"③。在解放战争时期，任弼时提出学习和掌握马列主义是增强党的纪律性的首要条件，指出："全党要有五百个懂马列的干部，干部掌握了马列，即能保障政策统一的执行。"④

1925年上半年，任弼时先后发表《列宁主义的要义》和《马克思主义概略》两篇文章，对马克思主义作了比较全面而通俗的阐释。《概略》比较全面地阐述了马克思主义基本原理。任弼时从唯物论哲学、辩证论、价值与剩余价值、阶级斗争与无产阶级专政、共产主义社会等方面介绍了马克思主义的基本原理和观点。任弼时把马克思的唯物论与唯心论和形而上学唯物论进行了对比，指出马克思的唯物论不仅能根据唯物的观点，解释人类社会历史过程及当代环境的真相，也能依次推测其前途之发展。任弼时认为，矛盾是马克思主义辩证法的核心，"马克思的辩证学，是证明人类社会是次第依其矛盾力量之变更而更换其性质的"⑤，一社会变到另一社会，必须经历由量变到质变的过程。一切商品的交换价值全是由人类劳动所造成的，资产阶级的生存完全是在于压迫劳动阶级，榨取劳动者的剩余价值即剩余劳动。资本主义社会存在两大对立

---

① 《任弼时选集》，人民出版社，1987年版，第4页。
② 《任弼时选集》，人民出版社，1987年版，第95页。
③ 《任弼时选集》，人民出版社，1987年版，第206页。
④ 《任弼时选集》，人民出版社，1987年版，第459页。
⑤ 蔡庆新、姚勇主编：《激扬文字——任弼时青少年时代作品赏析》，中央文献出版社，2002年版，第179页。

的阶级，随着资本集中的加剧，无产阶级的数量和质量都不断增加，最终爆发无产阶级革命，使无产阶级取得统治地位，无产阶级专政是由资本主义到共产主义必经之过渡时期之必须产物。共产主义是人类历史发展的必然产物，在共产主义社会，人类将以集体生产为条件，集中人类的力量改造自然界，人类共同的大规模生产得以满足人的各种需要，达到了各尽所能、各取所需的程度，人类还可将余暇的劳动时间用之于发展艺术、科学、文化，从而实现人的全面发展。这些内容涵盖了马克思主义理论最主要的方面，说明当时的任弼时已经比较系统地学习和掌握了马克思主义理论，能够准确地把握马克思主义的精髓所在。

《概略》说明了马克思主义的由来。任弼时指出，马克思主义不是凭空臆造的，有其形成的客观环境和背景，"马克思主义就是根据英国的经济、法国的革命及德国的哲学而产生的"[①]。《概略》通过比较马克思与达尔文的对人类社会的贡献，说明马克思的社会学比达尔文的进化论更为科学，它"使我们明了人类历史发展的过程及其将来的出路"[②]。《概要》还解释了马克思主义和列宁主义的关系，指出马克思主义与列宁主义是两个时代的产物，列宁主义是帝国主义时代和无产阶级专政的国家环境下的产物，是"将马克思主义按着新有的环境而扩充其范围"[③]。既肯定了马克思主义和列宁主义是一脉相承的关系，又明确了列宁主义是在新的历史条件下对马克思主义的发展。《概略》论述了马克思主义的本质和作用。任弼时指出："马克思主义是将社会主义的理论建筑在科学的基础之上，是研究无产阶级胜利方法和条件之科学。"[④] 一方面，马克思主义是科学的世界观，"我们只有用马克思主义者的宇宙观，去研究一切学问，方才可以得到一个正确的解答"[⑤]。另一方面，马克思主义也是科学

---

[①] 蔡庆新、姚勇主编：《激扬文字——任弼时青少年时代作品赏析》，中央文献出版社，2002年版，第172页。

[②] 蔡庆新、姚勇主编：《激扬文字——任弼时青少年时代作品赏析》，中央文献出版社，2002年版，第174页。

[③] 蔡庆新、姚勇主编：《激扬文字——任弼时青少年时代作品赏析》，中央文献出版社，2002年版，第185页。

[④] 蔡庆新、姚勇主编：《激扬文字——任弼时青少年时代作品赏析》，中央文献出版社，2002年版，第188页。

[⑤] 蔡庆新、姚勇主编：《激扬文字——任弼时青少年时代作品赏析》，中央文献出版社，2002年版，第188页。

的方法论,与其他学说相比,马克思主义"研究的方法切实,研究的结果确能合于社会之实情和需要"①。

在《列宁主义的要义》一文中,任弼时回答了两个问题。一是什么是列宁主义。任弼时对斯大林的列宁主义定义作出了自己的解释,即"更明确的说:列宁主义是无产阶级革命的理论与策略,尤其是无产阶级专政的理论和策略"②。列宁主义不只是"发挥"了马克思主义,而且还发展了马克思主义,即"将马克思主义在资本主义及阶级斗争的新条件下更加扩大"③。任弼时认为,列宁主义的内容十分丰富,其核心的内容即要义主要包括无产阶级专政、农民问题、民族问题、革命的策略等方面。无产阶级专政是实现社会主义的唯一武器;贫苦农民群众是无产阶级革命的友军,无产阶级作为革命的指导者应极力与贫农结成联盟;民族问题是无产阶级革命问题的一部分,被压迫民族殖民地的民族解放运动能够抑制帝国主义,增长无产阶级战斗力,掌握政权的无产阶级要对民族解放运动给予实际的积极的帮助;无产阶级要善于根据环境变化变更斗争策略。

任弼时和同时代其他共产党人对马克思主义基本原理的通俗阐释,对于马克思列宁主义在中国的传播,推进马克思主义中国化和大众化进程打下了基础。

**(二)介绍苏联革命和建设的经验,激励中国人民走苏联人民的革命道路**

为了尽早让广大中国人民,特别是进步青年了解和接受马克思主义,1924年回国后的任弼时在短短20天内就在《中国青年》等刊物上陆续发表了《列宁与十月革命》、《苏俄经济政治状况》、《苏俄与青年》等文章。《列宁与十月革命》一文表达的核心内容是,由于列宁对革命形势的发展变化作出了正确的判断,制定出正确的决策,才使得十月革命取得了最后胜利。任弼时指出:"考十月革命之经过,则我们可以知列宁在十月革命暴动时,所采用策略之合

---

① 蔡庆新、姚勇主编:《激扬文字——任弼时青少年时代作品赏析》,中央文献出版社,2002年版,第187页。

② 蔡庆新、姚勇主编:《激扬文字——任弼时青少年时代作品赏析》,中央文献出版社,2002年版,第158页。

③ 蔡庆新、姚勇主编:《激扬文字——任弼时青少年时代作品赏析》,中央文献出版社,2002年版,第159页。

于当时实际环境，尤显见列宁之干练和精明，实不愧为世界革命之惟一首领。"① 文章盛赞列宁在十月革命过程中发挥的关键作用，旨在宣传列宁主义，号召包括中国人民在内的"全世界被压迫的无产者民众"都来学习和研究列宁主义。在《苏俄经济政治状况》一文中，任弼时以详实的数据例举了苏俄实行新经济政策以后工农业生产、对外贸易、财政等发生的巨大变化，这就是：国内工农业生产力之发展甚速，在很短的时间内农业已接近战前水平，工业恢复的进度虽不及农业，但发展速度也很快，"苏俄工人工资所得累年有加无减，与西欧各国工人工资所得累年有减无加"② 形成鲜明对比；随着经济方面由破产而趋于恢复，苏俄的国际政治地位也日趋巩固，苏俄国内更加团结，联邦制下各民族关系也更加亲近。任弼时热情洋溢地赞颂苏俄建设取得的成就，旨在号召包括中国人民在内的"东方被压迫民众"以苏俄为榜样，完成无产阶级革命的历史进程。在《苏俄与青年》一文中，任弼时介绍了十月革命以后苏俄青年在政治地位、文化教育方面的根本变化，苏俄青年的组织状况及在革命和建设中的作用，旨在号召"全世界各国的无产阶级及被压迫民族的青年"，"起来追附苏俄青年，为世界革命共同作战"。③

1926年11月，任弼时在《中国青年》上发表《十月革命与中国解放运动》一文，系统论述了十月革命取得成功的国内外条件及十月革命胜利后的苏联政权日益巩固的原因，驳斥了当时以醒狮派为代表的"中国一班幼稚的国民"对苏联援助被压迫民族解放运动的污蔑，指出把苏联援助广东政府看作与英日援助张吴孙等军阀的意义是一样的认识存在两种极大的错误观念。一是把苏联看成与英日等同样的帝国主义。英日援助张吴等封建军阀，是为了巩固自己的在华势力，使中国永远屈服于帝国主义统治之下，而苏联援助广东政府则是扶助中国民众消灭帝国主义的在华势力并发展民众的革命实力，使中国达到独立与自主的成功；二是因为厌恶军阀战争而反对一切国内战争。战争有两种不同性质：一种是帝国主义相互间争夺殖民地或者军阀争夺地盘的战争，无论

---

① 蔡庆新、姚勇主编：《激扬文字——任弼时青少年时代作品赏析》，中央文献出版社，2002年版，第133页。

② 蔡庆新、姚勇主编：《激扬文字——任弼时青少年时代作品赏析》，中央文献出版社，2002年版，第145页。

③ 蔡庆新、姚勇主编：《激扬文字——任弼时青少年时代作品赏析》，中央文献出版社，2002年版，第153页。

胜败，均于民众无益；另一种是反抗压迫取得大多数民众利益与自由的战争，这类为民众利益的战争，我们是应当拥护和赞助的。与前面的几篇文章相比，本文的见解更加深刻，不仅使中国人民更加清楚地认识十月革命取得胜利的必然性，还能使中国人民正确理解十月革命胜利与中国革命运动的关系。

### （三）揭露帝国主义侵略，唤醒工农群众参加革命斗争

在半殖民地半封建社会的旧中国，帝国主义是革命最主要的敌人。让中国人民了解帝国主义反动性，揭露帝国主义在中国犯下的滔天罪行，唤醒中国人民起来参加到反对帝国主义的革命斗争当中去，是中国共产党人面临的重大任务，也是马克思主义大众化的重要组成部分。为此，任弼时写了一系列文章揭露帝国主义侵略，激励中国人民起来参加反对帝国主义的斗争。1924年11月，任弼时在《中国青年》上面发表《"Hands off China"》一文。"Hands off China"是赤色职工国际向各国无产阶级团体组织提出的口号，意指"制止侵略中国"、"不许侵犯中国"，任弼时借此口号揭露帝国主义国家侵略中国的阴谋。任弼时认为，发动对外侵略是帝国主义的本性，为争夺原材料市场和商品销售市场，帝国主义必定实行对外侵略。中国是各国帝国主义国家争相争夺的目标，中国军阀之间的混战，实际上是帝国主义侵略阴谋的外在表现。

战后各国国际地位大有变更，各国为保存自己的国家在国际上经济的、政治的原有地位或更优越的地位，不得不图谋国际地位发展的条件，努力夺取市场和材料出产所，帝国主义的阴谋及政策乃益形暴露。

现在最合于帝国主义发展所需要的殖民地而共相垂涎的，为地大物博的中国。图谋侵略中国的事实已有各种报纸杂志载之，而他们的侵略阴谋在政治变乱时，表现得很明显。中国这次东北、东南大战就是最容易被人观察英、美、日、法等帝国主义阴谋真面目的机会。[①]

任弼时告诉国内人民，赤色职工国际、各国赤色职工会及各国共产党都已行动起来，采取多种方式反对帝国主义的对华侵略，中国人民更应起来进行反对帝国主义的斗争。他说："几千万不关痛痒的外国民众，已为我们而组织，

---

① 蔡庆新、姚勇主编：《激扬文字——任弼时青少年时代作品赏析》，中央文献出版社，2002年版，第155页。

而宣传，而反对侵略我们中国人民的帝国主义了！我们应当怎样努力呢？"①唤起中国人民的觉醒，激励人民为争取民族独立和解放而斗争，是任弼时在新民主主义革命时期宣传教育群众的重要内容。1924年12月，任弼时还翻译并发表列宁的《中国的战争》（今译作《对华战争》）一文，这是列宁1900年发表在《火星报》上的一篇文章，该文对揭露了包括沙俄在内的八国联军侵略中国的真相，指出："如果按照真实情况，就应当说：欧洲各国政府（最先恐怕是俄国政府）已经开始瓜分中国了。不过它们在开始时不是公开瓜分，而是像贼那样偷偷摸摸进行的，它们盗窃中国，就像盗窃死人的财物一样，一旦这个假死人试图反抗，它们就像野兽一样猛扑到他身上。它们把一座座村庄烧光，把老百姓赶进黑龙江中活活淹死，枪杀和刺死手无寸铁的居民和他们的妻子儿女。"②列宁指出："沙皇政府在中国的政策是一种犯罪的政策"，但他们却"拼命在人民中间煽风点火，挑起对中国的仇恨"。对此，列宁向俄国工人阶级发出呼吁："一切觉悟的工人就有责任全力起来反对那些煽起民族仇恨和使劳动人民的注意力离开其真正敌人的人。"③文章表达了列宁对中国人民遭受外来侵略的极大同情及对沙皇政府参加侵华战争的极大愤慨。任弼时翻译和发表这篇文章，是要让中国人民清楚地认识到帝国主义的侵略本性，同时也是让中国人民认识到俄国社会党人（即苏联共产党）与沙皇政府的本质区别。

1925年上海爆发了震惊中外的五卅运动，英国巡捕开枪打死示威群众，制造了五卅惨案。惨案发生后，任弼时发表《上海五卅惨案及中国青年的责任》一文，向全国人民介绍了这场反帝运动和五卅惨案发生的经过，指出："这场风潮是世界帝国主义者历年向中国国民进攻所引起的一种反应的爆发，是世界民族革命运动进步的表现，是人类历史发展过程中的必经之阶段，是经济政治压迫下的自然结果。"④要使这种惨剧不在上海和中国其他地方重演，就必须使中国摆脱帝国主义的侵略，废除一切不平等条约，收回租界和关税权。要做到这一切，首要的是要唤醒民众。任弼时明确指出："能使帝国主义受打击，使其不能自由发展其侵略政策而至于退让者，就只有全民众一致的力

---

① 蔡庆新、姚勇主编：《激扬文字——任弼时青少年时代作品赏析》，中央文献出版社，2002年版，第157页。

② 《列宁选集》第1卷，人民出版社，2012年版，第280页。

③ 《列宁选集》第1卷，人民出版社，2012年版，第282页。

④ 《任弼时选集》，人民出版社，1987年版，第6页。

量。但是中国现在的国民对于帝国主义侵略的真象,并没有十分明了,尤以大多数农民,虽身受其苦,然并不知道受害的原因,这是我们反帝运动中的大障碍。"① 任弼时认为,广大青年学生代表社会先进思想,富于反抗能力,能够担当起"使全国民众了解帝国主义的真正面目"的宣传工作。在抗日战争时期,任弼时认为向群众进行抗日宣传是激发民众参战积极性,增强抗战力量的重要条件。他强调:"我们要以周密的系统的宣传方法,把日寇灭亡整个中国的侵略阴谋,把敌军烧杀、奸淫、抢掳的残暴行为,把持久抗战能获得最后胜利的条件,把每个国民应负的责任,把群众参战的具体方法,进行最普遍的宣传鼓动与教育,鼓起群众炽烈的爱国热情,建立起坚固的胜利信心,积极起来参加各种抗战的实际斗争。"②

### (四) 引导青年学习马克思主义,实现团的工作青年化群众化

1924年8月,回国后的任弼时担任青年团的领导工作。他把推进青年的马克思主义大众化作为一项非常重要的任务,主要体现在以下两个方面:

第一,对青年进行马克思主义教育,要求青年懂得"真正布尔什维克化的精神"。任弼时回国以后做的一件重要事情就是向广大青年传播马克思主义理论,他在《中国青年》上发表的《马克思主义概略》、《列宁主义的要义》就是以青年作为主要宣传对象的。1924年7月在莫斯科召开的青年共产国际第四次代表大会接受了共产国际提出的"党的布尔什维克化"的口号,要求各国共青团要学习研究列宁主义。作为青年共产国际第四次代表大会的参会代表,任弼时回国后即把青年共产国际的上述要求运用到了共青团的领导和建设工作之中。1925年3、4月,他发表《怎样布尔什维克化》一文,向广大青年提出了"怎样布尔什维克化"和学习列宁主义的具体要求。他强调,所谓布尔什维克化,并不是使团员大家知道几个共产主义的新名词或是几句皮毛上的空洞原则;也不是要团员不顾实际情形而来效仿俄国党的经验。他提出三大"真正布尔什维克的精神",其中关于学习和运用马克思主义理论就有两条:一是"要正确明白主义且不忘其为群众的领导者"。这里的"正确明白主义",就是要求共青团员做信仰坚定的共产主义者,要经得住各种考验,不能"遇到实际问题,便做出许多违背主义的行为或者发表违背主义的理论";学习研究马克思

---

① 《任弼时选集》,人民出版社,1987年版,第8页。
② 《任弼时选集》,人民出版社,1987年版,第157页。

## 第五章
任弼时与马克思主义大众化

主义不能"只顾皮毛",而要了解马克思主义内容的真义,否则就不能成为群众的领导者。二是"要能按实际情形而运用经验与理论"①,就是要求团员不能只是懂得马克思主义的某些原则,或者只知道马克思或者列宁说的某些词句,而是要"注意分析中国社会,按客观事实而运用经验与理论"②。这是任弼时回国后在领导共青团工作的切身感受,这可以从1925年任弼时给罗亦农、王一飞的信里看出来:

> 此次回国同志,除任理及余履中外均参加 CP 及 CY 工作,互相间虽少直接通信,然从工作中可以看出多是缺少实际经验,尤是对于很普通党团及工会组织工作,因我们在莫时没有注意实际研究以致不够应用,甚至较国内实际工作者为尤幼稚。玄空的理论,事实上在我们实际工作中是没多用处,至多能做点文字宣传上的帮助,然做文章看书又没有时光,且空空普遍的理论,我们出版的刊物上也不觉得十分的需要,这是我们所感觉而感困难的地方,所以我很希望你们能多将党团工会等组织教育等经验以后能多注意,因为你们恐怕也快要回国的了。③

这时候的任弼时已经认识到,单单学习马克思主义的理论知识是远远不够的,理论如果不能联系实际,就是"玄空的理论",就发挥不了理论应有的作用。马克思主义大众化,不只是让群众知道马克思主义的理论主张,更要知道怎么把这些理论主张运用于中国革命的实际。

第二,发动青年深入群众,实现团的工作群众化。任弼时指出:"布尔什维克的党与团同第二国际以及一切自称所谓工党的不同之根本点,就是前者确是要引导群众去做政治的奋斗,达到无产阶级专政的目的。"④ 为此他提出团体群众化和团的工作群众化的主张。这里的"群众化"和我们今天所提马克思主义大众化的涵义具有一致的地方,就是要求广大团员和青年学生主动深入群众,引导群众,让群众了解党"为无产阶级谋解放"的主张,从而真正"获得青年群众",以战胜"力量一天一天增长"的敌人。任弼时指出,中国革命成功的第一步,在于"民众的政治教育,取得民众之多数同情于革命",中国革

---

① 《任弼时选集》,人民出版社,1987年版,第2页。
② 《任弼时选集》,人民出版社,1987年版,第4页。
③ 中共中央文献研究室编:《任弼时书信选集》,中央文献出版社,2014年版,第17页。
④ 《任弼时选集》,人民出版社,1987年版,第2页。

命的重要工作之一在于宣传与组织,这种工作就是学生界的主要责任。任弼时号召团员和学生深入到乡村中去,向青年农民宣传帝国主义侵略中国的事实,引导他们做经济斗争和教育工作,引导他们拥护革命政府,肃清反革命势力。他号召团员和学生深入到工人之中去,向他们灌输"政治常识,解释帝国主义侵略政策等,使工人阶级能早日觉悟"①,要"尽量扩大在青工中的宣传与组织工作,实际领导他们为本身利益而斗争"②。

任弼时还把青年的马克思主义教育与革命胜利后的国家建设和发展联系起来,强调加强青年的马克思主义教育最终是为了培养和造就新社会发展的合格建设者。早在1924年,他在《苏俄与青年》一文中就深刻地阐明了这个道理:

无产阶级革命不仅只是夺取政权,人类物质上得着解放而已,他还须扫除旧社会所遗留的一切思想道德,还须求人类精神上的根本解放。所以,无产阶级的国家对于正在发育的青年群众,尤是无产青年,须加以特别的社会教育——共产主义教育——使他们将来为共产主义社会经济上文化上组织上的真正建设者,或是将来代替成年以作世界革命的好战士。③

正是基于这样的目的,任弼时在新中国即将到来之时,还反复强调要加强青年团的马列主义教育,使青年在夺取中国革命的最后胜利和建设新中国的过程中发挥应有的作用。他说:"在新民主主义青年团中,应当有系统地进行生动实际的马克思列宁主义教育,使每个团员具有坚定的辩证唯物主义的革命人生观和为人民服务的观点,懂得社会发展的规律,并自觉地按照这种规律而去奋斗。有这种觉悟的新民主主义青年团,必然会成为中国共产党和人民民主政府在最后解决敌人,特别是在建设新民主主义中国的伟大事业中的得力助手。"④

第三,回击资产阶级的猖狂进攻,把握党对青年运动的领导权。中国共产党和共青团在五卅运动中显示出巨大的政治力量,引起国民党右派的恐慌。戴季陶发表《孙文主义之哲学的基础》、《国民革命与中国国民党》等小册子,散布反对阶级斗争的谬论,宣称国民革命就是主张各个阶级的人抛弃阶级性,恢

---

① 《任弼时选集》,人民出版社,1987年版,第12页。

② 《任弼时选集》,人民出版社,1987年版,第23页。

③ 蔡庆新、姚勇主编:《激扬文字——任弼时青少年时代作品赏析》,中央文献出版社,2002年版,第150页。

④ 《任弼时选集》,人民出版社,1987年版,第485页。

复国民性；拥护工农群众的利益，不需要采取阶级斗争的形式；要求加入国民党的共产党员和共青团员脱离一切党派，做单纯的国民党党员。戴季陶的这些理论完全背离孙中山晚年的革命主张，但又具有巨大的欺骗性。1925年9月，任弼时主持召开团中央三届二次扩大会议，及时告诫各地团组织："国民党右派戴季陶的阶级调和论调，已影响及于青年学生，甚至于我们的同志也受其影响，这就是对于我们一个极重要的警告。以后本团应在党的指导之下，与一切妨碍无产阶级斗争的反动思想奋斗，在各种行动斗争中，去批评反动思想的错误。"① 同年10月，任弼时和恽代英联合签发团中央第95号通告《加强宣传工作，反对戴季陶主义》，要求各地派头脑清醒的同志向国民党左派阐明孙中山容纳共产党的正确主张。同时也要向一般群众讲清道理："孙中山认清工农势力而容纳共产党，是革命的，戴季陶恐怖工农势力而排斥共产党，是反革命的。"② 1923年曾琦、李璜、左舜生等人在巴黎成立中国青年党，次年他们在上海创办《醒狮》周刊，从事反共活动，鼓吹国家主义主张，因此被称为国家主义派、醒狮派。由于他们打着"中国青年党"的名号，使用"国家"、"民族"的字眼，因而对青年具有很大的迷惑性。任弼时等以《中国青年》为主要阵地相继发表文章批驳国家主义派的反动观点。1926年5月，任弼时发表《中国共产主义青年团过去的一年》一文。他指出，国家主义派是一个"客观上被帝国主义利用而无群众的国家主义青年组织"，"国家主义青年组织里的极少数青年，本来是趋向于革命的，不过他们一时迷于反动的思想，而他们的领袖分子，若不从思想上根本改变其错误，则显然将流于反革命之一途，变成西欧的法西斯蒂党。实际上真能代表民众利益，肯牺牲而有群众的青年组织，目前还只有中国共产主义青年团，我们应该积极的加入这个团体去领导革命，我们应该拥护它的主张，我们为了中国的民族解放，都应该如此"。③ 经过任弼时和他的战友的顽强斗争，戴季陶主义的反动气焰得到收敛，国家主义派被分化，而广大青年受到了教育，从而掌握了青年运动的领导权。

---

① 中国新民主主义青年团中央委员会办公厅编：《中国青年运动历史资料》1925（内部资料），1957年版，第314页。

② 蔡庆新：《任弼时与中共党史重大事件》，中央文献出版社，2001年版，第51页。

③ 中共中央文献研究室、中央档案馆编：《建党以来重要文献选编》第3册，中央文献出版社，2011年版，第221页。

### （五）突出重点，大力宣传中国化马克思主义

毛泽东思想是马克思主义中国化的第一大理论成果，是毛泽东和他同时代的共产党人运用马克思主义指导中国革命实践的产物。任弼时长期坚持理论联系实际的原则，为推进马克思主义中国化作出不懈努力。在领导和参加中国革命的进程中，任弼时拥护毛泽东的正确领导，号召广大党员学习和宣传毛泽东思想，并积极致力于毛泽东经济、政治、军事、党建思想的宣传贯彻工作。

第一，坚持理论联系实际的马克思主义基本原则。如前所述，任弼时刚从苏联回国不久就已经认识到"玄空的理论，事实上在我们实际工作中是没多用处"的，因此他嘱咐留苏的罗亦农、王一飞要多注意学习苏联党团、工会、组织、教育等等方面的实际工作经验。在长期的革命斗争实践中，任弼时充分认识到把马克思主义理论与中国革命实际结合起来的重要性。他不仅经常告诫党内同志"没有革命理论，就没有革命行动"的道理，督促党员特别是党的干部要加强马克思主义理论学习，他更经常勉励他们"只有在实际工作中不断提高理论学习，才能在政治上不断提高"[①]。任弼时坚持调查研究，坚持用马克思主义分析实际问题，以作出符合客观实际的决策和结论。1927年9月毛泽东发动秋收起义，因三路起义军在挺进长沙过程中均严重受挫，毛泽东果断改变攻打长沙的计划，率起义部队向农村转移。但毛泽东的正确决策遭到了共产国际代表马也尔的指责，中央即派任弼时全权代表中央前往湖南指挥湖南省委执行原定暴动计划。任弼时到达湖南进行认真调查和分析，并向中央进行了书面报告，认为"错过了时机固然是长沙暴动未能成功的原因，但是没有广大的农民群众起来参加暴动，如鄂南农民一样，实为整个暴动失败的极大关键"[②]。任弼时的书面报告对毛泽东将秋收起义部队撤向农村、探索农村包围城市的新的革命道路起到了实际的支持作用。1934年10月，任弼时率领红六军团与贺龙领导的红三军（即红二军团）在贵州梵净山下会师，中革军委要求两军团分开行动，红二军团留在黔东，红六军团进军湘西北。当时，两个军团总共只有7000人，兵力不足，分开以后更加势单力薄，难以战胜强大的敌人。任弼时、贺龙经过认真思考作出两军团集中行动、共同向湘西北发展的决定。他们不顾

---

① 中共中央文献研究室编：《回忆任弼时》，中央文献出版社，2014年版，第63页。
② 中共中央文献研究室、中央档案馆编：《建党以来重要文献选编》（1921－1949），第4册，中央文献出版社，2011年版，第513页。

中革军委的一再反对,迅速发动湘西攻势,取得了一个又一个军事上的胜利,建立了湘鄂川黔革命根据地,有力地策应了中央红军的战略转移。事实证明,只有理论联系实际,革命才能取得胜利。理论如果脱离实际,把马克思主义或者上级的指示当教条,革命就必定遭受挫折。中国化马克思主义就是把马克思主义正确运用到中国革命实际取得的理论成果,坚持理论联系实际的原则是取得这一成果的根本前提。

第二,支持毛泽东的正确领导,为毛泽东在全党的领导地位的巩固作出重要贡献。秋收起义失败后,毛泽东率起义部队在湘赣边界建立了第一个农村革命根据地,探索出一条农村包围城市的革命道路。在三次反"围剿"斗争中毛泽东也表现出卓越的军事领导才能。但"左"倾教条主义排挤毛泽东的正确领导,使中国革命遭受重大挫折。第五次反"围剿"失利以后,中央红军不得不实行战略大转移。1935年1月长征途中召开的遵义会议纠正了博古、李德的军事错误,肯定了毛泽东一系列正确的战略战术原则,毛泽东增选为中央政治局常委,实际确立了毛泽东在全党的领导地位。1937年8月洛川会议确立了八路军独立自主开展游击战争的战略方针,毛泽东担任中共中央革命军事委员会主席,成为党的最高军事领导人。1937年11月,王明以共产国际"钦差大臣"自居,对党在洛川会议以来的正确政策横加指责,一度造成党内思想认识上的混乱。1938年2月27日至3月1日召开的中央政治局会议决定派任弼时去莫斯科向共产国际交涉"军事、政治、经济、技术、人才"等问题,汇报中国抗战和国共合作等情况。4月14日,任弼时代表中共中央向共产国际执委会主席团提交了《中国抗日战争的形势与中国共产党的工作和任务》的书面报告大纲,5月17日任弼时又在共产国际主席团会议上从四个方面作了口头说明与补充。任弼时的报告和说明阐明了以下观点:(1)关于中国的抗日战争。任弼时指出,中国的抗战只是暂时的部分的失败与挫折,而不是最后决定胜负的失败。持久抗战以求得最后胜利,是中国抗战的总方针。摆在中国党面前的最基本的任务,是防止和克服中国政府对抗战方针的动摇,以一切努力,争取中国能持久抗战,以求得最后战胜日本帝国主义。(2)关于抗日民族统一战线的状况。任弼时指出,中国党所号召的抗日民族统一战线,已获得全国人民的拥护,我党在全国的政治地位和影响迅速提高。国共合作中的障碍和困难主要来自国民党的自大主义,不愿以平等地位与共产党合作。国共两党以及其他党派合作,则能抗日,能够胜利,反之就要失败,因此巩固和发展抗日民族统一战线是中国党的最基本的任务。(3)八路军在抗战中的作用及最近状况。任弼时指出，八路军采取运动战游击战的作战方针，取得了平型关大捷，这是抗战以来中国的第一次胜利。八路军建立敌后根据地，发动和组织群众，在内部加强政治工作，对敌军做瓦解工作，与群众保持密切联系。八路军、新四军仍然保持共产党的绝对领导。（4）群众运动的发展和中国共产党的状况。任弼时指出，工人、农民、学生是抗战群众运动中最积极的力量，我们党号召的抗日民族统一战线得到了广大民众的拥护，党在边区的工作方针使边区成为统一战线的模范区域和中国最民主进步的区域。健全和发展党的组织，巩固党在抗战中的领导，是党在建设问题上的最基本的任务。

任弼时的上述报告和说明，对于共产国际正确认识中国的抗战情况，真正了解中国共产党的现状和主张，起到了关键作用。6月11日，共产国际执委会主席团通过《关于中共代表团声明的决议》和《就中共中央的报告通过的决议》。决议指出："共产国际执委会主席团听取了中国共产党代表团的声明后，表示完全同意共产党的政治路线，并表示共产国际支持中国人民反对日本侵略者的解放斗争。"①"共产国际执委会主席团在听取了关于中共活动的报告后认为，中共的政治路线是正确的"②，"中国共产党在中国人民争取自身解放的伟大斗争中还需要克服许多困难。但是，共产国际执委会相信，英雄的中国共产党一定能完成自己的历史任务"③。这是共产国际对中国共产党正确运用马列主义解决中国革命问题的崇高评价。没有任弼时的辛勤劳动和智慧凝聚成的极具说服力的报告和说明，就没有这样的评价，就没有共产国际对中国共产党认识的根本转变。7月初，季米特洛夫同王稼祥、任弼时谈话时明确指出：

应该告诉大家，应该支持毛泽东同志为中国共产党的领导人，他是在实际斗争中锻炼出来的。其他人如王明，不要再去竞争当领导人了。④

---

① 中共中央党史研究室第一研究部译：共产国际、联共（布）与中国革命档案资料丛书第18卷《联共布、共产国际与抗日战争时期的中国共产党（1937—1943.5）》，中共党史出版社，2012年版，第94页。

② 中共中央党史研究室第一研究部译：共产国际、联共（布）与中国革命档案资料丛书第18卷《联共布、共产国际与抗日战争时期的中国共产党（1937—1943.5）》，中共党史出版社，2012年版，第97页。

③ 中共中央党史研究室第一研究部译：共产国际、联共（布）与中国革命档案资料丛书第18卷《联共布、共产国际与抗日战争时期的中国共产党（1937—1943.5）》，中共党史出版社，2012年版，第101页。

④ 徐则浩编著：《王稼祥年谱》，中央文献出版社，2001年版，第190页。

这年8月，王稼祥从莫斯科回到延安，传达了共产国际的指示和季米特洛夫的意见，以毛泽东为核心的党中央的团结和统一得到了维护。毛泽东思想是马克思主义中国化的第一个理论成果，毛泽东是这个成果的主要创立者，毛泽东在党内领导地位的巩固，是这个成果走向成熟并确立为党的指导思想的重要条件。

第三，对马克思主义中国化作出科学解释，号召全党认真学习和运用毛泽东思想。1940年3月，任弼时结束在共产国际的工作回到延安，参加中央书记处工作，后任中共中央秘书长，协助毛泽东领导整风运动，并受中央委托主持《关于若干历史问题的决议》的起草工作。整风运动是中国共产党在全党范围内进行的普遍的马克思列宁主义教育运动。任弼时就如何学习、领会马列主义作了深入思考。这就是把马克思主义当作行动的指南，而不是当作教条，"真正使马列主义的普遍真理与中国的具体实践相结合，真正使马列主义具体化、中国化，并有新的发展"①。"马列主义的普遍真理与中国的具体实践相结合"是马克思主义中国化的最基本的含义，使马克思主义"有新的发展"就是实现马克思主义中国化的历史性飞跃，形成中国化的马克思主义。中国化的马克思主义，就是以毛泽东同志为代表的中国共产党人，把马克思主义运用于中国革命的具体实践，创造出的一套指导中国革命的理论和策略，并在革命实践中不断增添新的内容。所以，任弼时要求全党要加强马列主义的学习，特别是要加强中国化马克思主义即毛泽东思想的学习。他强调：

必须认识，一切实际工作中都有马列主义，一切党的正确决定都有马列主义理论。因此，我们要学习马列主义理论，便不只是去学习马克思列宁的原著，特别要去学习中国化的马列主义，学习毛泽东同志的著作及党的决定，并要在领导群众实践中发展马列主义。②

对于如何学习和运用毛泽东思想，任弼时发表了深刻的见解。一是学习毛泽东思想当中包含的实事求是的精神，即后来邓小平所说的毛泽东思想的精髓。任弼时指出，早在井冈山时期，毛泽东就"创造了一套政策，包括建政、建军、建党的各种政策。这是一套正确的办法。毛主席这一套政策的基本精神

---

① 《任弼时选集》，人民出版社，1987年版，第304页。
② 《任弼时选集》，人民出版社，1987年版，第304页。

就是实事求是,就是按照实际情形规定我们的政策"①。二是学习毛泽东思想当中包含的群众观念。任弼时指出:"毛泽东同志的思想方法与工作方法最大的特点,就是他的强烈的群众观念,他的虚心向群众学习的态度。"②他号召每个党员,特别是党的干部都要努力学习毛泽东同志的这种思想方法和工作方法,"在一切工作中,都要从照顾群众的利益出发,从照顾群众的经验出发,从依靠群众的力量出发"③。只有这样,我们才能领导中国革命取得胜利。邓小平指出:"毛泽东同志倡导的作风,群众路线和实事求是这两条是最根本的东西。"④任弼时强调在学习毛泽东倡导的实事求是和群众观念,抓住了学习毛泽东思想的根本。实事求是是毛泽东思想的精髓,毛泽东思想本身就是在坚持实事求是,反对教条主义、主观主义等错误思想的基础上产生的。没有实事求是的精神,也无法把握毛泽东思想的精神实质。群众观点是马克思主义的基本观点,群众路线是我们党的根本组织路线和工作路线,也是毛泽东思想的活的灵魂之一。只有坚持群众观点和群众路线,党才能获得不竭的力量源泉。三是要把毛泽东思想当中包含的具体政策向群众解释清楚。毛泽东在新民主主义革命时期发表的很多著作,是为解决中国革命的实际问题提出的思想主张,制定的具体政策,对我们党在当时开展的各项工作具有现实的指导意义。任弼时要求党的各级干部要在实际工作中向群众解释这些政策主张,使这些政策得到群众的支持,从而保证党的各项具体工作顺利开展。

第四,积极宣传贯彻毛泽东思想,推进毛泽东思想的普及和运用。在抗日战争和解放战争时期,任弼时对毛泽东经济、政治、军事、党建等方面的思想进行了丰富的阐释,起到了很好的宣传和普及作用。

关于宣传贯彻毛泽东经济思想。1942年12月,毛泽东在中共中央西北局高级干部会议上作了题为《经济问题和财政问题》的报告。任弼时在这次会议上作了《关于几个问题的意见》的长篇讲演。1944年4月,任弼时又在陕甘宁边区高级干部会议上发表题为《陕甘宁边区财政经济工作的基本方针》的演讲,其中不少内容就是对毛泽东所作报告的思想观点的进一步阐释。首先,要充分认识发展经济的重要性。毛泽东在他的报告中批评"有许多同志,片面地

---

① 《任弼时选集》,人民出版社,1987年版,第354页。
② 《任弼时选集》,人民出版社,1987年版,第305页。
③ 《任弼时选集》,人民出版社,1987年版,第304页。
④ 《邓小平文选》第2卷,人民出版社,1994年版,第45页。

看重了财政,不懂得整个经济的重要性",须知决定财政的是经济,"未有经济无基础而可以解决财政困难的,未有经济不发展而可以使财政充裕的"①。根据毛泽东的这一观点,任弼时要求边区各级党委要全面认识经济建设的重要性,并对发展经济的重要性作了精辟的阐述。他说:"只有抓紧经济建设这一中心环节,才能使人民丰衣足食,更加富裕起来;才能增加政府的财政收入,解决几万脱离生产人员的生活问题;才能给我们以物质的保障来完成教育与培养大批干部的重大任务,以准备迎接行将到来的胜利开展的局面。"② 其次,明确提出陕甘宁边区财政经济工作的基本方针。毛泽东指出:"发展经济,保障供给,是我们的经济和财政工作的总方针。"③ 根据这个总方针,任弼时提出了陕甘宁边区财政经济工作的三条基本方针,即发展生产,增加财富,达到完全自给的方针;公私兼顾,互助合作,一致对外的方针;厉行节约,建立家务,备战备荒的方针。任弼时强调,毛主席的指示告诉了我们一个真理,即革命是为着建设,而建设的根本就是发展经济。一切只能够破坏而不善于建设的政党,都是不能够获得最后成功而必然要失败的。我们共产党人如果只晓得用战争和暴力来推翻旧的制度和统治,而不善于建设新的丰衣足食幸福快乐的社会,那我们也不会胜利的,而且也一定要失败的。毛泽东对任弼时的演讲稿很赞赏,作了"印五千本,发到五千个干部阅读","送少数本到敌后各根据地去"的批示,并要求"另在中央党校第一部讲一次"。④

1947年7月至9月召开的全国土地会议通过了《中国土地法大纲》,确立了没收地主阶级的土地按人口平分的基本政策,但没有制定划分阶级成分的文件。任弼时通过边区政府主席林伯渠找到了1933年苏维埃政府颁发的《怎样划分农村阶级》和《关于土地斗争中一些问题的决定》。其中,《怎样划分农村阶级》就是当年为纠正土地改革工作中的错误做法起草的文件。任弼时对两个历史文件进行了认真学习和思考,并带病对他所住的钱家河及其周边农村进行了深入细致的调查研究。1948年1月,任弼时在西北野战军前线委员会扩大会议上发表了《土地改革中的几个问题》的讲话。讲话充分体现了毛泽东关于

---

① 《毛泽东选集》第3卷,人民出版社,1991年版,第891页。
② 《任弼时选集》,人民出版社,1987年版,第279页。
③ 《毛泽东选集》第3卷,人民出版社,1991年版,第891页。
④ 中共中央文献研究室编:《任弼时年谱》,中央文献出版社、人民出版社,1993年版,第460页。

阶级划分的指导原则和经济建设思想，纠正了土改工作中存在的"左"倾错误。毛泽东高度重视任弼时的讲话，作出如下批示："用明码电报开始拍发，争取两天或三天发完。由新华社转播全国各地，立即在一切报纸上公开发表，并印小册子。"① 1948年5月，毛泽东为中共中央起草《关于一九三三年两个文件的决定》，强调"这两个文件中没有讲到的问题及关于富农和中农分界的问题，则应以中央发表的其他文件及任弼时同志在一九四八年一月十二日所作《土地改革中的几个问题》的讲演中所说者为准。"② 1948年9月，中央作出《关于党校教学材料之规定》，任弼时的《土地改革中的几个问题》就是指定教材之一。

关于宣传贯彻毛泽东政治思想。主要体现在两个方面：一是宣传毛泽东抗日民族统一战线思想。1935年12月中共中央在陕西瓦窑堡召开政治局会议，在随后召开的党的活动分子会议上毛泽东作了《论反对日本帝国主义的策略》的报告，提出了建立抗日民族统一战线的新策略。任弼时在1938年5月向共产国际提交的报告及1941年发表的《皖南事变后抗日民族统一战线发展的形势》等文中对毛泽东抗日民族统一战线思想作了深刻的阐释。他说："巩固与发展民族统一战线，仍是中国党在抗日战争当中最基本的、最中心的任务"，"中国要战胜侵略的日本帝国主义，必须经过长期的艰苦斗争过程，必然还要遭遇许多的困难与挫折，才能取得最后的胜利。团结中国一切力量，是争取最后胜利的基本条件"。任弼时认为，建立抗日民族统一战线，不只是与国民党及其他党派建立起更密切的关系，还要巩固统一战线的下层基础，要"将广大的无组织群众组织到统一战线的各种群众组织中去"③。二是宣传和指导陕甘宁边区的政权建设。1940年3月，毛泽东起草《抗日根据地的政权问题》的党内指示，对如何实行"三三制"原则作了明确规定。在建立政权的实际工作中，一些同志对实行"三三制"缺乏正确的估计和认识。有的人认为"边区的政治还不能算是民主政治"，任弼时斩钉截铁地回答说："边区人民已经享有言论、集会、结社的自由，一直到组织人民武装的自由。像这样的政治，可以肯

---

① 中共中央文献研究室编：《任弼时传》，中央文献出版社、人民出版社，1994年版，第663页。

② 中央档案馆编：《中共中央文件选集》第17册，中共中央党校出版社，1991年版，第165页。

③ 《任弼时选集》，人民出版社，1987年版，第187页。

定地说，已经是人民自己作主的民主政治。"① 有的人认为民主政治就是"选举第一"，"边区党和政府的中心任务，就是选举"。对此，任弼时明确提出："今天边区的中心任务，不是选举，而是建设，尤其是经济建设。"② 他说，党和政府要善于组织各项经济工作，各级政府和参议会要坚持讨论经济工作中的各种问题，订出具体的计划，认真执行，并按期检查，和全边区的老百姓一起来办好这许多事情，这就是边区民主政治的实质。任弼时也批评了一些机关和干部不认真实行"三三制"政策，不愿与党外人士合作的错误倾向，指出："'三三制'并不是宣传口号，而是与党外人士认真合作。要使我们的同志知道，中国的事情不同党外人士合作是办不好的，这种合作对于我们党是有好处的。"③ 如果我们做事不符合政纲，党外人士就会提意见，这可以促使我们更加认真地研究党的政策，更加灵活地运用党的政策，更加细致地办事。

关于宣传贯彻毛泽东军事思想。主要体现在以下四个方面：一是抵制张国焘的分裂行为，维护毛泽东和党中央北上抗日的正确路线。1935年6月，中央红军和红四方面军在四川懋功会师，中共中央作出《关于一、四方面军会合后的战略方针》的决定，提出集中主力向北进攻，创建川陕甘苏区。但张国焘拒不执行中央的北上方针，并对拥护中央北上方针的朱德、刘伯承加以排斥。1936年7月，任弼时、贺龙率红二、六军团在甘孜与红四方面军会师，张国焘企图拉拢他们支持他的错误主张，遭到了任弼时、贺龙的坚决抵制。任弼时"严词警告张国焘说，我们当前的神圣任务是北上，要和一方面军会合"④，还多次找红四方面军的同志谈心，指出"只有遵照党中央毛泽东同志制定的北上抗日的方针才有出路"⑤。二是宣传毛泽东游击战争思想。1935年12月，在瓦窑堡会议上，毛泽东提出要把发展游击战争作为党的军事策略即战略方针，称"游击战争对于战胜日本帝国主义及汉奸卖国贼的任务，有很大的战略上的作用"⑥。1937年8月，毛泽东、张闻天在给周恩来、博古、林伯渠的电文中再

---

① 《任弼时选集》，人民出版社，1987年版，第263页。
② 《任弼时选集》，人民出版社，1987年版，第265页。
③ 《任弼时选集》，人民出版社，1987年版，第248页。
④ 中共中央文献研究室编：《回忆任弼时》，中央文献出版社，2014年版，第260页。
⑤ 中共中央文献研究室编：《回忆任弼时》，中央文献出版社，2014年版，第261页。
⑥ 《毛泽东军事文集》第1卷，军事科学出版社、中央文献出版社，1993年版，第414页。

次强调,"在整个战略方针下执行独立自主的分散作战的游击战争"① 是红军作战必须坚持的原则。1938 年 1 月,任弼时撰写《山西抗战的回忆》一文,总结了八路军入晋抗战采用灵活机动的游击战争的基本情况。他说,我们与日本军队作战,是弱国劣势兵器的军队与优势兵器的帝国主义国家的侵略军队作战,单纯采取正面防堵、依靠坚固阵地与敌对战是不适宜的,那样我们的消耗将比敌人还要大。我们应当采用新的战法,"这就是利用山西有利的地形和群众条件,发挥我军历史上养成的特长——机动、果敢、迅速、秘密的运动战和游击战,同时组织和武装广大的民众开展广泛的民众游击战"②。平型关战斗的胜利就是在这一作战方针下取得的胜利。任弼时肯定地说,山西抗战经验告诉我们,要同日寇长期斗争,必须改善我们的作战方法,在敌人深远后方发展人民的游击战争"能够收复广大领土,成为持久抗战斗争中的一个极为重要的力量"③。三是宣传党的持久战方针,为毛泽东持久战军事思想的形成作出贡献。1937 年 8 月,我们党在洛川会议作出抗日战争是"艰苦的持久战"④ 的判断。任弼时在《怎样渡过抗战的困难时期》及向共产国际提交的报告和说明中集中论述了我们党的持久战方针。他指出,持久抗战以求得最后胜利,是中国抗战的总方针,"目前摆在中国党面前的最基本的任务,是防止和克服中国政府对抗战方针的动摇,以一切努力,争取中国能持久抗战,以求得最后战胜日本帝国主义"⑤。"我们的抗战愈持久,力量就愈加壮大;而敌人的侵略战争愈延长,则其不能解决的困难将愈增加,恰成相反的发展。故我利于持久以取胜;敌须速决,持久必遭失败。"⑥ 任弼时指出,中国人民的抗战进程是"由失利而取得许多小的胜利,由不利局势转入有利局势,由被动防御转入主动的战略上反攻的新过程"⑦,在这个转变之间,则是战争的"对峙局势","这样的对峙局势,将使中国争取充分时间,在更有利的国内与国际条件之下,来培

---

① 《毛泽东军事文集》第 2 卷,军事科学出版社、中央文献出版社,1993 年版,第 20 页。

② 《任弼时选集》,人民出版社,1987 年版,第 138 页。

③ 《任弼时选集》,人民出版社,1987 年版,第 148 页。

④ 中央档案馆编:《中共中央文件选集》第 11 册,中共中央党校出版社,1991 年版,第 325 页。

⑤ 《任弼时选集》,人民出版社,1987 年版,第 175 页。

⑥ 《任弼时选集》,人民出版社,1987 年版,第 160 页。

⑦ 《任弼时选集》,人民出版社,1987 年版,第 161 页。

养壮大自己的各种力量,使国防军队更臻于巩固与坚强"。① 就是说,任弼时科学地预见到抗日战争将依次经历被动防御、对峙局势、战略反攻三个阶段。在任弼时集中论述我们党的持久战方针之后,1938年5月至6月,毛泽东发表了著名的《论持久战》,这是一部系统论述我们党的持久战军事战略思想的光辉著作,文中吸收了包括任弼时在内的党的其他领导人关于持久战方针的深刻思考。四是宣传毛泽东军队政治工作思想。1927年9月29日,毛泽东率领秋收起义部队在江西永新县三湾村进行了著名的"三湾改编",创造了支部建在连上的原则,营、团建立党委,连以上设立党代表,负责党的工作和政治工作,同时建立军队民主制度,实行官兵平等和民主管理。1937年10月,毛泽东在和英国记者贝特兰的谈话中系统地论述了八路军的政治工作问题。他说:"八路军更有一种极其重要和极其显著的东西,这就是它的政治工作。"② 八路军的政治工作有三项基本原则,即官兵一致的原则、军民一致的原则、瓦解敌军和宽待俘虏的原则。抗战初期,任弼时参与制定了《总政治部关于新阶段的部队政治工作的决定》,规定了党在抗战时期军队政治工作的具体要求。1938年5月,任弼时在向共产国际提交的报告和说明中介绍了八路军政治工作原则的具体运用情况和八路军政治工作在抗日斗争中所发挥的作用。主要内容有:八路军在红军时代就有优良的政治工作传统,这一传统依然保持着;八路军指挥员和战斗员之间建立了友爱的同志关系,部队内部有着团结活泼的精神;八路军与地方人民建立了亲密合作的关系,军队每到一个地方都受到群众的欢迎,群众给了我们很大的便利;八路军对俘虏的日本兵给予很好的优待和教育,他们有的现在帮助我们写日文传单小册子,有的甚至要求留在八路军工作;八路军的政治工作引起了其他友军的很大注意与兴趣,就连国民党军队也提出恢复北伐军时代军队政治工作的要求,并开始建立政治工作,阎锡山新组织的军队仿照八路军成立了政治部并建立了政治委员制度。

关于宣传毛泽东党建思想。任弼时在1938年5月向共产国际所作报告和说明中对抗战时期党的建设提出了初步意见:健全和发展党组织,巩固党在抗战中的领导;加强马克思列宁主义及抗日民族统一战线的基本教育,提高党员的理论水平,保证党在思想上的一致;培养大批有独立工作能力的干部,改善和学习统一战线中群众工作的方式。全民族抗战为中国共产党的发展带来了机

---

① 《任弼时选集》,人民出版社,1987年版,第162页。
② 《毛泽东选集》第2卷,人民出版社,1991年版,第379页。

遇，到1941年，全国党员人数由长征结束时的4万人激增至80万人，这些新党员大多出身于农民和小资产阶级，没有接受过系统的马克思列宁主义教育。为此，毛泽东和党中央决定开展一场在全党范围内进行的普遍的马克思主义教育运动，即整风运动。身为中共中央秘书长、中央调查研究局副局长的任弼时，协助毛泽东为整风运动作准备。收入《任弼时选集》的《为什么要作出增强党性的决定》、《关于党的一元化领导问题》、《领导方法和领导作风》、《共产党员应当善于向群众学习》等都是这一时期任弼时发表的文章和讲话，它们体现了任弼时对毛泽东党建思想的深刻领会和贯彻的情况。在《关于增强党性问题的报告大纲》一文中，任弼时强调要通过以下途径增强党性的锻炼：无产阶级的利益是党的最高利益，要教育、培养、锻炼党员的阶级觉悟、阶级意识，要和旧的非无产阶级意识作斗争；要理解和掌握马列主义，以马列主义的原则、立场观察和处理问题，以马列主义的原则指导自己的实际行动；要遵守党的统一的纪律，坚持党的民主集中制的组织原则；要与群众建立真正的密切的联系。任弼时在作关于增强党性的报告[①]中提出：宗派主义是党性不纯的一种表现：一方面宗派主义表现为对党外产生排外性，形成关门主义，使党与基本群众即工人农民不接近，与同情我们的人更不接近；另一方面宗派主义表现为在党内产生排内性，具体表现为本位主义、小团体主义、独立主义、分散主义等，其基本出发点还是个人主义，个人的自私自利，把部分利益同党的整体利益对立起来；反对宗派主义，从加强党内教育来说，除了思想理论教育外，主要的是党的组织原则的教育，把个人与党、下级与上级、局部与全体的关系摆正，便可以保证党的政策的贯彻实现。任弼时在西北局高级干部会议所作的长篇讲演中提出："要扩大党内的民主，要扩大人民的民主，并运用这种平等的民主精神，以批评和自我批评的武器，来进行反对自由主义、官僚主义、军阀主义倾向以及贪污腐化的斗争。"[②]

## 三、探索推进马克思主义大众化的有效途径

任弼时根据革命斗争的需要，结合当时当地的实际情况，探索用多种途径

---

[①]《任弼时选集》收录了《关于增强党性问题的报告大纲》一文的第三、四节，题为《反对宗派主义》，见《任弼时选集》第246页。

[②]《任弼时选集》，人民出版社，1987年版，第295页。

宣传马克思主义和党的革命主张，推进马克思主义大众化。

(一) 通过著书立说、翻译相关文献传播马克思主义

1924年8月，任弼时刚从莫斯科回国就投入到宣传马克思主义的行列，在《中国青年》、《中学校刊》等刊物上发表大量文章。其中《马克思主义概略》和《列宁主义的要义》是任弼时向中国人民特别是中国青年宣传马克思主义的经典之作。两篇文章把握了马克思主义的精神实质，阐述了马克思主义的基本原理和主要观点，文章通俗易懂，是当时条件下不可多得的马克思主义宣传读物。《列宁与十月革命》、《苏俄经济政治状况》、《十月革命与中国解放运动》、《苏俄与青年》、《李卜克内西》、《国际革命者救济会》等文介绍了苏联革命和建设及国际共产主义运动的相关情况，对于开拓中国人民的视野，激励中国人民探索新的革命道路发挥了积极作用。《怎样布尔什维克化》、《上海五卅惨案及中国青年的责任》、《中国共产主义青年团过去的一年》、《怎样使团的工作青年化群众化》等文是指导共青团工作和中国青年运动的专门文献，文中充分体现了任弼时对广大青年学习掌握马克思主义所寄予的期望。任弼时的这些文章可读性很强，在当时的革命青年中产生过很大的影响作用。王首道曾这样回忆：

我在湖南长沙甲种农业专科学校读书时，就听到过任弼时的名字。他很早就参加反帝反封建的革命活动，在湖南青年中颇负盛名。后来，我到广州农民运动讲习所学习，又在当时共青团中央机关刊物《中国青年》上读过他写的许多文章，留下了深刻的印象。[1]

任弼时在以后的土地革命时期、抗日战争时期和解放战争时期发表的著作对于马克思主义和党的政策的宣传教育，也发挥过很重要的作用。《对于暴动问题的意见》、《山西抗战的回忆》、《怎样渡过抗战的困难时期》、《共产党员应当善于向群众学习》等文是这方面的代表作。《山西抗战的回忆》一文宣传了八路军采取灵活机动的运动战和游击战的战法，例举了依据这一战法在平型关战斗中取得的胜利，宣传了我党动员群众进行抗日斗争的基本方针，强调"一切抗日军队必须建立健全的政治工作"[2]。文章最初在武汉《新华日报》上发

---

[1] 中共中央文献研究室编：《回忆任弼时》，中央文献出版社，2014年版，第238页。
[2] 《任弼时选集》，人民出版社，1987年版，第149页。

表,后来又在《群众》杂志、延安的《解放》、《前线》杂志上转载,鼓舞了中国军民的抗日斗志,扩大了我军游击战争的影响。

青年时代的任弼时为圆满完成留苏学习的任务,曾发奋学习俄语,很好地掌握了俄语这门语言工具。在莫斯科留学期间,"他不但自己听懂,还能够翻译给大家",他"尽情汲取着马克思主义基础理论的营养"①,成了一位马克思主义理论修养很高并能承担起翻译马克思主义著作的革命家。1924年11月,任弼时翻译发表了赤色职工国际总书记洛佐夫斯基所写的《国际工人运动与职工国际第三次大会》一文,随后又翻译发表了列宁的《中国的战争》,使中国人民了解到这位无产阶级领袖对于沙俄参与八国联军侵华战争的批判态度,增强了中国人民走苏联革命道路的信心。1938年,任弼时完成向共产国际报告情况的任务以后,接替王稼祥任共产国际代表留在苏联工作了两年时间。在这期间,任弼时曾协助苏联外文出版局校订《联共(布)党史简明教程》的中译本,并亲自翻译了该书第四章中的《辩证唯物主义与历史唯物主义》一节。师哲后来回忆说:"为了完成这项工作,他花费了许多精力做校对,同时又耐心地帮助了其他同志。这本书翻译得之所以比较成功,其中弼时同志的贡献是很大的。"②

### (二)通过起草文件、作报告、发表讲演等方式宣传马克思主义,指导中国革命

作报告、发表讲演是领导者部署工作任务,进行工作动员和总结的一种方式,在战争年代,领导者的报告和讲演起着指引方向,鼓舞斗志,凝聚力量的重要作用。在民主革命时期,由于工作任务紧急,干部力量缺乏等原因,领导者还常常需要亲自起草文件,任弼时和他同时代的共产党领导人都曾经起草过很多重要文件。在民主革命时期的各个阶段,任弼时曾担任过多种党团领导职务,作过很多报告,发表过很多讲演,起草过很多文件,这些报告、讲演、文件也成了任弼时宣传马克思主义和党的革命主张的重要组成部分。任弼时担任团中央总书记期间代表团中央发布了很多通告,如《在行动的奋斗中获得真正而有意义的经验》、《宣传组织群众,扩大反帝运动》、《应明确反帝斗争的对象》、《变更罢工策略,停止工人阶级孤军急进》、《复课进行学业,继续反帝运

---

① 蔡庆新:《任弼时与中共党史重大事件》,中央文献出版社,2001年版,第28页。
② 中共中央文献研究室编:《回忆任弼时》,中央文献出版社,2014年版,第96页。

动》、《本年双十节宣传之特点》、《宣传广州国民政府和苏俄》、《宣传农民，组织农民，发展农民团员》等。这些通告对团员学习马克思主义提出了明确要求，强调要"努力于主义上的训练"①，在反帝、学联等斗争中还要加强与"非同志"之间的合作，对他们"应多与研究主义及中青文中各问题"②。就是说，不仅要组织共青团员学习马克思主义，还要向党团组织以外的其他进步人士宣传马克思主义。这些通告，更多的是向广大团员青年宣传我党的革命主张，组织广大团员青年参加正在开展的反帝爱国斗争。1928年7月，任弼时在为中央起草的文件《城市农村工作指南》中提出"每个同志必须成为群众中的宣传鼓动家"③的要求。1935年，任弼时在湘鄂川黔省委召开的活动分子会议上作报告，提出要反对"军事指挥员不学习政治的错误倾向"，"加紧战士的阶级教育"④。1943年1月，任弼时在西北局高级干部会议上发表长篇讲演，提出党要真正掌握马列主义的武器，真正与人民保持密切的联系。1944年到1945年，任弼时主持起草《关于若干历史问题的决议》，对党成立以来的重大历史问题进行了全面总结，详细阐述了历次"左"倾错误的表现、危害和根源，高度评价了毛泽东运用马克思列宁主义解决中国革命问题所作杰出贡献，为中共七大召开和毛泽东思想确立为党的指导思想作了充分的思想准备。1949年4月，任弼时在青年团第一次全国代表大会上所作的政治报告中要求各级团组织要"系统地进行生动实际的马克思列宁主义教育"⑤，团的领导干部及全体团员要"坚决执行和服从中国共产党的一切政策决议，学习马克思列宁主义理论和共产党的作风"⑥。

（三）利用学校、培训班宣传马克思主义和党的革命主张

任弼时留苏回国后不久，党中央就分配他到上海大学教俄语，他在课堂上给学生介绍俄国十月革命后的新变化，教学生唱《国际歌》。1925年，为启发

---

① 蔡庆新、姚勇主编：《激扬文字——任弼时青少年时代作品赏析》，中央文献出版社，2002年版，第291页。

② 蔡庆新、姚勇主编：《激扬文字——任弼时青少年时代作品赏析》，中央文献出版社，2002年版，第318页。

③ 《任弼时选集》，人民出版社，1987年版，第70页。

④ 《任弼时选集》，人民出版社，1987年版，第95页。

⑤ 《任弼时选集》，人民出版社，1987年版，第485页。

⑥ 《任弼时选集》，人民出版社，1987年版，第486页。

工人的阶级觉悟、增强工人的团结,任弼时前往上海曹家渡纯善里52号的工人培训班为工人讲课,向工人们通俗地讲《共产主义ABC》,为青年工人进行马克思主义启蒙教育,使他们明白革命的道理。针对学员文化程度偏低,听不懂"阶级"、"资本"等概念的情况,就把苏联的社会生活与工人们的实际生活对照起来讲解,使讲课的语言变得通俗化,内容变得形象化。任弼时还对这一教学经历进行了反思和总结,他认识到,群众对我们的宣传不感兴趣的原因是因为我们的宣传内容"过于空泛"、"过于艰深",宣传方法"没有注意日常生活的各种实际问题的解释"①。因此,他明确指出:"所谓增加训练工作,注意列宁主义教育,并非是要同志们只顾房间的研究,因为本团是行动的组织,反对隔离实际生活的学院式的教育的。"② 1935年11月,红二、六军团从桑植出发开始长征,在行军打仗的间隙,任弼时还组织部队学文化,没有课本他就自己亲自编写课本,课本里"有跟着共产党打土豪,分田地,穷人翻身建设新国家的儿歌、短诗,有中国地理知识,红军历史故事"③等内容,通过这样的学习方式,任弼时使年轻红军战士懂得了最基本的革命道理。整风运动开始后,中央政治局决定由中央书记处直接领导党校,毛泽东负责政治指导,任弼时负责组织指导。在讨论教学计划时任弼时提出,党的路线的学习和研究是今年的安排,第二年起,学习政治经济学、中国近百年史等课程;学习马列著作主要是掌握原著的精神实质和思想方法。第三年,研究党的政策。④ 延安整风是一场规模空前的马列主义教育运动,指导广大党员学习哪些内容,怎样进行学习,达到什么样的学习效果,是毛泽东、任弼时等老一辈革命家深思熟虑地筹划了的。任弼时在整风运动期间发表的很多观点仍然是我们今天学习马克思主义应当达到的要求。

(四)要求各级党团组织采取多种方式宣传马克思主义和党的革命主张

任弼时认为,为了达到宣传马克思主义和党的主张的目的,党团组织要根

---

① 蔡庆新、姚勇主编:《激扬文字——任弼时青少年时代作品赏析》,中央文献出版社,2002年版,第246页。

② 蔡庆新、姚勇主编:《激扬文字——任弼时青少年时代作品赏析》,中央文献出版社,2002年版,第247页。

③ 中共中央文献研究室编:《回忆任弼时》,中央文献出版社,2014年版,第333页。

④ 中共中央文献研究室编:《任弼时传》,中央文献出版社、人民出版社,1994年版,第480页。

据革命斗争的需要和实际情况,采取各种有效的方法和手段进行宣传,使更多的群众接受到宣传,使宣传达到最佳的效果。任弼时指出:"革命事业的成功绝非纸上宣传的力量可以做到,少不了要亲自深入群众,与革命的群众接触而明白他们的心理和需要,且指导他们应进行的组织和活动的工作,注意取得民众的大多数。"① 在这里,任弼时告诉我们,单一的宣传方式效果是有限的,必须深入群众,根据群众的需要选择合适的方式进行宣传。而且,宣传不是目的,还要把宣传工作与指导群众实际工作结合起来,在指导实际工作的过程中争取群众。发行报刊、发表讲演、散发传单、组织演出、开办学校等都是任弼时经常倡导的宣传方式。他指出,还要根据不同的宣传对象和斗争环境,采取其他有效的宣传方式。

在五卅运动期间,任弼时对青年学生深入到工人、农民群众中进行反帝宣传分别提出了如下要求:

多注意与工人接洽,帮助工人的教育,开办平民义务学校,组织工人俱乐部及工会,灌输工人政治常识,解释帝国主义侵略政策等,使工人阶级能早日觉悟而团结。②

每逢寒暑假时节,学生回到乡村的时候,应特别努力在农民中活动。这种活动的方法当以各地环境为转移,但其共同点,不外为联络本乡同学组织讲演队、新剧团,开办平民学校,组织贫农农会,进行反对地主、乡绅及减租等运动……③

在土地革命战争时期,任弼时多次对党的宣传工作提出指导意见,要求采用灵活多样的方式对工人、农民和红军战士进行宣传教育:

扩大反帝反国民党的宣传,除多量发散传单、宣言、标语,组织灰色反帝刊物外,必须组织讲演队,动员全体同志参加口头宣传鼓动工作,工厂等部须设法组织飞行集会鼓动工人反帝情绪。④

县区一级应组织战争动员的宣传队,根据省委关于战争动员的宣言、标

---

① 《任弼时选集》,人民出版社,1987年版,第12页。
② 《任弼时选集》,人民出版社,1987年版,第12页。
③ 《任弼时选集》,人民出版社,1987年版,第13页。
④ 《任弼时选集》,人民出版社,1987年版,第62页。

语,到各乡各村各屋坊中去做广泛的宣传鼓动工作。①

加紧战士的阶级教育。要保证每个战士具备红军读本中的基本常识,并且了解目前形势和党的主张,坚决为苏维埃事业流血到底。②

在延安时期,任弼时对党的宣传工作提出了新的要求,重点抓了党报党刊和党务广播等方面的工作。他指出,"过去我们还没有把党报当作贯彻党的政策的武器",存在"报纸内容与中国及根据地的实际联系不够"③的缺陷。为了贯彻党的办报方针,任弼时提议《解放日报》利用有关电报、党的资料及中央通讯上的材料,写成消息发表。任弼时建议《解放》杂志等刊物登载各种问题的精粹文章,重要的文章还要在电台广播,建议重印一些马列主义著作,各机关组织小型图书室。任弼时关于广播宣传的建议很快得到采纳,并取得了很好的宣传效果。

---

① 《任弼时选集》,人民出版社,1987年版,第85页。
② 《任弼时选集》,人民出版社,1987年版,第95页。
③ 中共中央文献研究室编:《任弼时年谱》,中央文献出版社、人民出版社,1993年版,第421页。

# 第六章 蔡和森与马克思主义大众化

蔡和森是中国共产党早期的重要领导人,杰出的无产阶级革命家、理论家和宣传家。早在五四运动以前,蔡和森和毛泽东就成为湖南先进青年的表率。"他们共同发起新民学会以团结青年,创立《湘江评论》,宣传革命主张,组织文化书社,传播各种新思想的书报,并为与一切先进青年接洽之机关。在'五四'运动这一时期,湖南成为革新运动的策源地之一,实为毛蔡两同志的功绩居多"①。蔡和森在短暂的革命生涯中,撰写了大量论著,宣传马克思主义和党的政策主张,为我们党早期推进马克思主义大众化作出了积极贡献。

## 一、成长为"极端马克思派"

### (一)留法前对马克思主义的初步接触和宣传

蔡和森(1895—1931),湖南双峰县人。1913 年 9 月,蔡和森以优异成绩考上湖南第一师范。第二年湖南第四师范并入第一师范,蔡和森和毛泽东、萧子升等成为志同道合的好友,他们一起讨论哲学和伦理学问题,探讨如何改造社会等重大问题。1915 年秋,蔡和森考进湖南高等师范学校文史专科,又与邓中夏成了同学和好友。杨昌济把他自己订阅的《新青年》杂志送给毛泽东、蔡和森等阅读,蔡和森和毛泽东、邓中夏经常讨论《新青年》上面提出的各种问题。蔡和森从《新青年》杂志上了解到了新文化运动所推崇的"民主"与"科学"的口号,也了解到了西方民主政治学说,逐步树立了民主革命的志向。

为团结有识之士,实现共同理想,蔡和森、毛泽东、萧子升等进步青年于 1918 年 4 月组建了新民学会。1918 年 6 月,受新民学会委托,蔡和森赴北京

---

① 李立三:《纪念蔡和森同志》,《回忆蔡和森》,人民出版社,1980 年版,第 8 页。

筹办湖南青年留法勤工俭学事宜，积极参与罗喜闻开展的湖南留法运动。在此期间，蔡和森读了李大钊《法俄革命之比较观》等文章，初步接触马克思主义，了解到俄国十月革命。在河北蠡县布理村的留法工艺实习学校留法预备班学习期间，蔡和森为与他一起学习的同学教授国文，他"极为欣赏墨子讲平等友爱、替平民百姓办事的思想"，总是滔滔不绝地为同学们讲解墨子的文章。后来，他接受了马克思、列宁的学说，更多的是宣传"十月革命、布尔什维克、劳农专政等等最新鲜最生动的东西了"，他实际成了他的这些同学的"马克思主义启蒙教师"。[①] 为响应五四运动，1919年6月27日，蔡和森与北京法文专修馆的同学一起参加了新华门的示威请愿活动，坚持了一天一夜。参加五四运动，是蔡和森由探求革命真理到投身革命实践的一次重大飞跃。6月底，蔡和森回到长沙，他一面向人民群众讲述五四运动后的北京政治形势，一面发动湖南青年赴法勤工俭学。为使女界同时"进化"，他不仅动员女界青年赴法留学，还动员他自己母亲和妹妹赴法，以起带头作用。

### （二）留法期间对马克思主义的积极探索和宣传

1919年12月，蔡和森和其他30多名赴法勤工俭学学生从上海乘船赴法国留学。在欢送会上，蔡和森致辞说："我辈此次往法，必奋力自勉，改造自己的思想及学问，方无愧于诸君厚意。"[②] 后来的事实表明，蔡和森完全兑现了他自己的诺言。在留法期间，他勤奋学习法语，以攻克语言关。他"猛看猛译"马克思主义著作，研究各派社会主义和俄国革命情况，逐渐成长为一个坚定的马克思主义者，用他自己的话说"和森为极端马克思派"[③]。

蔡和森不仅自己刻苦钻研马克思主义，他还积极宣传马克思主义。一方面他把自己学习了解到的各国工人运动和俄国十月革命的情况，通过写文章、书信和编译资料等方式传递回国，与国内同志交换意见。蔡和森多次与毛泽东、陈独秀等人通信，讨论马克思主义、中国革命及创建共产党等重大问题。比如，蔡和森在1920年5月28日写给毛泽东的信中提到："近正汇译德国政变与其社会、共产、工团各党消息寄你，起自社会民主党之分裂，以迄此届选举

---

① 唐铎：《回忆我的良师益友——蔡和森同志》，《回忆蔡和森》，人民出版社，1980年版，第99页。

② 李永春：《蔡和森年谱》，湘潭大学出版社，2008年版，第53页。

③ 《蔡和森文集》（上），人民出版社，2013年版，第78页。

终结。"① 虽远在异国他乡，但蔡和森十分关心新民学会的建设和发展。他建议毛泽东留湘两年，也建议何叔衡不要去俄国，留下来办文化运动，并对如何做文化运动提出他的看法。他说："学会办文化运动本为应有之事，我们既不为浮游于大码头的文化运动，则根本上的组织和训练，比之出报、出杂志更重要。"② 他提出要注意劳动的文化运动，多收农家子弟。这些观点表明，蔡和森有了建立更先进的组织的萌芽。蔡和森对国内的政治形势表现出高度的关注，他叮嘱毛泽东要设法多寄国内的新出版物，并说："现在我们定了的为《时事新报》，《解放改造》，《建设》，《新潮》，《新青年》等，中华馆新出版之世界两种图，有钱请买寄"。③

1920年6月，蔡和森撰写了《法国最近的劳动运动》一文，后发表在《少年世界》第1卷第11期上。该文介绍了法国的劳动运动的具体经过及各工人组织、社会党在运动中的政治主张，以极大的热情歌颂了法国工人阶级的斗争。同年8、9月，蔡和森连续两次写信给毛泽东，提出建立共产党。他在8月13日的信中明确提出，中国不能实行无政府主义，而要实行社会主义，首先是"要组织党——共产党。因为他是革命运动的发动者、宣传者、先锋队、作战部"④。9月16日，蔡和森再次给毛泽东写信，在信中介绍了俄国布尔什维克党和世界各国共产党的情况，主张"组织与俄一致的（原理方法都一致）共产党"⑤。毛泽东在复信中说："你这一封信见地极当，我没有一个字不赞成。党一层陈仲甫先生等已在进行组织。出版物一层上海出的《共产党》，你处谅可得到，颇不愧'旗帜鲜明'四字。"⑥ 这时候，蔡和森和毛泽东之间的关系，已经上升为政治上并肩战斗的好友，即为共产主义而奋斗的革命战友。

1921年2月11日，蔡和森给陈独秀写信，表明自己为"极端马克思派"，极端主张唯物史观、阶级战争与无产阶级专政。陈独秀觉得蔡和森提出的问题很重要，于是将此信冠以《马克思主义学说与中国共产党》的标题发表在《新青年》第9卷第4号上，并复信给蔡和森，表示"很盼望赞成或反对马克思主义

---

① 《蔡和森文集》（上），人民出版社，2013年版，第33页。
② 《蔡和森文集》（上），人民出版社，2013年版，第34页。
③ 《蔡和森文集》（上），人民出版社，2013年版，第35页。
④ 《蔡和森文集》（上），人民出版社，2013年版，第57页。
⑤ 《蔡和森文集》（上），人民出版社，2013年版，第73页。
⑥ 转引自《蔡和森文集》（上），人民出版社，2013年版，第77页。另见《毛泽东文集》第1卷，人民出版社，1991年版，第4页。

的人加以详细的讨论"①。

另一方面，蔡和森通过辩论、谈话、宣讲、翻译马克思主义原著等方式，以新民学会、工学世界社组织为基础开展工作，帮助广大留法青年了解马克思主义，信仰马克思主义，走无产阶级革命的道路。萧三这样回忆1920年7月在一次以新民学会会友为主的讨论会上蔡和森的表现："此时，和森同志已从法语硬译了《共产党宣言》，并用纸抄成一张张的小字报形式贴在教室的墙壁、书柜上，和森向我们大家进行解释讲解。""通过这次会议，促进了我们很多人的世界观的转变，从而摈弃了无政府主义，信仰了马列主义，走上了革命的道路。"②蔡和森是这些留法青年中最早的马克思主义者，也是他们的学习和工作的组织者和领导者。萧三这样回忆他们的工作安排："在会后，为了研究社会问题，对法国报纸的阅读研究还进行了分工。和森自己研究法国共产党的机关报《人道报》，我被分派研读资产阶级的《世界报》，李富春、陈绍休同志研究有关合作社、经济方面的文章和小册子。"③唐铎也提到：在蒙达尼两所接受中国勤工俭学生的学校里，"勤工俭学生中有不少人是新民学会会员，蔡和森同志是主要负责人。会员们是分工活动的，有人到工厂做工，了解法国工人情况；有人负责翻译马列著作和其他社会主义的小册子，有人负责联络工作"④。唐铎还提到，由于蔡和森的积极有力的宣传，使很多人思想发生转变，成为马克思主义者。他说，在工学世界社的一次全体会议上，"李维汉同志特意请蔡和森同志到会给大家讲话。我记得他主要讲了中国革命应该走什么道路的问题。在会上有的人主张实行工读主义，坚持勤工俭学到底；有人则主张用无政府主义改造中国社会。由于和森同志在会上多次发言，非常有说服力，大部分社员终于表示接受他的见解，赞成信仰马克思主义，实行俄国式的社会革命。由此可见，和森同志不仅给我们树立了刻苦钻研马列著作的榜样，而且是

---

① 转引自《蔡和森文集》，人民出版社，2013年版，第84页。另见任建树主编：《陈独秀著作选编》第2卷，上海人民出版社，2009年版，第412页。

② 萧三：《月下常思君：怀念蔡和森同志》，《回忆蔡和森》，人民出版社，1980年版，第47页。

③ 萧三：《月下常思君：怀念蔡和森同志》，《回忆蔡和森》，人民出版社，1980年版，第47页。

④ 唐铎：《回忆我的良师益友——蔡和森同志》，《回忆蔡和森》，人民出版社，1980年版，第102页。

引导我们许多留法勤工俭学生走俄国十月社会主义革命道路的引路人"①。这也可以从李维汉自己的回忆中得到证实,他说:"通过阅读和谈话,使我深知只有走十月革命的道路才能达到'改造中国与世界'的目的。"②

蔡和森不仅是马克思主义真理的探索者、宣传家,也是革命的实践家。由于北洋政府、华法教育会及法国政府的多方排斥和刁难,中国留法勤工俭学学生在法处境极为艰难。为此,蔡和森领导赴法学生为争取生存权、求学权进行了一系列斗争,包括二·二八运动、拒款斗争、争回里昂大学运动等。1921年2月28日,蔡和森等人组织400多名勤工俭学学生在中国驻法公使馆请愿,要求北洋公使馆保证他们的求学权和生存权,给每个勤工俭学学生每月发400法郎津贴,以4年为限。学生的要求遭到拒绝,双方发生争执,法国警察用武力驱散手无寸铁的学生,并将其中4名学生代表带至警察署。当天下午,请愿学生又聚集在华法教育会继续请愿。蔡和森、向警予等发表演讲,号召大家坚持斗争,奋斗到底,直到争取到"求学权"、"工作权"与"生存权"为止。这次运动虽然没有能够取得胜利,但使广大留法学生亲身经历了一次从工读主义走向马克思主义的生动实践。同年6月,北洋政府企图向法国政府借款以购买军火,扩大内战。蔡和森和周恩来、赵世炎等人组织开展反对卖国借款的斗争,斗争取得胜利,迫使法国政府宣布暂缓借款。同年9月,蔡和森还组织了在法勤工俭学学生抢占里昂中法大学的斗争。斗争以失败而告终,蔡和森等104人被拘捕,后被遣送回国。③ 这些群众运动,无论结果如何,都促进了"勤工俭学界在空前规模上的新的联合和新的觉醒。许多人抛弃各种各样不切实际的幻想,接受了马克思主义,走上了十月革命的道路;更多的人后来积极投入了反帝国主义和反军阀的斗争"④。

以上种种革命经历,使蔡和森成为旅法中国学生中系统接受马克思主义理论的先锋,成为他们当中大张旗鼓宣传马克思主义的先锋,蔡和森因此被大家

---

① 唐铎:《回忆我的良师益友——蔡和森同志》,《回忆蔡和森》,人民出版社,1980年版,第106页。

② 李维汉:《新民学会与蔡和森同志》,《回忆蔡和森》,人民出版社,1980年版,第24页。

③ 李永春:《100位为新中国成立作出突出贡献的英雄模范人物:蔡和森》,吉林出版集团、吉林文史出版社,2011年版,第46—47页。

④ 李维汉:《新民学会与蔡和森同志》,《回忆蔡和森》,人民出版社,1980年版,第29页。

誉为"小马克思"①。这为他归国后继续在中国革命中发挥领导作用及推进马克思主义大众化奠定了基础。

## 二、推进马克思主义大众化的主要实践

（一）通过创办刊物，发表文章，宣传马克思主义理论。蔡和森回国后去上海，向陈独秀汇报了在法斗争情况和自己的思想状况，留在中央工作。1922年5月5日，中国社会主义青年团第一次全国代表大会召开，蔡和森在会后担任团中央宣传部主任，负责编辑青年团机关刊物《先驱》。蔡和森还负责编辑《先驱》第8号《中国社会主义青年团第一次全国大会号》专刊，该专刊刊登了青年团一大的主要文件，包括《中国社会主义青年团第一次代表大会》、《中国社会主义青年团纲领》、《中国社会主义青年团章程》、《青年工人农人生活状况改良的决议案》、《关于政治宣传运动的决议案》、《关于教育运动的决议案》、《中国社会主义青年团与中国各团体的关系之决议案》等，这些文件是建团初期指导各地团组织建设的重要文献。蔡和森先后在《先驱》上发表一系列文章，如《中国劳动运动应取的方针》、《法兰西工人运动的最近趋势》、《批评"好政府"主义及其主张者》、《在封建的武人政治下废督裁兵不可能的铁证》、《现在还是政治战争时代并不是"法统"战争时代》、《基督教徒在政治上的大活动》等。他在《中国劳动运动应取的方针》一文中明确提出，工人阶级只有起来推翻资本主义私有制，建立社会主义公有制才能获得自身的解放。他说："工人阶级要从'卖力'与'饿死'两条路中解放出来，就只有根本推翻资本主义的私有财产制，将一切生产手段——即土地、资本——收归社会公有，才能打破这把工钱制度的铁锁，而直接过那'为消费而生产'的社会生活。"②"'由继续不停的阶级争斗，酿成总解决的社会革命，实行取消阶级，建筑共同生产共同消费的共产主义社会'这就是劳动运动的根本原则。"③ 在《法兰西工人运动的最近趋势》一文，蔡和森介绍了法国两个工人运动的组织即从事政治斗争的社会党与从事经济斗争的工团的活动情况。通过分析他们的斗争过程

---

① 周一平：《中共党史研究的开创者——蔡和森》，上海社会科学院出版社，1984年，第12页。

② 《蔡和森文集》（上），人民出版社，2013年版，第85页。

③ 《蔡和森文集》（上），人民出版社，2013年版，第87页。

## 第六章
蔡和森与马克思主义大众化

和经验,蔡和森得出结论:"原来阶级争斗就是政治争斗,工人阶级不从事政治争斗和夺取政权,是决不能达到解放目的。"① 从这些观点可以看出,蔡和森发表这些文章的目的非常明确,在于向广大青年宣传马克思主义,为青年指明正确的方向。

1922年9月,蔡和森负责主编党的机关报《向导》周报,自创刊至1925年10月他出国,他就在该刊发表约160篇文章。他在创刊号上发表《统一、借债与国民党》一文,对党在二大提出的民主革命纲领进行了论述和宣传。他指出:依靠借外资开发中国实业是行不通的,要谋中国"经济上政治上之自由发展与完全独立,一是要与苏俄和德国缔结经济同盟;二是要"努力完成民主革命,推翻军阀及国际帝国主义在中国之特权与压迫,建立完全自主的独立国家"②。在第2期发表《武力统一与联省自治——军阀专政与军阀割据》一文,指出,中国政治的乱源在军阀,"所以现在根本的问题不在政制而在怎样推翻军阀,换过说就是怎样革命"③。在这两篇文章里,蔡和森还对中国社会性质进行了初步的探讨,分别指出"中国在国际地位上早已处于半殖民地位"④,中国处在"半封建半民主的局面"⑤。在第3期发表《中国国际地位与承认苏维埃俄罗斯》一文,提出与苏俄合作的重要性。他指出:"在历史上必然的历程看来,中国将来真正的独立与解放,非经过世界革命的潮流不能成功;而现在要提高国际地位,更非与业已在国际上占新的重要地位之苏维埃俄罗斯携手,不能为力。"⑥ 在《祝土耳其国民党的胜利》一文中,蔡和森进一步提出"快快起来促进我们革命的政党统率我们与苏维埃俄罗斯联合,以推翻国际帝国主义在中国的压迫"⑦ 的号召。为推动国共两党合作,蔡和森从《向导》周报第48期起增开"国民党改组消息"专栏,使共产党员和人民群众对国民党改组情况有比较全面的了解。同时,蔡和森也发表文章介绍孙中山的各项政策,鼓励人民群众参加到国民党的队伍中去。他向"不堪外力与军阀压迫的福建人民"说:"你们要认清民主革命是解除这把连锁(国际帝国主义与军

---

① 《蔡和森文集》(上),人民出版社,2013年版,第95页。
② 《蔡和森文集》(上),人民出版社,2013年版,第107页。
③ 《蔡和森文集》(上),人民出版社,2013年版,第113页。
④ 《蔡和森文集》(上),人民出版社,2013年版,第107页。
⑤ 《蔡和森文集》(上),人民出版社,2013年版,第111页。
⑥ 《蔡和森文集》(上),人民出版社,2013年版,第118页。
⑦ 《蔡和森文集》(上),人民出版社,2013年版,第125页。

阀）的惟一方法；民主革命是你们自己的革命，你们应自己来参加；国民党的革命军就是你们自己的军队。你们应参加进去，普遍的武装起来，把革命势力尽可能的扩张。"①

1925年1月，中共四大召开。大会对党的宣传工作作了明确部署，要求《向导》周报今后关于政策的解释应力求详细，文字力求浅显。四大以后，蔡和森不再兼管党的宣传工作，而专职主编《向导》周报。蔡和森利用《向导》周报深入宣传党的方针政策，揭露段祺瑞政府的假和平主义阴谋，及时分析孙中山逝世后国民党内部分化状况及国民革命的前景。孙中山逝世后，国民党内部的分化日趋明显，蔡和森教育广大革命者要看清变得日趋复杂的革命形势，号召工农群众起来进行更加坚决的斗争。他指出："国民党改组一年以来，民族革命的潮流增高，同时反革命反工农的潮流也增高"②，"一年来各种各色的反革命丑剧证明，只有工农阶级是忠于反帝国主义和民族革命的台柱子。从今以往，我们工农阶级惟有增强反帝国主义的争斗，才可领导中国民族达到真正的解放；亦惟有成功独立的阶级的组织，才更能增强反帝国主义的势力，而完成我们工农阶级历史的使命"③。

（二）通过教学向青年学生及其他民众传播马克思主义。1922年至1924年，蔡和森先后在上海平民女学、上海大学、上海工人夜校讲课，为青年学生和工人群众讲解马克思主义基本知识和革命道理，提高他们的阶级觉悟。值得一提的是蔡和森在上海大学讲授《社会进化史》课程。为上好这门课，蔡和森认真研读了恩格斯的《家庭、私有制和国家的起源》，并在此基础上，结合中国历史和中国革命的实际，编写了15万余字的《社会进化史》的讲义。后来他把它整理成书稿，由上海民智书局出版。该书多次印刷，是当时宣传历史唯物主义的畅销书。在大革命时期，许多地方举办农民运动讲习班，还以该书作为社会发展史的教材。④该书运用马克思主义唯物史观，揭示了人类社会先后经历原始社会、奴隶社会、封建社会、资本主义社会，最终必将走向社会主义和共产主义的一般规律。蔡和森指出："当氏族制度，奴隶制度和封建制度成

---

① 《蔡和森文集》（上），人民出版社，2013年版，第159页。
② 《蔡和森文集》（下），人民出版社，2013年版，第763页。
③ 《蔡和森文集》（下），人民出版社，2013年版，第764页。
④ 王继平、李永春、王美华：《蔡和森思想论稿》，湖南人民出版社，2003年版，第13页。

为人类生产力发展之障碍的时候,也就是他们临终的时候;这种时候现在又轮流到了资本主义的社会。资本主义的大生产,不仅为将来共产主义社会准备了各种必要的经济条件,而且为她自己养成了最大多数的掘墓人——近世无产阶级。""无产阶级民主共和国,为国家演进之最高形式,亦即为国家消灭前之最终形式。从此以后。人类将复为生产之主人而还复到自由平等的共产主义的广大而丰富的生活。"① 在上海大学任教期间,为让青年学生了解革命形势,蔡和森除上《社会进化史》外,还与恽代英轮流给学生讲时事。1928年1月,蔡和森在唐山巡视党的工作,针对很多党员不了解如何做支部工作的问题,立即举办了短期工人支部训练班并亲自授课,对党员进行教育培训,使唐山党的工作大有起色。顺直省委评价说:"唐山训练班的情况是很好的,每个同志都很高兴地说,'若早教我们这样做,一切都好办了!'"②

(三)通过起草党团文件等方式宣传马克思主义。1922年蔡和森参与了中国社会主义青年团一大的筹备工作,参与起草了社会主义青年团的纲领和章程草案等主要文件。在青年团纲领中明确提出"铲除武人政治和国际资本帝国主义的压迫"③ 的政治方针,为党的二大召开提出反帝反封建斗争的民主革命纲领奠定了基础。在团中央工作期间,蔡和森起草了一系列团中央文件,如《中国社会主义青年团请求全国各界和各团体援助上海浦东纺织工人书》、《关于地方团改组问题》、《本团对于时局应取的方针和态度》等。其中《援助上海浦东纺织工人书》是蔡和森根据团中央执委会作出援助浦东纺织工人罢工的决定起草的传单,传单号召"全国男女工人们、农人们、军警们、学生们"起来援助上海浦东日华纱厂工人罢工。传单指出:"工人阶级惟一有效的方法只有密切的联合起来,互相帮助,以与资本阶级争斗。若是我们现在看着日本资本家压迫我们本阶级之一部分兄弟而不援助,将来各厂资本家以同样方法来压迫,你们也便会成为孤立无援的鱼肉!"④ 从1922年至1928年,即党的二大到六大,每一次党的代表大会,蔡和森都是重要的领导人之一,并是大会一些重要文件

---

① 《蔡和森文集》(上),人民出版社,2013年版,第640页。

② 李永春:《蔡和森年谱》,湘潭大学出版社,2008年版,第295页。

③ 中国新民主主义青年团中央委员会办公厅编:《中国青年运动历史资料》1915—1924(内部资料),1957年版,第129页。

④ 中国新民主主义青年团中央委员会办公厅编:《中国青年运动历史资料》1915—1924(内部资料),1957年版,第144页。

的起草人。在二大，蔡和森与陈独秀、张国焘共同起草了大会政治宣言。在三大，蔡和森、陈独秀、毛泽东、瞿秋白、张国焘、张太雷等与共产国际代表马林分工起草各种决议案，蔡和森、陈独秀、毛泽东等人还参加了党章起草工作。1924年12月初，中共中央局在上海成立中共四大文件起草委员会，蔡和森也是起草成员之一。1927年5月，蔡和森在听取毛泽东、郭亮等人意见的基础上，提出"两湖决议案"，中央随后通过了这个决议案，决定在两湖地区发动暴动，以武力夺取政权。

（四）通过会议发言、作报告、发表演说等方式宣传马克思主义。1923年1月15日，北京大学马克思学说研究会开会纪念李卜克内西、卢森堡殉难4周年，蔡和森和瞿秋白、李大钊、张国焘等人出席并发表演说。1924年5月4日，中共领导的天津学生联合会举行纪念五四运动5周年大会，蔡和森在会上作了以反帝为主题的演说，受到与会青年学生的热烈欢迎。1925年10月28日蔡和森乘船赴莫斯科参加共产国际第六次执委会扩大会议。在途中他与同行的莫斯科中山大学学生一起交流、讨论五卅运动的经验教训。1926年上半年，蔡和森应中山大学旅莫支部的邀请，作了《中国共产党史的发展》的长篇报告。报告开明宗义地指出，学习了解党的历史有两个重要目的，一是使每个党员"知道中国革命及我党要如何发展及其发展的道路如何"，二是使每个党员"明白自己的责任"[①]。他在报告中具体分析了中国共产党产生的历史背景，指出中国共产党的历史使命是"团结组织各种各派反帝国主义、反军阀的群众，以使中国革命运动进行到底，并领导无产阶级得到解放"[②]。报告对党成立以后的政治生活、劳动运动、历次党的重要会议及其主张、国共合作等重大问题作了回顾和总结。该报告是中国共产党的第一部真正意义上的党史，是反映我党在早期探索和领导中国革命的真实记录和总结。1926年5月，冯玉祥到达莫斯科，蔡和森在莫斯科欧罗巴旅馆向冯玉祥及其随行人员作了整整3天报告，详尽而精辟地阐述了中国共产党的政治主张和实现国民革命的伟大意义，对他们提出的问题给予耐心回答。蔡和森还多次向冯玉祥讲解马克思主义的理论，阐述列宁是怎样运用马克思主义指导俄国革命，并在革命的实践中进一步发挥和丰富了马克思主义。[③] 之后，蔡和森又多次与冯玉祥交谈，争取他参加

---

① 《蔡和森文集》（下），人民出版社，2013年版，第786页。
② 《蔡和森文集》（下），人民出版社，2013年版，第803页。
③ 李永春：《蔡和森年谱》，湘潭大学出版社，2008年版，第223页。

国民革命。1926年9月18日,冯玉祥发表回国宣言,表示与革命同志共同担负起推翻帝国主义压迫、实行国民革命的重要使命。包括蔡和森在内的中国共产党人对冯玉祥作了深入细致的思想工作,促使他的思想发生了重大转变。1927年4月1日,国民党湖南省党部举行共产国际代表团欢迎会,蔡和森应邀在会上发表演讲。他在演讲中重点谈到农民运动,提出了与当时毛泽东完全一致的观点。他指出:"现在革命发展,第一当注重的是农运问题;农运是整个革命根本问题。""谁能解决农民问题,谁即可以得天下。现在农民问题,较秦以来尤为重要。国民革命如不将此根本问题解决,证之历史,可断定不能成功。"①"农民问题,即土地问题,亦即吃饭问题,生活不能解决,革命断难成功。"② 1928年6月18日至7月11日,中共六大在莫斯科召开,蔡和森在讨论政治报告时作了长篇发言。蔡和森批评了瞿秋白和中央政治局关于八七会议以后一直处于革命高潮的错误判断,他赞同"现在革命形势既非高潮亦非低潮,而是两高潮之间的中间形势"③的判断。他强调在对敌斗争中要做到"知己知彼,百战百胜"。他说:"我们是个马克思主义者,我们在与敌人斗争时,我们一定要能够估计敌人的强点和弱点,我们也应该估计我们自己的强点和弱点,如果我们忽视这些,就不啻帮助了敌人来消灭自己。"④

(五)通过指导群众运动、开展纪念活动宣传马克思主义。1922年1月17日,湖南劳工会领袖黄爱、庞人铨因领导湖南第一纱厂工人罢工,被赵恒惕杀害,毛泽东与蔡和森等商议开展悼念黄爱、庞人铨,控诉和反抗赵恒惕的运动。3月26日上海各工团组织黄庞追悼会,蔡和森发表演说。蔡和森用简短的演说、浅显的语言,讲清了马克思主义关于阶级斗争和无产阶级专政的深刻道理。他指出,黄、庞被赵恒惕所杀,"实则是一阶级杀一阶级",资产阶级所以能杀人,是"因为他有政权在手中;他有法律,他有军队,所以他能杀人。资产阶级一面要无产阶级替他做工,一面又不许无产阶级来反抗,反抗就杀。无产阶级真能反抗,就要全世界无产阶级联合起来,夺取政权"。⑤ 该演说随后发表在4月1日出版的《劳工周刊》第20期上,使更多的群众受到了教育。

---

① 《蔡和森文集》(下),人民出版社,2013年版,第864页。
② 《蔡和森文集》(下),人民出版社,2013年版,第865页。
③ 《蔡和森文集》(下),人民出版社,2013年版,第939页。
④ 《蔡和森文集》(下),人民出版社,2013年版,第942页。
⑤ 转引自李永春编著:《蔡和森年谱》,湘潭大学出版社,2008年版,第98页。

上海组织追悼大会后，全国各地掀起了追悼黄庞、声讨赵恒惕摧残工人罪行的浪潮。

1922年3月，世界基督教学生同盟大会在国立清华学校召开，一场非基督教运动迅速爆发并在全国蔓延，陈独秀、恽代英、蔡和森等共产党人都参与到运动之中，并成为运动的领导者和组织者。1922年8月，蔡和森在《先驱》上发表《基督教徒在政治上的大活动》，揭露了基督教与帝国主义侵略的关系。蔡和森指出："基督教徒王正廷辈大大的活动起来"，"乃是美国资本帝国主义的雇用人，在中国得势的第一步"。① 1924年，蔡和森撰写《近代的基督教》一文。他用马克思主义唯物史观揭示了资产阶级信仰上帝的根源，指出："资产阶级信仰上帝的原因，在他们所谓'自由思想'的领域内不能说明的；要说明他，非从他的经济地位上找根源不可。""自大工业发达以来，资产阶级在生产上即已成为'寄生阶级'，除了专靠他们国家底制度、法律、军警以掠夺工人的劳动结果外，骄奢淫逸，一无所事。工人劳动到死不免于饥寒；他们呱呱下地即可得着几亿几万的遗产。他们生长在这种莫明其妙的不劳而获的幸运中，享受洽意之余，就不由他们不想起有上帝这个东西的存在，对于上帝就不得不起丰富的想象和感激了。"② 资产阶级是把基督教作为维护阶级统治的工具。他指出："原来政治宗教都是每个时代的支配阶级用以统御其被支配阶级的工具。资产阶级革命后，既把专制政治的形式变为民主共和，自然也可以把天启的宗教变成理智的宗教。"③ "最近百年以来，资产阶级科学家和哲学家对于宗教的态度，再寻不出启蒙哲学时代诸贤的攻击态度。"这是因为，"他们实默认此时还有用基督教来维持资本主义社会秩序的必要"④。同样，无产阶级不信仰宗教也要从经济上寻找根源。蔡和森指出："无产阶级不信上帝的原因，并不单由于社会主义的宣传，最主要的根源，也须在他们的经济生活中去找。无产阶级经济生活的基础就是工钱，他一日不作工，一日不能得面包，作一天工才能吃一天。所以他生活的来源，是很亲切明了的；他的本身，就无异是上帝。他祈祷上帝是不能得面包的。"⑤ 蔡和森对美国利用基督教达到侵略中国

---

① 《蔡和森文集》（上），人民出版社，2013年版，第102页。
② 《蔡和森文集》（下），人民出版社，2013年版，第711页。
③ 《蔡和森文集》（下），人民出版社，2013年版，第710页。
④ 《蔡和森文集》（下），人民出版社，2013年版，第713页。
⑤ 《蔡和森文集》（下），人民出版社，2013年版，第716页。

的目的进行了深刻揭露。他指出:

> 最近几十年以来,英法日在中国已有一定的势力范围,美国几乎插足不进,于是美国政府唯一的政策便是到中国来传教、办学堂、做慈善事业,以收买中国人的欢心。这种政策果然渐渐成功,中国人怨日英法日甚,而对美发生莫名其妙的"亲善"好感。于是美国资本主义对于中国实行动手的第一着便是组织新银行团,第二着就是国际共管(两年前的铁道共管说和这次华府会议的主题),第三着便是援助财阀与军阀来统一中国,建筑经济上完全隶属美国的资本政治。由此我们就可知道美国基督教在中国的使命了。①

蔡和森得出结论,只有马克思主义才能从根本上解决宗教问题。他说:"由以上所说的看来,我们就可知道基督教与资本主义是狼狈相依的东西;唯一能征伏这两个阻碍人类进步的妖魔,就是科学的社会主义。"蔡和森和其他共产党人当时领导的这场非基督教运动起到了传播马克思主义和揭露帝国主义利用宗教侵略中国的双重作用。

1925年5月发生的五卅运动,是中华民族直接反抗帝国主义的伟大运动,瞿秋白、蔡和森、李立三、刘少奇、刘华等共产党人成立的行动委员会具体领导了这场斗争。蔡和森在这场斗争中体现出了高超的领导才能。他提出把工人的经济斗争转变为民族斗争的战略,即"要把工人的经济斗争与目前正在蓬勃发展的反帝斗争汇合起来,要使工人斗争表现明显的反帝性质,以争取一切反帝力量的援助,同时就使工人加入总的反帝战线而成为这一战线的中坚"②。由于蔡和森等正确估计了斗争形势,正确领导了这场斗争,使得五卅运动一步步向纵深推进,发展成为全国性的反帝爱国运动。李立三这样评价蔡和森在五卅运动所发挥的领导作用:"只有马克思主义的战略家才能正确地估计客观形势与主观力量,而提出战略计划和实现这一战略的策略口号与组织形式。和森同志在'五卅'运动中的领导,正表现了他是这样的马克思主义的战略家。"③

## 三、推进马克思主义大众化的思想主张

1920年7月,蔡和森在蒙达尼会议上首次提出"组织共产党,使无产阶

---

① 《蔡和森文集》(下),人民出版社,2013年版,第718页。
② 李立三:《纪念蔡和森同志》,《回忆蔡和森》,人民出版社,1980年版,第10页。
③ 李立三:《纪念蔡和森同志》,《回忆蔡和森》,人民出版社,1980年版,第11页。

级专政"①，随后连续两次给毛泽东写信提出建立共产党的主张。这表明，蔡和森在那时已经成长为马克思主义者。从那时算起，到1931年8月蔡和森被军阀陈济棠枪杀，蔡和森比较系统地阐述和宣传马克思主义的革命生涯只有11年时间。但在这11年间，蔡和森为中国共产党和中国革命的发展都作出了重大贡献。在这11年间，蔡和森对马克思主义理论进行了研究和宣传，运用马克思主义对中国革命的很多重大问题进行了深入探索，对中国共产党发展的经验进行了全面总结。这些内容共同构成了蔡和森论述和宣传马克思主义，推进马克思主义大众化的内容。

### （一）阐述和宣传马克思主义基本原理

蔡和森指出，"中国没有马克思主义中国问题是解决不了的"②。1920年2月上旬，蔡和森抵达巴黎，进入蒙达尼男子公学学习。在那里，他用四五个月时间，收集了大量关于马克思主义和各国革命运动的小册子，择其重要急需者"猛看猛译"，翻译了《共产党宣言》、《无产阶级革命与叛徒考茨基》、《共产主义中的左派幼稚病》等著作，研究各派社会主义和俄国革命的实际情况，成为旅法学生中接受马克思主义和十月革命道路的先驱。③ 正是有了勤奋学习和研究马克思主义的经历，蔡和森掌握了马克思主义的基本原理。这可以从他1921年2月写给陈独秀的信看出来。他称自己为"极端马克思派"，这个"极端马克思派"，就是革命的马克思主义，即区别于各种空想社会主义、无政府主义、工团主义、基尔特社会主义、修正主义的科学社会主义。他说："马克思的学理由三点出发：在历史上发明他的唯物史观；在经济上发明他的资本论；在政治上发明他的阶级战争说。三者一以贯之，遂成为革命的马克思主义。"④ 唯物史观、资本论、阶级斗争学说，这和我们常说的马克思主义的三个组成部分是一致的。根据中国革命的需要，蔡和森对马克思主义基本原理主要作了如下几个方面的宣传。

第一，阐述和宣传马克思主义唯物史观。唯物史观是无产阶级的世界观和方法论，必须坚持唯物史观，反对唯心史观。蔡和森指出："自柏拉图统御以

---

① 李永春：《蔡和森年谱》，湘潭大学出版社，2008年版，第62页。
② 《蔡和森文集》（下），人民出版社，2013年版，第792页。
③ 《蔡和森文集》（下），人民出版社，2013年版，第1045页。
④ 《蔡和森文集》（上），人民出版社，2013年版，第79页。

来的哲学思想，（人生哲学，社会哲学）显然为有产阶级的思想。其特点重理想轻生活，重精神轻物质。马克思的唯物史观，显然为无产阶级的思想。以唯物史观为人生哲学社会哲学的出发点。结果适与有产阶级的唯理派（Id'eologic）相反，故我们今日研究学问，宜先把唯理观与唯物观分个清楚，才不至堕入迷阵。"① 蔡和森在《社会进化史》一书中集中阐释了唯物史观基本观点。恩格斯在《家庭、私有制和国家的起源》的第一版序言中提出了人类社会两种生产的观点。恩格斯指出："根据唯物主义观点，历史中的决定性因素，归根结底是直接生活的生产和再生产。但是，生产本身又有两种。一方面是生活资料即食物、衣服、住房以及为此所必需的工具的生产；另一方面是人自身的生产，即种的繁衍。一定历史时代和一定地区内的人们生活于其下的社会制度，受着两种生产的制约：一方面受劳动的发展阶段的制约，另一方面受家庭的发展阶段的制约。"② 蔡和森下面这段话显然是阐发的恩格斯上述观点：

人类进化的主要动因有二：一是生产，二是生殖。前者为一切生活手段的生产，如衣食住等目的物及一切必要的工具皆是；后者为人类自身的生产，简言之即为传种。人们生活于一定时期与一定地域的各种社会组织，莫不为这两种生产所规定所限制。这两种生产在历史上的演进：一面为劳动发达的程序；别面为家族发达的程序。③

物质生产是社会生活的基础，"物质生活的生产方式制约着整个社会生活、政治生活和精神生活的过程"④。马克思的这一观点在《社会进化史》里也有体现。蔡和森指出："人类发展的各历程，各有其自己的生产条件；因而每个时代亦各有其特殊的道德律。"⑤ 蔡和森还阐述了唯物史观关于国家的本质及国家消亡的观点。他指出："国家乃是在经济地位上极占优势的阶级的机械，这个阶级借着国家的设立又成为政治上的支配阶级，并且由此又造成一些掠夺被压迫阶级的新工具。"⑥ 国家不是超阶级的组织，在私有制条件下，国家是维护剥削阶级利益的工具。"及私有财产制确立，政权集中于少数富人之手，

---

① 《蔡和森文集》（上），人民出版社，2013年版，第67页。
② 《马克思恩格斯选集》第4卷，人民出版社，2012年版，第13页。
③ 《蔡和森文集》（上），人民出版社，2013年版，第463页。
④ 《马克思恩格斯选集》第2卷，人民出版社，2012年版，第2页。
⑤ 《蔡和森文集》（上），人民出版社，2013年版，第471页。
⑥ 《蔡和森文集》（上），人民出版社，2013年版，第631页。

国家遂与社会断绝从来关系，仅代表社会中一小部分人之利益，并且为最少数人用以压制最多数人的武器。"① 国家不是永远存在的，"随着阶级的消灭，国家也必致于消灭"②。

第二，强调要把马克思主义与中国具体实际相结合。蔡和森就是抱着改造中国与世界的目的赴法留学的，他在"猛看猛译"了众多马克思主义著作以后，认识到只有以马克思主义为指导，用俄国革命的办法才能达到改造中国的目的。他在1920年8月13日写给毛泽东的信中提出："我到法后，卤莽看法文报，现门路大开，以世界大势律中国，对于改造计划略具规模。"这里的世界大势首先就是指"无产阶级革命成功的地方——俄"③。蔡和森认识到，要改造中国，就须采用俄国革命的办法，发动无产阶级革命，建立无产阶级专政。蔡和森指出："我近对各种主义综合审缔，觉社会主义真为改造现世界对症之方，中国也不能外此。"④ "现世界显然有两个对抗的阶级存在，打倒有产阶级的迪克推多，非以无产阶级的迪克推多压不住反动，俄国就是明证。所以我对于中国将来的改造，以为完全适用社会主义的原理和方法。"⑤

如何运用马克思主义指导中国革命，这是蔡和森进一步思考的问题。蔡和森指出："马克思主义列宁主义在世界各国共产党是一致的，但应当用到各国去，应用到实际上去才行。要在自己的争斗中把列宁主义形成自己的理论武器，即以马克思主义列宁主义的精神来定出适合客观情形的策略和组织才行。"⑥ 这段话深刻地阐述了马克思主义具体化的问题，至少包含了如下两层基本含义：（1）不能教条地理解马克思主义，而是用马克思列宁主义的"精神"制定出适合客观情形的策略。这里的"精神"，是与"教条"相对而言的，是指马克思主义的基本原理，马克思主义的正确立场和方法。（2）在自己的斗争中把马列主义形成自己的理论武器。就是说，运用马克思主义不是终点，必须在实践中丰富和发展马克思主义，使马克思主义在与各种具体实际相结合的过程中产生新的理论形态。

---

① 《蔡和森文集》（上），人民出版社，2013年版，第635页。
② 《蔡和森文集》（上），人民出版社，2013年版，第633页。
③ 《蔡和森文集》（上），人民出版社，2013年版，第55页。
④ 《蔡和森文集》（上），人民出版社，2013年版，第56页。
⑤ 《蔡和森文集》（上），人民出版社，2013年版，第57页。
⑥ 《蔡和森文集》（下），人民出版社，2013年版，第807页。

## （二）阐述和宣传中国革命的理论

蔡和森一贯坚持向群众宣传革命主张。1922年9月，他在《统一、借贷与国民党》一文中指出："现在无论从何方面说，革命党当大大宣传民众，大大结合民众，轰轰烈烈继续做推倒军阀和国际帝国主义之压迫的民主革命。"① 在领导和参加中国革命的实践中，蔡和森对中国革命的一系列重大问题，如中国革命的性质、任务、领导权和前途等问题进行了深入的研究和宣传。蔡和森的很多文章对这些基本问题进行过探索，其中最有代表性的是蔡和森在1928年11月发表的《中国革命的性质及其前途》一文，这里我们仅就这篇文章的相关观点进行分析。

蔡和森指出："中国革命性质问题是一个旧问题又是一个新问题。因为这一问题还是在中国共产党生长以前摆在我们的前面，但在理论上从未获得正确的解决。"他认为，解决这个问题很重要，因为"这一根本问题将决定今后革命之一切战术与策略"②。蔡和森认为，弄清关于中国革命的性质，主要就是要弄清楚："中国革命是资产阶级革命呢，还是资产阶级性的民权革命，或已转变为无产阶级社会主义革命？"③ 蔡和森对资产阶级革命和无产阶级社会主义革命的特点进行了具体分析。他说："资产阶级革命的特性：（一）推翻封建制度，建立资产阶级的国家和资本主义的社会；（二）资产阶级是革命的领导阶级；（三）无产阶级还未形成为独立的政治势力。这类资产阶级革命都是在资本主义进到帝国主义的前期。"19世纪末到20世纪初，资本主义经过长期的和平发展，已经进入到了资本主义的最后阶段即帝国主义阶段，在这个阶段，摆在这些国家"无产阶级前面的历史任务已不是推翻封建制度的民主革命，而是直接推翻资本主义的社会主义革命"④。就是说，以推翻封建制度为目标的革命是资产阶级革命，以推翻资本主义制度为目标的是社会主义革命。中国革命既不是资产阶级革命，也不是社会主义革命。这就是第三种情形：资产阶级民权革命。他指出："'资产阶级民权革命'在资本主义落后国——农奴

---

① 《蔡和森文集》（上），人民出版社，2013年版，第106页。
② 《蔡和森文集》（下），人民出版社，2013年版，第978页。
③ 《蔡和森文集》（下），人民出版社，2013年版，第978页。
④ 《蔡和森文集》（下），人民出版社，2013年版，第979页。

或半农奴制的封建专制国家仍然是必不可避免的历史任务"①,俄国1905年至1907年的革命就是资产阶级民权革命的典型。

虽然中国的国情与俄国有很大区别,"然而中国革命,按照他客观的意义,无条件的是资产阶级民权革命。因为国际地位的不同,这一革命的根本任务不仅是反对地主阶级,消灭一切封建残余,而且是反对国际帝国主义,形成为世界革命之一助力并且为世界革命之一部分。这些客观任务无非是要求在帝国主义和半封建半农奴制的压迫之下解放出资产阶级的中国,而扫除其一切发展的障碍"②。蔡和森特别强调中国革命区别于俄国革命的特殊性:中国革命的中心问题的农民问题,"抗租抗税,土地农有,反对豪绅地主,反对军阀,反对帝国主义,要求农民政权,农民武装,统一赋税,统一中国,凡此等等都是彻底的民权主义的要求。中国资产阶级民权革命,换过说也就是资产阶级性的农民革命。农民在中国革命中的地位,自然比俄国更加重要"③。蔡和森指出,我们党在革命过程中所以犯错误,首先在于没有正确认识中国革命的性质,具体表现为:"对于革命动力的估量不正确,忽视无产阶级的领导,忽视农民的重要,而偏向于与资产阶级联盟,根本不知道民主革命的胜利就是工农民权独裁,而认革命胜利一定是资产阶级握得政权,根本没有革命转变的观念,以为国民革命成功后,要经过一长期的资本主义发展才有社会革命之需要与可能。"④

蔡和森明确指出,中国革命处在世界无产阶级社会革命时期,是世界革命的一部分,中国革命的前途必然是社会主义。而且,"中国民族资产阶级背叛国民革命,客观上更有利于中国革命之社会主义的前途,因为在此革命中,革命的动力已经只有无产阶级和农民,而无产阶级的领导权,由于资产阶级的叛逆更确定的建立起来,这就更见开辟了中国革命将来发展的前途——即社会主义的前途"⑤。蔡和森特别强调,要发挥贫雇农在农民运动中的领导作用,坚持无产阶级在整个革命中的领导权,这是保证中国革命取得胜利的根本条件。他指出:"只有经常的保持与发展乡村无产阶级(雇工)及贫农在农民运动中

---

① 《蔡和森文集》(下),人民出版社,2013年版,第979页。
② 《蔡和森文集》(下),人民出版社,2013年版,第984页。
③ 《蔡和森文集》(下),人民出版社,2013年版,第984页。
④ 《蔡和森文集》(下),人民出版社,2013年版,第985页。
⑤ 《蔡和森文集》(下),人民出版社,2013年版,第990页。

的领导权，只有不停的提高与发展乡村半无产阶级的阶级觉悟与独立的组织，最后，只有无产阶级能巩固在整个民权革命及工农苏维埃政权中的领导地位，只有在这些条件之下，才能保证将来革命转变的顺利与胜利。"①

### （三）总结党的历史经验，探索和宣传党建理论

蔡和森是我们党最早提出建立中国共产党的无产阶级革命家。他在1920年8月13日和9月16日两次给毛泽东写信，讨论创建共产党的问题，并表示要"明目张胆正式成立一个中国共产党"②。这是我们有据可查的最早的关于"中国共产党"名称的文字记载。③ 蔡和森是我们党内最早系统撰写和宣传党史的革命家，也是最早系统阐述和宣传党建理论的革命家。《中国共产党史的发展》（提纲）和《党的机会主义史》是蔡和森留给我们的两部宝贵的党史文献，这两部文献比较系统地介绍了党在创建时期和国民革命时期党自身的发展及主要活动情况，对党在领导革命过程中所犯错误进行了深刻的反思，对党的主要领导人和共产国际代表的功过是非作了客观的评价。蔡和森对党的建设的理论思考和宣传主要体现在以下几方面：

第一，关于党的性质。蔡和森指出：共产党是无产阶级"革命运动的发动者、宣传者、先锋队、作战部。以中国现在的情形看来，须先组织他，然后工团、合作社，才能发生有力的组织。革命运动、劳动运动，才有神经中枢"④。"我以为非组织与俄一致的（原理和方法都一致）共产党，则民众运动、劳动运动、改造运动皆不会有力，不会彻底。"⑤ 共产党是无产阶级的先锋队，共

---

① 《蔡和森文集》（下），人民出版社，2013年版，第991页。

② 《蔡和森文集》（上），人民出版社，2013年版，第75页。

③ 中共中央党史研究室所著《中国共产党历史》称："经过酝酿和准备，在陈独秀主持下，上海的共产党组织于1920年8月在上海法租界老渔阳里2号《新青年》编辑部正式成立。当时取名为'中国共产党'。"见中共中央党史研究室著《中国共产党历史》第1卷（1921—1949）上册，中共党史出版社，2011年版，第59页。按此说法，蔡和森不是第一个提出"中国共产党"的人，但这一说法找不到直接的文献依据，主要是一些当事人的回忆，如施存统曾回忆说："1920年夏季，中国共产党（不是共产主义小组）在上海发起。"见中共上海市委党史资料征集委员会：《上海共产主义小组综述》，任武雄主编：《中国共产党创建史研究文集》，百家出版社，1991年版，第135页。

④ 《蔡和森文集》（上），人民出版社，2013年版，第57页。

⑤ 《蔡和森文集》（上），人民出版社，2013年版，第73页。

产党是革命的领导核心,是使革命取得成功的先决条件。这是蔡和森成为马克思主义者之初就已经明确的正确认识。与此同时,蔡和森也对万国共产党即共产国际的性质作出了概括。他指出:"万国共产党即世界革命的总机关,这是无产阶级极彻底的、极真实、极具主义方略的、真正的国际组织,与没气焰的资本阶级的国际联盟针锋对立。"①

第二,关于党的指导思想。蔡和森特别强调党的理论的重要性。他指出:"真正的革命党,如无革命的理论是不行的,故一个革命党不仅要有好的组织、好的政策,尤其要有革命的理论来把思想统一,然后才能领导革命到正确之路。"②中国共产党是以马克思主义为指导思想的政党。但蔡和森认识到,要达到全党的思想统一不是一蹴而就的,"中国共产党思想的形成与俄国社会民主工党一样,是要经过很长期的奋斗才能形成的"③。蔡和森在《中国共产党史的发展》(提纲)一文中回顾了我党在创建时期与无政府主义、李汉俊的合法马克思主义、戴季陶主义斗争的情况。他指出,在马克思主义传入中国以前,无政府主义在中国已有相当的宣传,并在知识分子中已有相当的影响。我党建立之初,与他们均有合作,经过一段时间的辩论,他们当中的"先进分子都被马克思主义化了,而成为我们的同志了"④。蔡和森指出李汉俊"走入学生中去,不作政治工作"的口号与俄国经济派的口号是一致的,犯了同样的错误。他指出:"中国共产党不仅作职工运动,而且要作团结各阶级的民众工作,不仅领导工人阶级,还应领导各阶级的民众,只有如此才能证明我党制胜资产阶级的代表而得到完全的成功。"⑤蔡和森指出,戴季陶怀疑阶级斗争和无产阶级专政,"完全想把劳动运动变成资产阶级民族运动之工具,使中国劳动运动隶属于资产阶级,这就是戴季陶主义真正的最后的精神"。"我们是代表无产阶级利益的,所以我们对戴季陶主义是斗争的。"⑥

第三,关于党的组织原则。蔡和森是我们党最早介绍和传播列宁建党原则的人。从蔡和森1920年8月13日给毛泽东的信中可以看出,当时他自己也还

---

① 《蔡和森文集》(上),人民出版社,2013年版,第70页。
② 《蔡和森文集》(下),人民出版社,2013年版,第807页。
③ 《蔡和森文集》(下),人民出版社,2013年版,第807页。
④ 《蔡和森文集》(下),人民出版社,2013年版,第810页。
⑤ 《蔡和森文集》(下),人民出版社,2013年版,第815页。
⑥ 《蔡和森文集》(下),人民出版社,2013年版,第813页。

处于学习和研究列宁的建党原则的阶段。他指出:"共产党的原理和方略,我须先研究清楚,现已译《议院行动》(系万国共产党之魁作)一篇,及列宁等重要文字数篇,拟续译《俄国共产党大纲》。"① 从9月16日的信中可以看出,此时的蔡和森对列宁的建党原则已经有了深刻了解,他在对苏俄共产党的入党条件进行分析的基础上指出:"党的组织为极集权的组织,党的纪律为铁的纪律,必如此才能养成少数极觉悟极有组织的份子,适应战争时代及担负偌大的改造事业。""党的方略为多方面的,无论报纸、议院、团体,以及各种运动绝对受中央委员会的指挥和监督。"② 由于苏俄共产党实行正确的组织原则,以至于在全俄苏维埃第二次大会上列宁所提出的将临时政府的政权移与全俄苏维埃的议案完全得以实现。据此,蔡和森认识到:"中国的社会革命,一定不能免的。不趁此时加一番彻底的组织,将来流血恐怖自然比有组织要狠些。有了强有力的组织,或者还可以免掉。所以我认(为)党的组织是很重要的。"③ 就是说,要完成肩负起领导人民进行革命的历史重任,就必须建立强有力的党组织。从蔡和森这一时期的观点可以看出,他在建党初期倾向于集中制的原则。

　　大革命失败以后,蔡和森认识到不仅要有集中,也要有民主,民主集中制是集中和民主的统一。他指出:"我们本是民主集中制。然八年以来,只有从上而下的集中,而没有从下而上的民主。""只有上级机关的意见和是非、而没有下级党部及群众的意见和是非。下级党部及群众对于上级机关如果发生不同的意见或批评时,上级机关便要认为大逆不道,采取高压。"④ 蔡和森指出,这些错误做法是完全违反列宁主义民主集中制的组织原则的,他提出了在党内建立真正的民主集中制的具体要求。他指出:"我们要铲除政治方面机会主义的系统,同时亦铲除组织方面的机会主义系统,我们现在应改造真正成为列宁主义的铁的组织铁的纪律,真正成为无产阶级的民主集中制,这种真正的民主集中制和铁的纪律不是削弱党员群众及下级党部的自觉自动与创造精神的,不是弛缓党的纪律和组织。乃是强固党的纪律和组织;铲除那种旧军队式的组织毛病而改造为自觉自动的群众党的组织,铲除那种机械的宗法的纪律而代之以

---

　　① 《蔡和森文集》(上),人民出版社,2013年版,第59页。
　　② 《蔡和森文集》(上),人民出版社,2013年版,第74页。
　　③ 《蔡和森文集》(上),人民出版社,2013年版,第75页。
　　④ 《蔡和森文集》(下),人民出版社,2013年版,第913页。

真正无产阶级的铁的纪律。同时由下而上的党内讨论尽可能的发展,由下而上的选举尽可能的采用,工农同志应尽可能的参加指导机关,党内事情应尽可能的使党员群众知道,这些都是改造组织的重要任务。"① 这些要求,特别是这四个"尽可能"的要求在今天看来也并未过时。

第四,对党的群众路线的初步探讨。蔡和森认为,人民群众是革命的根本力量,只有依靠人民群众才能推翻军阀统治,实现国家的真正统一。他指出:"我们既不梦想一个将就现状或超越现状的宪法来统一,更不梦想大批军阀来统一;我们惟望结合伟大的革命群众的势力,尤其是最能革命的工人阶级的势力来统一。统一的目的要建筑在最大多数贫苦群众的幸福和全国被压迫民族的对外独立之上,才能够真正的统一。"② 蔡和森的这段话实际包含了"一切为了群众,一切依靠群众"的意思。以"最大多数贫苦群众的幸福"为目的,就是"一切为了群众"之意,"惟望结合伟大的革命群众的势力",就是"一切依靠群众"之意。蔡和森指出,那些与群众隔离的政治家或政论家由于不知道或者不承认群众的力量,他们"不能将革命潮流普及于全国最深最广大的群众唤起浩大不可抵御的革命势力,而坐失了许多可以扩大兴奋的宣传运动之机会"③。相反,如果紧紧依靠广大群众,把群众动员起来,组织起来,就一定能取得革命的成功。他指出:"不要以为除革命外还有别的出路;不要以为革命没有办法,假使能将求助于外国帝国主义者的精神去求助于群众,假使能把一部分工夫去做违法的工作,破坏旧军事组织和纪律,激起兵士们的自觉心,假使能够鼓起人民武装的自卫和抵抗,使各大城市的市民全副武装或者工人全副武装,那末,民主革命没有不成功,封建的武人政治,没有不崩倒的。"④

---

① 《蔡和森文集》(下),人民出版社,2013年版,第915页。
② 《蔡和森文集》(上),人民出版社,2013年版,第114页。
③ 《蔡和森文集》(上),人民出版社,2013年版,第114页。
④ 《蔡和森文集》(上),人民出版社,2013年版,第115页。

# 第七章 其他湘籍无产阶级革命家与马克思主义大众化

湘籍无产阶级革命家是一个数以百计的革命家群体,我们无法对这些革命家推进马克思主义大众化所作贡献都作详细介绍。我们已在第一章对湘籍无产阶级革命家在新民主主义革命时期传播马克思主义的情况作了综合分析,前几章我们又重点介绍了毛泽东、刘少奇、李达、任弼时、蔡和森对马克思主义大众化的贡献。在本章,我们对邓中夏、罗亦农、向警予、贺龙推进马克思主义大众化的理论与实践再作一些简要梳理。

## 一、邓中夏对马克思主义大众化的贡献

新民主主义革命时期,一大批无产阶级革命家以各种形式积极学习、研究、宣传马克思主义,使马克思主义得以在全中国范围内传播,邓中夏就是其中的一位。他作为早期马克思主义传播者,为马克思主义大众化及中国新民主主义革命作出了卓越的贡献。

### (一)从激进的民主主义者到马克思主义者的转变

邓中夏(1894年—1933年),湖南宜章人。他年幼时接受过良好的家庭教育。1913年,邓中夏考入郴县第七联合中学,强烈的爱国主义思想使他发奋读书,决心读书救国。1915年,邓中夏考入湖南高等师范学校,与蔡和森成为同学。在那里他受到杨昌济等人的新思想的影响。这一时期,他十分关心国家大事,经常利用课余广泛涉猎各种新书刊,接触到各种新思想,立志将来为国家做一番事业。面对当时民不聊生、黑暗腐败的社会,邓中夏产生了改造社会的想法,这为他后来一系列革命思想的形成奠定了基础。

1917年7月,邓中夏以优异的成绩考入北京大学中国文学系学习。十月

革命推动中国的先进知识分子开始把眼光由西方转向东方,以李大钊为代表的先进知识分子开始学习、研究和宣传马克思主义,踏上了救国救民的新道路。在李大钊的帮助下,他开始多方面搜集有关俄国十月革命的资料,研究俄国十月革命的经验,并且很快得出结论:中国革命必须"走俄国人的路"。在李大钊等具有初步共产主义思想的知识分子的帮助和影响下,邓中夏加深了对马克思主义的理解,开始由一个激进的民主主义者向马克思主义者转变,但当时他对马克思主义还没有一个系统的认识。为了更好、更系统地学习和研究马克思主义,他与张国焘、罗章龙等十几名同学租下了北京皇城根达教胡同4号的空院,作为学习和住宿的场所,并取名为"曦园"。①在曦园公寓,邓中夏制订了庞大的读书计划,主要是学习和研究马克思主义理论。通过深入而系统地学习研究,邓中夏对马克思主义理论有了较深的认识,成为了一名初步的马克思主义者,为其以后进一步在广大人民大众中宣传马克思主义奠定了基础。

(二)对马克思主义大众化的具体贡献

邓中夏坚持用各种方法途径宣传马克思主义,在促进马克思主义与中国工人运动相结合方面,起到了先锋和桥梁作用,为马克思主义大众化作出了重要贡献。

1. 组建学会、创办刊物、撰写文章,深入研究和宣传马克思主义,为马克思主义大众化提供理论基础。

五四运动爆发后,马克思主义已经开始在中国广泛传播。为了扩大马克思主义的影响,李大钊等人创立了少年中国学会,邓中夏较早就参加了该学会,并先后担任该学会庶务股主任和执行部主任。他极力主张以马克思的科学社会主义为学会的指导思想,以实现"创造少年中国"的目标。同时他也是《少年世界》杂志的负责人之一,为介绍俄国十月革命的情况和宣传马克思主义做了大量的工作。1920年3月,李大钊在北京大学发起组织了马克思学说研究会,邓中夏是其中最早的成员之一。这个研究会以研究马克思派的著述为目的,组织革命青年研究"劳动运动"、"共产党宣言"、"唯物史观"等问题。邓中夏在马克思学说研究会孜孜不倦地学习,每天一早,就到"亢斋"(研究会的图书室)学习马克思主义经典著作。他还特别注重实践,强调在实践中运用马克思主义,使学会、研究会逐渐成为北方建党、建团的基本力量,也为之后的马克

---

① 魏巍、钱小惠:《邓中夏传》,人民出版社,1981年版,第25页。

## 第七章 其他湘籍无产阶级革命家与马克思主义大众化

思主义大众化打下理论基础。北京早期党组织成立后,邓中夏担任机关刊物《劳动音》的编辑,他主要向工人群众宣传马克思主义,在《劳动音》的发刊词中,他指出:

各位要知道,今日世界上最重大的事情是什么?就是社会改造问题——直言之就是"劳动问题",你瞧英、美、法、德、意、荷、俄、日等国今日的现象,那一国不发生罢工问题,以实行劳动运动,那一国劳动者不有坚固团结的工人团体呢!所以我们出版这个《劳动音》,来介绍世界的智识,普通的学术及专门的技能,又记述世界劳动者的运动状况,以促进国内劳动同胞的团结,及与世界劳动者携手,共同去干社会改造的事情。①

邓中夏以他从工人群众中学到的通俗语言,宣传马克思主义关于工人运动的理论,推进了工人运动的开展。1921年11月,北京社会主义青年团成立,邓中夏参加了该团组织,后来成为该团组织的负责人。1922年1月,他创办了团组织的机关刊物《先驱》,主要任务是宣传马克思主义理论,介绍各国社会主义运动。1922年5月,中国社会主义青年团成立。1923年10月,邓中夏和恽代英共同创办了团中央机关刊物《中国青年》。1923年11月,邓中夏在《中国青年》上发表了《解惑》,在文章中他明确指出:

有人说:"打倒军阀"、"打倒帝国主义"是过激派的口号,不是主张国民革命的人应当说的。我说:朋友!你错了。过激派的口号是"推翻资本制度"和"劳农专政","打倒军阀"和"打倒帝国主义"才真是主张国民革命的人所应说的。②

这篇文章批驳了国民党内的一些错误观点,帮助当时很多人端正了对国民革命的任务的认识。1923年12月以后,邓中夏又连续在《中国青年》发表了《革命主力的三个群众》、《论工人运动》、《中国工人状况及我们运动之方针》、《论农民运动》、《中国农民状况及我们运动的方针》等文章。1924年3月,他又在《平民周报》上发表了《论劳动运动》一文。这一系列文章深入地分析了当时中国革命的任务和形势,揭露了帝国主义、封建军阀以及国民党右派的反革命罪行,指出工人、农民、兵士是革命运动的主力,工人是最重要的主力军;在半殖民地半封建的中国社会,只有解除内外压迫,实现一个自由独立的

---

① 《邓中夏文集》,人民出版社,1983年版,第2页。
② 《邓中夏文集》,人民出版社,1983年版,第36页。

真民主国家，是中国革命唯一的出路。这些理论观点为中国共产党进一步探索新民主主义革命道路理论作出了贡献，同时也为马克思主义大众化提供了理论基础。

2. 组建社团、成立工会，勇于实践，联系群众，为马克思主义大众化提供组织保障和群众基础。

李大钊曾指出："我们很盼望知识阶级作民众的先驱，民众作知识阶级的后盾。知识阶级的意义，就是一部分忠于民众作民众运动的先驱者。"[①] 作为民众的先驱者，他主张知识分子"到民间去"。正是在李大钊的号召下，邓中夏开始走进工人群众中进行活动，组建平民讲演团、讲习所以及帮助工人群众成立工会等，这些实践活动为马克思主义大众化提供了群众基础。1919年3月，邓中夏发起组织了北京大学平民教育讲演团，以此作为和工农群众相结合的纽带。讲演团成员经常深入到劳动群众中去，最初是以城市平民为对象，进而以广大工农为对象，用浅显的语言启发他们的革命觉悟和阶级觉悟。1920年4月，他们在继续进行城市活动的同时，将讲演范围进一步扩大到长辛店、丰台、通县等地的农村和工厂，这是讲演团成员及讲演内容逐渐接近工农群众的尝试。经过讲演与不断沟通交流，邓中夏等人同长辛店铁路工人建立了联系，这为后来中国共产党在长辛店开展工人运动打好了基础。随着北京早期党组织的成立，讲演团的活动便开始直接为宣传共产主义、扩大党团影响而服务。1921年中国共产党成立后，讲演团为宣传马克思主义与党的路线、方针和政策，促使马克思主义与中国实际相结合，进行了大量卓有成效的工作，对即将到来的北方工人运动高潮作了思想舆论上的准备。

1921年元月，在邓中夏、张太雷等人的努力下，长辛店劳动补习学校成立，在授课过程中，他们先教工人群众识字，再讲道理，使工人们既能学习文化知识，又能听到革命道理，注重把提高文化水平和传播革命思想结合起来，向工人说明资本家的压迫剥削是工人贫穷落后、受苦受难的根源，只有团结起来，进行革命，才能铲除这吃人的罪恶制度。邓中夏用深入浅出的语言说：

一堆沙子是散的，用石灰和水一搀和，就黏在一起了。

五个人团结是只虎，十个人团结像条龙，一百人团结起来，就好比一座泰

---

① 中国李大钊研究会编注：《李大钊全集》第3卷，人民出版社，2006年版，第174页。

山，推也推不倒，摇也摇不动。①

在这里，他讲的就是"团结就是力量"的道理。他号召工人组织起来，指出组织起来的意义和方法，并向他们介绍外国工人斗争史。这样，通过授课，加深了跟工人之间的感情，工人们的阶级觉悟也有了显著的提高，使工人认识到自己肩负的历史使命和谋求解放的道路，这为长辛店铁路工会的建立准备了必要的条件。1921年5月1日，在邓中夏等人的领导下，京汉铁路长辛店工人俱乐部正式成立，这是我国工人阶级在早期党组织的领导下建立起来的最早的工会组织，也是中国现代产业工会的创举。它成立后，多次领导工人开展经济和政治斗争，并取得了一定的斗争成果，这些斗争经过报刊宣传后，在工人群众中产生了很大的影响，北方各铁路工人纷纷效仿。因此，它奠定了北方工人运动的基础，打开了工人运动的新局面。1922年8月22日，邓中夏领导长辛店3000多铁路工人，向铁路当局提出了增加工资等要求。当时铁路局局长赵继贤拒绝接受工人提出的条件，于是，工人在8月24日开始罢工。"这次罢工是北方铁路罢工潮的起点。这次罢工参加者有三千多人，支持两日，绝断南北交通，虽有军队干涉，但工人毫无所畏，终使路局屈服。"② 长辛店铁路工人罢工取得胜利的消息，很快传到京汉、京绥等其他几条主要铁路干线，极大地鼓舞了广大铁路工人的斗志，使其"逐渐觉醒起来"，并迅速地从改良生活的经济斗争，转变到"反对军阀争取自由的政治斗争"。③ 正是有了邓中夏这样的共产党人的正确领导和指导，我国的工人阶级实现了由自在阶级向自为阶级的伟大转变，为即将来临的革命高潮打好了群众基础，提供了组织保障。

3. 主张工农联合，最早提出无产阶级领导权思想，为中国新民主主义革命理论作出了重要贡献。

马克思主义认为，无产阶级要取得革命的胜利，单靠本阶级的力量是不够的，还必须联合一切革命势力。中共二大时，中国共产党人就已经明确认识到当前阶段的中国革命，其性质是反帝反封建的民主革命，帝国主义和封建军阀是革命共同的敌人。"二七"大罢工的失败表明，由于反革命势力的强大，中国的工人阶级如果孤军奋战是很难战胜敌人的，要想取得革命的胜利，就必须争取无产阶级的同盟军。邓中夏较早就认识到工人阶级要想推翻现有制度，必

---

① 刘功成：《邓中夏》，中国工人出版社，2012年版，第49页。
② 《邓中夏文集》，人民出版社，1983年版，第446页。
③ 《邓中夏文集》，人民出版社，1983年版，第448页。

须结合反对现有制度的一切革命势力,努力找寻同盟者。他在《劳动运动复兴期中的几个重要问题》中的第五个问题——工农联合问题里指出:

工人与农民,因地位关系,利害关系,可说是天然的同盟者。①

我们工人固然不能忽略了城市劳动者之紧紧的团结,然而为增厚援军以打到共同敌人,亦不能忽视了与乡村中农民之紧紧的联合,因为农民占全国人口百分之八十,其数量远超过我们数百倍以上。我们工人阶级要领导中国革命至于成功,必须尽可行的系统的帮助并联合各地农民逐渐从事于经济的和政治的斗争。假使没有这种努力,我们希望中国革命成功以及在国民革命中取得领导地位,都是不可能的。②

在邓中夏看来,无产阶级倘若不联合农民,革命便难成功。对于怎样实行工农联合的问题,他在1925年撰写了《怎样实行工农联合》一文,进一步指出:"我们必得要派人到农村去宣传,自然可借以纠正少数农友之错误行为,也可以从此结成工农阶级之联合基础。"③

为了发挥农民的力量,邓中夏再三号召"到民间去",大力开展农民运动。他不仅主张应帮助农民建立农会和合作社,还特别强调要领导农民普遍建立农民的武装组织——民团,一旦时机成熟可以组成军队,为革命所用。邓中夏主张工农联合的思想引导全党逐步认识到农民在民主革命中的重要地位,这样,1925年中共四大提出农民"天然是工人阶级之同盟军",在全党明确地提出工农联盟思想。

在领导中国革命的过程中,邓中夏最早提出无产阶级领导权思想。1923年到1924年间,他运用马克思主义的观点,对中国社会各阶级进行分析,率先提出中国工人阶级是革命的最重要的主力军,必须坚持无产阶级在革命运动中的领导地位。1923年12月,邓中夏在《论工人运动》中指出:

我是曾经做过工人运动的人,据经验告诉我,使我深深地相信中国欲图革命之成功,在目前固应联合各阶级一致的起来作国民革命,然最重要的主力军,不论现在或将来,总当推工人的群众居首位,因为工人实际之压迫,比任何阶级所受的要惨酷,要深刻;故工人决战的毫不逡巡踌躇的态度,亦比任何

---

① 《邓中夏文集》,人民出版社,1983年版,第131页。
② 《邓中夏文集》,人民出版社,1983年版,第132页。
③ 《邓中夏文集》,人民出版社,1983年版,第155页。

群众所做的要勇敢,要坚决些。①

1924年11月,他在《我们的力量》中,对当时的中共领导者陈独秀的错误观点进行了驳斥,全面分析了中国工人阶级的历史作用及其特点。他指出:"中国将来的社会革命的领袖固是无产阶级,就是目前的国民革命的领袖亦是无产阶级。"②"只有无产阶级有伟大集中地群众,有革命到底的精神,只有它配做国民革命的领袖。只有无产阶级一方面更增进强大他们自己的力量,一方面又督促团结各阶级微弱的散漫的力量——联合成一个革命的力量,方能成就目前国民革命以及将来社会革命的两种伟大事业。"③

这些思想主张,奠定了中国化马克思主义工人运动理论的基础。后来,邓中夏又在《一九二六年之广州工潮》中的"工人阶级应有的认识与努力"一节中系统论述了"争夺革命领导权"的思想,指出:

中国革命由"五卅"起直到现在,无产阶级都是领导者,这是稍有常识的人不能否认的,亦是国民党宣言所确定的。但是革命发展的结果,必然逼迫帝国主义放弃专门利用封建军阀的政策而改为利用资产阶级的政策。这一政策必然指使资产阶级钻入革命战线中而与无产阶级争革命的领导权。假使资产阶级取得领导权,必然领导革命到反革命的道路⋯⋯我们需用最大的努力与资产阶级争此领导权。用什么方法能够争得此领导,就是哪个能够领导中间阶级,即取得中间阶级群众的问题。④

工人阶级不仅是革命的最重要的主力军,也是革命的领导者,因为工人阶级受压迫最深,具有革命到底的精神;工人阶级必须与农民和小资产阶级结成坚固不拔的联合战线,以争取革命的领导权。邓中夏的这些思想是毛泽东思想的重要内容,是指导中国民主革命取得胜利的正确主张,是邓中夏为马克思主义中国化和大众化作出的重大理论贡献。

## 二、罗亦农对中国革命理论的探索与宣传

罗亦农是杰出的无产阶级革命家,著名的工人运动领袖。在其短暂的人生

---

① 《邓中夏文集》,人民出版社,1983年版,第42页。
② 《邓中夏文集》,人民出版社,1983年版,第101页。
③ 《邓中夏文集》,人民出版社,1983年版,第102页。
④ 《邓中夏文集》,人民出版社,1983年版,第371页。

中，他十分重视中国革命理论探索与宣传教育，对党和中国革命的发展作出了积极贡献。

### (一) 罗亦农的主要革命经历

罗亦农（1902—1928），湖南湘潭人。1919年受五四爱国运动的影响，罗亦农与一批进步青年去长沙，在船山学校创设平民半日学校，积极参加国货贩卖团等爱国活动。随后，他不顾家庭反对，只身前往上海，进入一所中学学习。后因其父不予经济资助，罗亦农只得停学到一家报馆当校对，他通过阅读《新青年》、《劳动界》等进步刊物，开始接触马克思主义。1920年8月，在陈独秀的引荐下，罗亦农进入上海早期党组织开办的外国语学社学习，同月，加入上海社会主义青年团，并被推选为首届执行委员。

1921年5月，罗亦农与刘少奇、任弼时等从上海乘船赴俄留学。在莫斯科东方大学学习期间，罗亦农由团员转为中国共产党党员，担任中共旅莫组主席（后改为书记）。他不仅自己刻苦学习，还积极组织大家学习无产阶级革命的理论和实践经验，关注时政变化，进行实地调查，分组、分专题进行深入学习与研究，帮助同学们树立革命的人生观，明确学习目的与方法，发展了刘少奇等多名党员。

1925年3月，罗亦农从莫斯科动身回国。同年4月党中央调派他到广州参加全国第二次劳动大会的筹组工作。劳动大会结束后，罗亦农任党中央驻粤临时委员会委员，主持粤区党校工作。同年10月，罗亦农代表广东区委出席了在北京召开的中共中央扩大会议。会后，他留在北京主持北方区委党校工作。虽然只在那里工作了三个月，但为党组织培养了不少得力人才。同年12月，罗亦农调任上海区委书记。1926年10月和次年2月，罗亦农与赵世炎等先后发动了两次上海工人武装起义，虽未成功，但影响深远。起义失败后，罗亦农不断总结经验教训，积蓄力量。1927年3月，罗亦农又和周恩来、赵世炎等组织了第三次武装起义并取得胜利。之后，在中共第五次全国代表大会上，罗亦农当选为中共中央委员，会后调任中共江西省委书记。同年7月任中共湖北省委书记。在中共八七会议上被选举为中共中央政治局委员，后又任中央军事部代理部长。9月调任中共中央长江局书记。11月被选为中央政治局委员，不久任中共中央组织局主任。在此期间，罗亦农先后领导了湖北、江西、安徽等省的农民暴动及土地革命，深入实地调查，搜集材料，起草文件，指导具体革命工作。1928年4月，罗亦农在上海接待山东省委代表时，因叛徒告密被捕。国民党反动派就此大肆报道宣传："首要已擒，共祸可熄。"① 党中央派周恩来等同志组织营救，但未成功，罗亦农英勇就义。

**（二）罗亦农对中国革命的理论探索**

第一，国民革命非无产阶级去指导不可

1923年6月，中共三大在广州召开，会议确定了共产党员以个人身份加入国民党，与国民党进行党内合作的策略方针，但没有提出无产阶级领导权问题。直到1925年1月中共四大的召开，才首次提出无产阶级在民主革命中的领导权问题，而这一正确决策并未真正贯彻到实践之中，影响了中国革命的发展。1924年远在莫斯科的罗亦农就指出："中国共产党很幼稚的，无产阶级革命还不可能，所以非连［联］合国民党不可"②，但"共产党的革命主要的力量是无产阶级"③。1925年1月他继而提出："殖民地的国民革命非无产阶级去指导不可"，在中国"担负国民革命的只有无产阶级，故中国共产党要积极指导国民党"④。回国后，罗亦农继续强调无产阶级领导权问题，他在《"五一"纪念与农民》一文中指出：在半殖民地的中国，工人阶级在重重压迫之下，革命性要比当时所有一切阶级都要高，"所以，在资产阶级性的国民革命中，无产阶级尚站在指导的地位"⑤。且"只有工人才能负起民［族］解放运动［的］指挥责任"⑥。1926年10月，以统治上海的直系军阀孙传芳在江西战事失利，原投靠孙传芳的浙江军阀夏超宣布独立为契机，中共上海区委联合国民党举行了一次上海工人武装起义，希望推倒孙传芳在上海的残余势力而建立市民自治的政府，但因受到党内陈独秀放弃革命领导权思想的影响及其他多种原因而导致起义失败。为此，罗亦农在10月25日中共上海区委各部书记临时联席会议上讲话指出："这次我们认识资产阶级毫无力量，不要把他们力量看大。以后上海的运动，应很坚决的认定只有工人阶级可以主动，否则一无所有。以后特

---

① 刘一矛、刘景春：《罗亦农》，中共湖南省委组织部、宣传部、党史研究室编：《罗亦农诞辰一百周年纪念集》，湖南人民出版社，2002年版，第317页。
② 《罗亦农文集》，人民出版社，2011年版，第5页。
③ 《罗亦农文集》，人民出版社，2011年版，第6页。
④ 《罗亦农文集》，人民出版社，2011年版，第31页。
⑤ 《罗亦农文集》，人民出版社，2011年版，第46页。
⑥ 《罗亦农文集》，人民出版社，2011年版，第47页。

别要认定自己为一切的中心,形式上虽这样表现,这是全党的很严重的问题。"① 次日,他在中共上海区委活动分子会议上作报告指出:在暴动时,上海民众中的工人阶级是"最先主动暴动的主力军"②,从中深切认识到上海无产阶级的力量还比较幼稚,更认识到资产阶级是不能做革命主力的,而国民党终是"卖[买]空卖空的"③,所以,还是要相信自己的力量,号召同志们不要消极,在失败的经验中积极准备二次暴动。同年11月,罗亦农在中共上海区委活动分子会议上的报告中分析了全国政治军事现状,认为上海民众想要得到上海,就必须进行民众暴动,并指出:"我们为工人领导者,工人为民众的领导者,在去年五卅已经领导过,所以今后中国民族解放运动仍非工人取领导地位不可。过去我们没有自信力量,这次我们要不客气的以工人为事实上的暴动领导者,去领导国民党、资产阶级起来革命"④,以夺取政权。1927年2月中旬,罗亦农为中共上海第一次代表大会起草《对于区委江浙两省政治经济状况与今后工作进行方针报告决议案》,认为革命已经到了向右衰落与向左发展的决定时期,中国共产党"应当领导江浙两省的工农阶级,特别是上海的工人阶级争得革命的领导地位,努力于工农与小资产阶级的民主独裁制及工人与被压迫市民的民主独裁制的政治口号之实现"⑤。同年2月22日,上海工人发动第二次武装起义,还是因为没有夺取革命的领导权等多重原因而失败。罗亦农仍然没有放弃希望,积极总结,部署下一阶段的工作。同年3月,在周恩来、罗亦农等人的领导下,第三次起义最终取得胜利,并成立了上海临时市政府。总之,罗亦农对前两次起义失败的经验总结,鼓舞了上海工人的士气,奠定了第三次上海工人起义胜利的理论基础,推动了国民革命的发展。

第二,无产阶级完成历史使命必须组成工农联盟

1925年1月中共四大确立了工农联盟。1924年罗亦农早于"四大"提出:"中国共产党应组织工农,预备革命的基础。"⑥ 罗亦农认为"工农联合这个主张,本来是科学的社会主义者当资本主义发生动摇时,具体的分析革命的力量

---

① 《罗亦农文集》,人民出版社,2011年版,第155页。
② 《罗亦农文集》,人民出版社,2011年版,第162页。
③ 《罗亦农文集》,人民出版社,2011年版,第166页。
④ 《罗亦农文集》,人民出版社,2011年版,第179页。
⑤ 《罗亦农文集》,人民出版社,2011年版,第233页。
⑥ 《罗亦农文集》,人民出版社,2011年版,第6页。

应有的结果"①。罗亦农正是根据马列主义相关理论及俄国工农联盟的具体实践形式,结合中国实际,形成了工农联盟也是中国革命成功和维持革命胜利的保障的重要思想。因为在半殖民地半封建的社会,中国农民遭受种种压迫,但因客观环境的限制,不能领导革命,"贫苦的农民群众要想解放自己"②,只有与最革命的无产阶级联合起来,忠实地辅助无产阶级,在无产阶级的领导下才能取得革命的最终胜利。而作为革命主要的力量与指导地位的无产阶级,"要完成他历史的使命,是非拉拢农民群众不可"③。在组织和领导上海工人三次起义期间,罗亦农多次在工作报告中强调工农联盟,在《江浙区各地最近工作方针决议案》中提到:"江浙区最重要的责任是农民运动,各地如能把农民组织起来做上海工人的同盟军,就很有意义。"④ 在《中共江浙区委农民运动决议案大纲》中也提到积极发展工农运动的政策,甚至认为"假若只有工人运动,农运不发达,党在江浙两省必难发展与尽责"⑤。

第三,强调武装斗争,提出早期的工农武装割据思想

1924年陈独秀在《向导》上发表《国民党的一个根本问题》一文,主张国民党现时应放弃军事行动、放弃广州,致全力于宣传组织训练群众及肃清内部工作。接着党内许多同志均有类似文章发表,罗亦农代表中共旅莫支部给中共中央递交了意见报告,提出:我们应站在世界革命发展的观点上去分析现时国际的形势,结合国内的具体情况,制定行动政策,客观看待国民党联合军阀夺取政权能否成功的问题,主张宣传与组织训练群众,利用军事行动局部取得政权的现实机会,去扩大宣传与组织训练的工作,组织自己的武装。1926年9月,北伐军在两湖战场取得了决定性胜利。北伐战争的对象转向统治着上海的直系军阀孙传芳,根据这一形势的变化发展,罗亦农向上海区委主席团提出:"上海地方非有一次民众暴动不可。"⑥ 这是上海工人武装起义的最初提议。在领导和组织上海工人武装起义的实践中,罗亦农认识到起义的胜利需要有工人自己的武装力量,要保护起义的胜利果实,也必须依靠有力的工人武装力量,

---

① 《罗亦农文集》,人民出版社,2011年版,第52页。
② 《罗亦农文集》,人民出版社,2011年版,第48页。
③ 《罗亦农文集》,人民出版社,2011年版,第48页。
④ 《罗亦农文集》,人民出版社,2011年版,第135页。
⑤ 《罗亦农文集》,人民出版社,2011年版,第236页。
⑥ 《罗亦农文集》,人民出版社,2011年版,第115页。

这样上海工人的政治地位与一切行动才有保障,而共产党也跟随有力。同时,他对武装暴动时机、准备、组织、宣传等各方面的工作认识都有了极大提高,深切认识到不能过高估量资产阶级的力量,要依靠上海无产阶级及广大群众的力量发动革命,为往后我党独立领导武装起义提供了宝贵经验。

1927年,蒋介石发动"四一二政变",上海工人起义胜利果实被窃,革命走向低潮。罗亦农认识到:"共产党如没有政权,是不会自由的"①,只有继续努力,实行准备武装暴动、发展及训练同志等策略,继续斗争,才能取得革命胜利。在之后召开的中共五大上,罗亦农严厉批评陈独秀放弃革命领导权、忽视农民土地问题等右倾错误。在八七会议上,罗亦农再次指出:"中国共产党无一坚决夺取政权的决心,我意党的机会主义根本出发于此。第五次大会以前党对大资产阶级估量太高,大会时对小资产阶级估量得太高,所以对国民党看得太高。党不注意夺取政权的武装,上海、湖南都是半途而废,这是非常错误的。"②罗亦农在1927年9月10日的《中共湖北省委政治报告》中提到,已派出几百人至乡下工作,为农运打下良好的群众基础,鄂南、鄂西、鄂中、襄枣四区已成立特委,主要的工作是土地革命,实行杀土豪劣绅、抗租抗税、没收地主土地等。同年10月1日,罗亦农为中共中央起草文件《中共中央对于长江局的任务决议案》,指出长江局的第一个最大任务就是要坚决的发展土地革命,若两湖的土地革命一时没有发展到最大的限度,则实行游击战争的策略;第二大任务就是发展所辖范围内的职工运动,要发展经济斗争,建立秘密工会与工农革命夺取政权的宣传。同年10月,罗亦农为中共湖北省委起草的文件《中共湖北省委工作计划决议案》,指出:"党对于农民运动的策略,第一个最重要的责任,便是发展这愈益发展的农民运动,以完成土地革命"。"在这一前途之下,省委的争斗方法为游击,普遍杀戮土豪劣绅、政府的官吏、大地主,抗租抗粮抗捐抗税,发展土地革命的宣传与鼓动。但在力可以攻城或占据数县的地方,省委应当坚决的领导这许多农民攻城或占据某几县为农民革命的根据地,以发展各地的运动。依目前的形势,省委应当特别注意公安一带之暴动农民,至最西之施、鹤七县发展之农民协会战争,澄海、监利、天门、汉川、鄂中等县的农民,应当继续骚扰至暴动创造一独立割据的局面"③。10月17日,

---

① 《罗亦农文集》,人民出版社,2011年版,第310页。
② 《罗亦农文集》,人民出版社,2011年版,第317页。
③ 《罗亦农文集》,人民出版社,2011年版,第333页。

## 第七章
### 其他湘籍无产阶级革命家与马克思主义大众化

根据两湖秋暴失败与广东失败及暴动的准备,他认为此时湘鄂赣豫等省不宜有总的暴动,提出"党的策略应当是发展游击战争"①,准备在湘鄂赣豫几省在相当时期内发动总暴动。10月23日、10月24日罗亦农分别起草中共中央长江局给中共安徽省委、中共江西省委的指示信,强调继续发展农民的游击战争,发展土地革命的宣传与鼓动,发展更广大的农民群众暴动区域。10月29日,罗亦农为中共中央长江局起草的文件《长江局最近政治决议案》,继续强调:目前不是总暴动的时期,要积极发展土地革命,实行与扩大游击战争。同年12月,共青团长江局书记刘昌群与共青团湖北省委书记韩光汉联名向党中央控告罗亦农和中共湖北省委犯了极严重的机会主义错误,罗亦农被停职。围绕湖北党内武汉暴动问题的争论,中共中央组织中央湖北特别委员会主持召开了湖北省委扩大会议,罗亦农递交了书面报告,重申了他的观点:根据当前的客观形势,不能马上举行总的暴动,要大力发展游击战争,发展农民暴动的局面,建立工农革命军,建立群众组织的新形式的政权机关,在这之后,才能举行总的夺取政权的暴动。

总之,罗亦农是我党早期提出武装夺取政权的领导人之一,他正确判断革命形势,提出暂停总暴动,广泛开展游击战争,建立革命根据地,形成了早期的工农武装割据思想。

第四,建立广泛的革命统一战线,争取革命力量

由于中国面临复杂的国内外环境,政治经济发展不平衡,导致革命发展的不平衡,由此决定了中国革命的长期性。这需要建立广泛的统一战线,争取一切可以争取的力量,利用一切可以利用的矛盾,以便在长期斗争中逐步改变革命与反革命的力量对比,争取革命胜利。对于国共建立统一战线,实行国共合作的主张,罗亦农有其见解。1924年在莫斯科学习时,罗亦农就认识到:"中国共产党很幼稚的,无产阶级革命还不可能,所以非连[联]合国民党不可,国民党的左派非极力接近不可。"② 同年12月,罗亦农代表中共旅莫支部给中共中央的意见报告,指出,党内存在"不与民党合作的倾向,是犯了左派的幼稚病"③。他对于陈独秀提出要放弃广州,表示不赞成,应该使广州政权日渐左倾。他认为革命的左派形成,不可采用清高的政策,"我们当紧紧抓住中山

---

① 《罗亦农文集》,人民出版社,2011年版,第339页。

② 《罗亦农文集》,人民出版社,2011年版,第5页。

③ 《罗亦农文集》,人民出版社,2011年版,第10页。

及其他倾向于左的国民党员,使他们行动趋向于左,形成国民党左派"①,要"不断的努力攻击右派的错误,从这个行动的斗争中去形成左派势力"②。1926年7月,罗亦农在中共上海区委特别扩大会议上作《目前政治现状及民族革命运动的前途》的报告。他提到:"上海五卅后,中小商人都表示革命……但他们只是无组织的革命的表现。此外,大学教授也有一部分表示革命,我们都要抓住他。惟小资产阶级决不是领导革命的生力军……但中小资产阶级易近于大资产阶级,全仗我们不断的提民众要求,影响他们而夺取他们,否则,中国革命前途很危险。"③ 对于国民党的政策应该由混合到联合,"一方面 C.P. 要独立自己政治主张,要确立在工人阶级的势力,二方面要组织小资产阶级,夺取小资产阶级,形成左派,影响改良派,就是积极形成左派,联络中派,打到右派。"④

### (三)罗亦农关于中国革命的宣传教育思想与实践

#### 第一,倡导理论联系实际的学风

罗亦农在莫斯科留学时,曾担任中共旅莫支部书记,1923年他还留校当过辩证唯物主义和历史唯物主义教授。他刻苦学习马克思主义理论,积极关注国内动态,不断加强支部成员与学员的教育工作,积极倡导理论联系实际的学风。1924年7月,罗亦农邀请林伟民为支部成员介绍了中国海员罢工的情况。同年8月,他在中共旅莫支部第二次大会上的报告中指出,留学俄国的目的是"要学无产阶级革命的理论和实践,换言之,即学根本解决中国问题的方法"⑤,"非把这种方法应用起来,实行起来不可"⑥。他还强调,"团员个个均须注意时事问题,尤其是中国的,并宜注意读俄文"⑦。10月30日,罗亦农邀请李大钊给支部成员作了《中国的事变和本团的训练》的报告,自己就国内形

---

① 《罗亦农文集》,人民出版社,2011年版,第18页。
② 《罗亦农文集》,人民出版社,2011年版,第19页。
③ 《罗亦农文集》,人民出版社,2011年版,第103页。
④ 《罗亦农文集》,人民出版社,2011年版,第105页。
⑤ 《罗亦农文集》,人民出版社,2011年版,第2页。
⑥ 《罗亦农文集》,人民出版社,2011年版,第2页。
⑦ 《罗亦农文集》,人民出版社,2011年版,第3页。

势作了报告，号召反对消极、不活动，整天手拿书本的不良倾向。① 12月，在中共旅莫支部召开的第八次大会上，罗亦农再次强调研究工作要注重事实，特别要注重列宁主义与马克思主义对具体事实的分析和处置。② 回国后，罗亦农也经常深入实地调查，作演讲，向广大人民群众宣传马克思主义，领导、组织工农运动，根据实际情况的变化来调整行动策略。

第二，注重思想政治教育工作

旅俄期间，罗亦农通过作报告、谈话等方式，帮助学员树立共产主义理想，坚定革命信念。1924年8月，罗亦农在中共旅莫支部第二次大会上的报告中指出，留学俄国的目的，"不是为学士、硕士的头衔，以备归国后为进身之阶的，为的是来学习无产阶级革命的理论和实践（马克[思]主义列宁主义十月革命的经验）及训练自己成为忠实死干、以革命为职业的共产主义者。"③ 为此，"个个团员均须积极的参加团体的工作，努力自觉的训练自己，诚诚实实的研究无产阶级革命的理论和实践，在最近的将来引导和训练未来的新同志，在比较远的将来去担负革命的责任。"④ 1925年12月，罗亦农任上海区委书记后，在当时的区委机关内先后办了五、六期基层党团组织及工会负责人训练班，每期参加训练的约二十余人，时间一个月，每周利用下午或晚间集中两到三次，由罗亦农亲自讲述马克思主义基本知识、当前的局势和我们的任务等。此外，罗亦农还经常到上海总工会及下属工会、上海大学、上海学联等单位讲演，为这些单位的党团员解决思想问题和工作中遇到的困难。⑤ 1926年10月9日，罗亦农与赴莫斯科中山大学学习的同志座谈，要求此去的同志们要好好用功学习，回来做好革命实际工作。

第三，重视党校工作，培养革命人才

1925年5月，罗亦农在广州主持粤区党校工作。同年10月在北京主持北方区委党校工作，与李大钊同志等共同拟定了党校的课程和教学计划，并为学员讲授了政治经济学常识、历史唯物主义、世界革命史等课程，虽然办校时间

---

① 金再及：《罗亦农年谱》，《罗亦农文集》，人民出版社，2011年版，第411页。

② 金再及：《罗亦农年谱》，《罗亦农文集》，人民出版社，2011年版，第411页。

③ 《罗亦农文集》，人民出版社，2011年版，第1页。

④ 《罗亦农文集》，人民出版社，2011年版，第3页。

⑤ 刘一矛、刘景春：《罗亦农》，中共湖南省委组织部、宣传部、党史研究室编：《罗亦农诞辰一百周年纪念集》，湖南人民出版社，2002年版，第306页。

不长，但为中国革命培养不少重要人才。1926年，罗亦农提出在上海要通过出版宣传大纲、各级办党校、出版党报等方式来提高党员的文化程度，以培养革命需要的人才。

4. 深入群众开展革命宣传工作

罗亦农十分注重群众力量，认为革命宣传工作一定要深入群众。如：1925年4—5月，罗亦农参加全国第二次劳动大会的系列工作，在此期间，他撰写发表了《今年五一之国际状况》、《"五一"纪念与农民》、《今年五一广州之两大盛举》、《中国第二次劳动大会之始末》等文章，广泛宣传无产阶级领导革命和工农联盟的思想。1926年5月30日，上海举行了五卅周年纪念活动，6月2日，罗亦农在中共上海区委全体会议上对纪念活动给予了肯定，也指出了问题。他提出：要重视联合战线，提出市民运动的纲领，促进所有上海市民参与革命斗争；要在工人运动中吸收人才，发展组织，并整顿组织；要深入上海群众，推销中央出版物（如《向导》），随时发不定期的小册子及传单，不断提高党员文化程度；要将工会群众化；要重视发展学生运动，发展青年团体，要注意学生运动分裂，又要群众化；要督促国民党左派积极工作。同年9月25日，罗亦农在上海党的活动分子会议上作了关于全国政治状况和今后党的责任的报告。报告中指出：今后党做市民运动、工人运动、学生运动等一切运动，都要深入群众，否则一切工作无从做起。1927年10月，罗亦农在《长江局最近政治决议案》中，总结两湖秋收暴动与广东的失败原因，是"因为本党土地革命的策略未能深入群众，下级党部未坚决的执行以至未能唤起广大的（广东与湖北有几处不在此例）群众的行动"。[①] 因此，在长江局所辖范围内，要不断加强宣传工作，要注重宣传方式的多样性和宣传内容的全面性，为农民运动的蓬勃发展奠定群众基础。

## 三、向警予对中国妇女运动的探索与宣传

向警予（1895—1928），湖南溆浦人，伟大的无产阶级革命家，中国共产党早期领导人之一，中国妇女运动的杰出领袖。向警予在她短暂的革命生涯中对马克思主义大众化的突出的贡献，体现在她广泛有效地宣传了马克思主义妇女解放理论，并结合中国社会实际成功指导了中国妇女运动。

---

① 《罗亦农文集》，人民出版社，2011年版，第364页。

## 第七章 其他湘籍无产阶级革命家与马克思主义大众化

### (一) 向警予关于中国妇女运动的实践与宣传

向警予关于中国妇女运动的实践大体经历了从早期的"教育救国",到留法时期的"根本改造社会"才能求得妇女的真正解放,再到担任中共妇女部长期间主张建立妇女运动统一战线的发展阶段。向警予最初只是一个爱国的激进民主主义者,她是在深入学习和理解马克思主义理论的基础上,才走上了研究、指导中国妇女运动的革命道路。

1919年向警予加入新民学会,在毛泽东、蔡和森等人的影响之下,向警予已具备了向马克思主义者转变的思想基础,但是她还没有系统地阅读马克思主义经典著作,尚不具备对当时中国社会作出透彻分析和提出正确的主张的能力。在赵五贞自杀事件之后,向警予认识到单以教育救国来谋求妇女解放是远远不够的。基于这种认识,向警予应蔡畅之邀来到长沙,与蔡畅组织了"湖南女子留法勤工俭学团",一边倡导研究妇女问题和女子留法勤工俭学问题,一边以此为基础开展反帝反封建革命活动。1919年底,为寻求救国真理,向警予同蔡和森、蔡畅等人离开上海赴法学习。在漫长的远洋航程中,向警予与蔡和森经常讨论政治及学术问题,思想有了很大转变。这一点蔡和森在《向警予同志传》中这样记载:"警予与和森多次谈话之后,开始抛弃教育救国的幻想而倾向于共产主义。"① 在法国,向警予刻苦学习法文,认真阅读了大量的马恩经典著作,还广泛接触法国的无产阶级,此时的她已经开始运用马克思主义理论思考和研究现实问题。1920年,法国蒙达尼会议后,向警予最终完成了从激进的民主主义者向共产主义者的转变,认识到要实现妇女求解放必须根本改造社会。留法期间,向警予不仅密切关注着国内斗争,还思考着妇女解放问题。1920年5月她为李大钊主办的《少年中国》杂志撰文《女子解放与改造的商榷》,明确指出"财产私有制"是"万恶之源",把妇女解放与社会改造联系起来,表明她对妇女运动和中国革命以及二者之间的关联等问题有了高度的认识。1921年底向警予从法国回国,不久加入中国共产党。1922年,向警予参加中共二大,当选为中央候补委员,会后向警予担任了党中央第一任妇女部长。从此,向警予走上了独创性地运用马克思主义理论研究中国妇女问题,领导中国无产阶级妇女运动的革命道路。

从中共二大开始至中共五大,向警予均被选为中央委员,先后担任党的妇

---

① 《向警予文集》,人民出版社,2011年版,第342页。

女部长、中央妇女部主任、妇女委员会第一书记等要职。在此期间，她不但顺利完成党所交给自己的各项任务，同时以上海为中心积极开展了以劳动妇女为主力军的妇女运动。1924年6月，向警予组织领导了上海闸北丝厂大罢工，并且取得罢工运动的胜利。这次闸北丝厂女工罢工，由于有党的领导，在声势和规模上均比过去屡次罢工都要大，对工人运动的影响也比较深远。当时的党中央总书记陈独秀在《向导周报》第71期上发表署名文章，对运动作了高度评价。1924年9月，向警予又组织发动了南洋烟厂的大罢工，在向警予的直接帮助下，上海各民众团体组织了失业救济会，救济被厂方无理开除的工人，直至工人都得到妥善安排后才结束了罢工斗争。五卅惨案发生后，向警予又领导上海妇女界参加了这场反帝爱国斗争。向警予领导开展了一次又一次的妇女运动，这些妇女运动是国内最早的妇女类型的革命活动。在革命活动期间，向警予在工人中经常发表演讲，帮助她们提高思想政治觉悟。她不但重视培养妇女干部、关心女工，还深入上海大学女学生中进行工作。她用马克思主义的存在决定意识的观点，向女学生论证劳动妇女的特点和长处，分析知识妇女与劳动妇女的区别，影响和带动了一大批女大学生纷纷深入工厂帮助开展妇女运动。向警予在领导开展妇女运动的过程中，认真研究马克思主义关于妇女运动的理论，运用马克思主义的基本原理、立场、观点和方法，宣传妇女运动。1923年8月，上海《民国日报》副刊《妇女周报》创刊，向警予任主编。此刊成为当时唯一能够反映妇女运动全貌、指引妇女运动方向和任务、鼓动全国妇女思潮的刊物。

此外，向警予为党起草了一系列关于妇女运动的文件，还在《向导》、《前锋》、《妇女周报》、《妇女日报》等报刊上，发表了《中国最近妇女运动》、《今后中国妇女之国民革命运动》、《中国妇女宣传运动之新纪元》、《妇女运动的基础》等一系列论述中国妇女解放运动的文章。这些文件和文章以马克思主义妇女解放理论为指导，密切联系中国妇女问题的实际，把领导妇女运动的实践经验加以提炼上升为理论，对妇女问题作了系统的阐释。它对妇女运动的根源、方向、基础、途径和策略等的认识，是明确而又清晰的。它把妇女解放同国民革命的实现和整个中华民族的独立解放联系起来，把劳动妇女作为依靠的主体，主张通过政治革命消灭私有制的剥削制度，建立社会主义制度，最终实现妇女的真正解放。这些有关妇女解放的理论与当时把妇女运动只局限于知识妇女运动的理论有着质的不同，是对马克思主义妇女解放理论的创新和发展。它是以当时中国社会的现实为基础，以中共二大至五大所提出的民主革命纲领和政策主张为指导，科学、系统地回答和解决了在中国这样一个半殖民地半封建的国家如何开展妇女运动、如何实现妇女解放等一系列根本问题。它科学地揭示了妇女解放的规律，是对于中国化马克思主义妇女理论的初步探索。它为中国妇女运动奠定了理论基础和指导原则，指明了正确的道路。

（二）向警予关于中国妇女运动的基本主张

马克思主义虽是普遍真理，但并不是按照我国革命发展的需要提出的，只有与我国的国情相结合才能发挥其指导作用，也只有在不断的实践中才能萃取其精华。向警予在投身革命运动的洪流过程中，一方面运用马克思主义理论指导革命，特别是科学地将马克思主义妇女解放理论同中国国情相结合，结合中国共产党初期革命方针和政策，成功地领导了当时的妇女运动。另一方面，她及时总结革命运动实践中的经验和教训，不断修正自己的观点和理论，最终形成了自己独特的妇女解放理论，科学地揭示中国妇女运动的本质和发展方向。

第一，私有制是妇女遭受压迫的根源。向警予认为妇女遭受压迫的根源是经济原因，经济独立乃为女子解放的唯一条件。向警予关于妇女运动的最基本的主张就是推翻私有制，谋取经济独立以获得妇女解放，在《女子解放与改造的商榷》、《今后中国妇女的国民革命运动》等文章中显示向警予已经充分认识到了这一点。但向警予并不局限于经济依附这一表面现象，而是深入探讨经济依附背后的经济制度——私有制，认为财产私有制才是导致广大妇女遭受压迫的阶级根源。

向警予运用历史唯物主义观点，从财产私有制的形成发展的视角分析了妇女地位的演变。她认为在原始共产时代，人们每日共同收获，刚好供给每日共同的消耗，并无所谓私有的财产。这个时代的妇女，除主持氏族产业和抚育儿女外，在渔猎畜牧以及初期的农业生产上皆占相当的重要地位，妇女因为生产上居重要的地位，所以在社会上也居重要的地位。后来由于生产力的发展，产品有了剩余，而男子以长于战争和交易的缘故，地位陡然增高。男子的私有财产既已形成，女子乃渐被排斥于生产事业之外而编入极严格的家庭分工，成为满足男子性欲和专替男子育儿传宗的机械。这些传统的束缚思想为国内人民的生活带来很多阻碍。向警予认识到这一问题的严重性，严厉批评这些传统观点，特别是当时国内很多人把妇女遭受压迫的原因归纳到她们对男人的经济依附性太强上面，这都是极其片面但又绝非现实的。在中国社会，特别是半殖民地半封建时期，妇女地位非常低下，再加上社会整体素质偏低，广大人民群众对妇女权益认识不足，而妇女自身则受到社会环境的影响，对自身社会地位也了解不清，甘愿在家庭中依附于丈夫的地位而存在，大小事务都直接听从男人或长辈做主，一生都基本没有独立的主见或提议。而在当时的工业发展中，由于男性劳动力缺乏，很多妇女也被迫走出家庭，走向社会，在工厂中像男人一样卖苦力。这种走出去的现象并没有提高她们的任何社会地位，反而更增加了一份辛劳。所以，向警予在《女子解放与改造的商榷》中提出："我以为首先宜注意的，就是财产私有制应当存在不应当存在？财产私有制这位先生，是个人快乐主义孕育出来的，他是万恶之源，资本制度佣工制度都是由他派生的，无产阶级的生活，都被他剥夺尽了，幸福简直没有了。这种制度，在理不应存在，在势不能存在。"①

第二，实行政治革命是中国妇女解放的发展方向。向警予认为，实行政治革命是中国妇女运动的发展方向，也是妇女解放的根本途径。向警予在《今后中国妇女的国民革命运动》、《妇女运动与国民运动》等文章中指出广大妇女只有积极投身于民族革命，在争取民族独立，人民解放的斗争中，才能真正获得自身的解放。她说："我们讨论妇女运动的将来，绝对不能专凭主观的空想。而且妇女运动也绝对不能有超政治经济的存在，吾人敢说'今后十年的中国妇女运动，全视今后十年内的中国政治经济变化为转移。'"② 在帝国主义和军阀的双重压迫下，中国的妇女问题显然不是一个单纯的问题，妇女解放绝非单靠妇女运动所能做到。向警予认为，只有发动剧烈的国民革命运动，一面反抗英、美，一面打倒军阀，建设真正的人民政府，中国妇女的解放才能自成题中应有的文章，也就是获得真正的解放。

向警予认为，政治革命的开展最核心的目标是为了社会的解放，为人民群众争取公平公正的社会地位，而这一目标的实现也可以直接解决中国妇女解放问题，从根本上实现中国妇女地位的提升目的。这一观点可以从四个方面阐释：第一，当时的中国社会虽然处于旧社会，但是那时组织开展的妇女活动已经有了很明显的国民革命运动特征，这对完成妇女权益的争取是非常有利的。因为在半殖民地半封建社会这样的社会环境下，只有通过国民性质的革命，才有机会为中国妇女争得应有的权益。第二，由于当时民权运动非常盛行，而女权运动是民权运动中的重要组成部分，所以，通过政治革命活动改善女权环境

---

① 《向警予文集》，人民出版社，2011年版，第13页。
② 《向警予文集》，人民出版社，2011年版，第166页。

非常必要。在当时对中国妇女地位摧残最严重的就是帝国主义黑暗势力,所以,要想争取女权,就得消灭这些恶势力,使社会回归到正常状态。第三,向警予主张妇女运动并不是单一的反抗运动,而是联合无产阶级,反抗剥削、反对封建压迫、反对帝国主义。她主张妇女也应当参与到时政上去,而不是对政治一无所知,如果不懂得把握时事,女权运动也只能是无力的挣扎,并不会拥有真正的人权。女权与整个无产阶级是不可分割的,无产阶级不解放,妇女也就无法实现解放。第四,从世界上其他国家既有的经验来看,政治革命对于妇女解放的影响力极其重要,向警予最了解的就是欧洲开展的各类女权运动,她将这些运动形式与内容依据我国具体国情进行合理的调整与改善,同时结合俄罗斯妇女运动理论,认为要想在中国达到最佳女权目标,就必须从政治方向入手。她主张效仿十月革命的道路形式,将中国女权斗争与政治斗争结合起来,对妇女解放途径进行实践与探索。总之,"政治问题如果不解决,妇女问题是永远不能解决的。"[①] "中国妇女运动,已到二十世纪劳动解放人类整个历史全体转变的时期。"[②] 向警予作为无产阶级革命家,把妇女解放同整个人类的解放紧密地联系在一起,显示了一个马克思主义者的政治敏锐性。

第三,依靠劳动妇女是妇女解放的基础。向警予认为妇女工作的重点应该放在劳动妇女身上,在争取妇女解放的斗争中,劳动妇女才是妇女运动的"主力军",是真正可以依靠的力量。向警予在《中国最近妇女运动》、《妇女运动的基础》等文章中指出:劳动妇女是一支"勇敢奋斗有组织而能战争的新兴妇女劳动军",她们"不独是妇女解放的先锋,而且是反抗外国掠夺者的国民革命之前卫"[③]。妇女解放运动必须以劳动妇女为主体的主张,在向警予为中共三大起草的《关于妇女运动的决议案》、为中共四大起草的《对于妇女运动之议决案》及为党的第三次中央扩大执行委员会起草的《关于妇女运动议决案》当中均有明确的体现。向警予关于妇女运动基础的论述,突破了近代以来革命者仅要求解放知识女性、上层女性的思想局限,使我国的妇女运动开始具有鲜明的阶级特点和广泛的群众性,推动了当时妇女解放斗争的发展。

把劳动妇女看作中国妇女解放运动的基础,向警予作出了以下分析。首先,劳动妇女人数最多,是妇女中"最大部分"。其次,劳动妇女社会经济地

---

① 《向警予文集》,人民出版社,2011年版,第139页。
② 《向警予文集》,人民出版社,2011年版,第171页。
③ 《向警予文集》,人民出版社,2011年版,第97页。

位最低，所受压迫最深，最富于革命性。向警予充分运用马克思主义唯物史观，分析劳动妇女的经济地位，她认为人的思想和意识决不是无中生有的海市蜃楼，而是他的物质环境之反映。"劳动妇女寒苦的家庭已丧失了父与夫的靠山；环境逼着她们跳出经济的附属地位而与无产的男子一样卖力营独立的生活。于是日受资本家压榨，常有不能生存的危险。"① 因此，"只有女工们要求解放最为迫切，也只有女工们富有解放的精神与魄力。"② 最后，劳动妇女最有团结心，最能战斗。大工业的发展把成千上万的劳动妇女聚在了一起，进而使她们天然地易于组织和战斗。这样，劳动妇女的觉悟和实力也就超出于其他妇女团体之上了。她们一起来，"一声摇班，动辄数百人、数千人乃至数万人不等"，都能给反动派以沉重的打击。正是由于劳动妇女的这些特征，向警予得出结论说："我们要完成妇女解放的使命，只有去找群众，只有去找生活最痛苦、要求解放最迫切，而最富有解放精神与魄力的群众。这种群众，方是我们妇女运动真正的基础"③。

第四，建立统一战线是妇女解放的必要手段。向警予认为，没有组织就没有力量。妇女解放不仅要女界的全体联合，而且还要作整个阶级的联合，建立起妇女运动的最广泛统一战线。

1923年，党的三大决定共产党员以个人名义参加国民党，实行国共合作，建立反帝反封建的统一战线。在这次大会上，向警予起草了《妇女运动决议案》，把党的统一战线策略运用于妇女工作之中，提出了建立妇女运动统一战线问题。

首先，向警予在领导女工运动中认真研究了如何在工人中进行组织工作，如何将女工运动从经济斗争引向政治斗争。上海闸北女工的罢工失败以后，向警予总结了教训，认为只有妇女有了自己的团体，妇女的势力才能集中，才能万众一心达到最后的胜利。在向警予等人的努力下，各地逐步建立了妇女组织。后来向警予又进一步提出："妇女不独应有各地的组织，而且应有全国统一集中的组织，使全国妇女运动在同一的目标同一的策略之下有系统有计划的进行，然后妇女运动才能成功一支社会的实力而唱最后的凯歌。"④ 五卅运动

---

① 《向警予文集》，人民出版社，2011年版，第97页。
② 《向警予文集》，人民出版社，2011年版，第221页。
③ 《向警予文集》，人民出版社，2011年版，第221页。
④ 《向警予文集》，人民出版社，2011年版，第207页。

时，向警予领导的妇女解放协会已达 30 万人之多。其次，向警予提出除了建立全国统一集中的妇女组织之外，还提出了"全国大联合"的思想。即不论是底层劳动妇女，还是知识型妇女，都需要充分认识到自己角色的社会地位，真正联合起来，形成强大的统一战线，为女权解放争取自己的力量，进而实现中国革命的目标。在建立妇女解放运动的统一战线过程中，向警予就知识型妇女、劳动型妇女和基督教妇女三大类女权运动进行了对比分析，提出并号召国内有文化的妇女积极与劳动型妇女结合成小组，帮助他们提高与进步，这一举措对于建立统一战线具有很好的促进作用，同时也有效提高了政治斗争的群众基础。在向警予等一批优秀共产党员的领导和影响下，国民革命运动逐步地将妇女群众组织起来。至 1927 年初，隶属国民党各省、特别市党部妇女部，或与之有关系的妇女组织 62 个。有组织的女工约 35 万，农妇约 15 万，女学生及普通妇女约 60 余万。这些组织和人员不仅成为了当时反帝反封建不可小觑的力量，也为妇女运动高潮的到来作了必要的准备。①

总之，向警予坚定地信仰马克思主义，广泛地宣传马克思主义，并创造性地运用马克思主义理论领导了早期的无产阶级妇女解放运动。同时，她在革命实践中既运用马克思主义基本原理分析妇女问题，又吸收了近代中国妇女解放思潮中的合理成分，最终形成了自己独特的妇女运动理论。向警予领导的妇女运动卓有成效，自此在中国建立起了真正以马克思主义理论为指导的妇女运动。她的妇女解放理论，实践和发展了马克思主义妇女解放学说，促进了中国妇女运动与党领导的革命运动的迅速结合，积累了丰富的妇女运动经验，实现了马克思主义妇女解放运动理论与中国实际的第一次结合，极大地推进了中国妇女运动的历史进程。

## 四、贺龙与马克思主义大众化的实践

贺龙（1896—1969），湖南桑植人，伟大的无产阶级革命家、军事家。在新民主主义革命的各个阶段，贺龙注重运用马克思主义的观点和方法来分析问题和解决问题，以党的宗旨和原则来要求自己。马克思主义的大众化需要坚定的马克思主义信仰者来宣传和传播，需要对党忠诚的革命者身体力行和积极实践。他对马克思主义大众化所作贡献就体现在他领导和参加中国革命的伟大实

---

① 中华全国妇女联合会：《中国妇女运动史》，春秋出版社 1989 版，第 160 页。

践之中。

(一) 号召干部战士加强马克思主义学习

中国革命的实践,让贺龙深刻认识到,中国需要马克思列宁主义、毛泽东思想的正确指导,因此,贺龙在军队建设中十分重视马克思主义理论的宣传学习。1939年7月16日,贺龙在八路军冀中军区参谋会议上的训词中强调:"八路军是共产党的党军,所有的参谋同志多是中国共产党最好的党员,至少也是同情民族解放事业、同情共产主义的人。党军的司令部工作一定要马克思主义化。"[1] 贺龙还多次组织参谋人员到"高级干部研究班"学习马克思主义理论,并且要求"我们各级参谋人员一定要会运用马克思主义的眼光,唯物辩证的方法,为战争服务,组织战斗,为争取战争胜利而奋斗到底"[2]。1962年1月,贺龙回顾湘鄂西的斗争时指出:"回忆往日所走过的曲折的道路,不能不令人深刻地认识到:孜孜不倦地学习马克思列宁主义和毛泽东同志的著作,具有多么重要的意义。"[3] 贺龙深深体会到,在实际工作中,凡是实行了符合马克思列宁主义和毛泽东思想的政策,就一定胜利;反之,必遭失败。

在抗日战争和解放战争时期,贺龙曾两度主持西北财经工作,任西北财经委员会副主任,全面负责陕甘宁边区的财经建设和周边根据地的财经调度。在抓财经工作时,贺龙强调:"我们要认真学习。现在不论贸易部门、技术部门、科学部门,都存在一种离开政治、离开党的政策学习业务的现象。像这样的学习业务有什么用呢?我们的财经部门,跑到市场上去学习商人的那套搞老百姓鬼的办法。……像这样的学习业务,学到什么时候也不会把工作做好的。只有把学习业务与学习政治、学习党的政策、提高政治水平和阶级觉悟结合起来,才能把工作做好,财经部门才能根绝贪污腐化。学习非常重要。不学习,我们的政治水平和阶级觉悟就提不高,党性不会增强,在工作中就只能从表面而不能从本质去看问题,也就做不好工作。"[4] 可见,贺龙要求财经工作各部门领导干部都要加强政治学习,这里的政治学习就包括马克思主义理论的学习。贺龙还主张马克思主义的经济学在边区的具体运用,他要求财经工作部门的领导

---

[1] 《贺龙文选》上卷,军事科学出版社,1996年版,第119页。
[2] 《贺龙文选》上卷,军事科学出版社,1996年版,第119页。
[3] 《贺龙文选》下卷,军事科学出版社,1996年版,第339页。
[4] 《贺龙文选》上卷,军事科学出版社,1996年版,第569页。

干部要"会领导群众克服困难的马克思主义的艺术,使我们的工作无往而不胜"①。在这里不仅阐述了学习的重要性,而且强调学习的主要内容是马克思主义的经济学和马克思主义的工作艺术。

总之,在长期的革命实践中,贺龙竭尽所能向干部战士宣传马克思主义,号召干部战士学习马克思主义,很大程度上推进了马克思主义在中国的传播与普及,这是贺龙推进马克思主义大众化的首要贡献。

### (二)重视马克思主义的实际运用

马克思主义的实际运用是马克思主义大众化的根本所在。贺龙始终坚持马克思主义的实际运用,主要体现在:

第一,运用马克思主义军事理论,加强人民军队建设。在长期革命斗争实践中,贺龙运用了马克思主义建军理论,特别是贯彻毛泽东军事思想进行人民军队建设,具体表现在:

首先,坚持党指挥枪的原则,把军队置于党的绝对领导之下。南昌起义后,贺龙认识到革命军队不是属于哪个人,它是由共产党绝对领导的"党军",是人民的军队。在革命年代,贺龙常说:我没有参加共产党之前,我指挥的军队是我的,我加入共产党后,我指挥的军队就是共产党的了。为了贯彻党对军队的绝对领导原则,贺龙特别重视军队的建党工作和政治工作,如在湘鄂西和湘鄂川黔武装斗争时期,贺龙在部队大队以上均设党代表,建立政治机关,在连上建立了党支部。后来针对"左"倾路线代表错误解散党组织和政治机关的问题,贺龙给予了严肃批评,并在他的坚决斗争下,在红军中恢复了党的组织和政治机关,以充分保证党对军队的绝对领导。

其次,倡导人民军队内部的官兵平等,提倡从严治军。贺龙认为,在人民军队内部,官兵在政治上是平等的,而要实现官兵平等的关键在于军官。军官应自觉主动地坚持官兵平等的作风,不搞特殊化。贺龙还从严治军,努力提高广大官兵的军政素质。贺龙关心和爱护军队干部,充分调动他们的工作积极性。他强调:"不仅要在政治上关心和培养,给他们参加学习的机会,提高政治理论水平,而且还要在物质上给予照顾,帮助他们解决个人和家庭的实际困难。"② 这样,才能调动他们的工作积极性。

---

① 《贺龙文选》上卷,军事科学出版社,1996年版,第268页。
② 《贺龙文选》上卷,军事科学出版社,1996年版,第463页。

再次，运用毛泽东军事思想指挥打仗，丰富人民军队战略战术。在土地革命战争时期，贺龙善于领会和运用毛泽东的军事路线，主张打游击战，运动战，如1934年红二、六军团会师后，针对敌强我弱的形势，贺龙分析了湘鄂边的地形等条件，决定采取诱敌深入，集中兵力打运动战，先后取得了龙家寨、陈家河、桃子溪等战斗的胜利，打破了敌人的"围剿"，配合了中央红军的长征。抗日战争时期，贺龙运用毛泽东关于"基本的是游击战，但不放松有利条件下的运动战"的方针，放手发动群众，开展游击战争，在运动中歼灭敌人，取得齐会、陈庄等战斗胜利，多次粉碎日寇"扫荡"。在解放战争和建国初期，贺龙遵循党中央指示和运用毛泽东的军事思想，充分发动群众，打人民战争，进一步丰富了人民军队战略战术，为解放大西北和大西南作出了重要贡献。王震将军回忆贺龙时说："贺龙同志善于领会和运用毛主席的军事思想，有卓越的指挥才能。他对我军的创建和发展，对革命根据地的开辟和巩固，都作出巨大的贡献。"①

第二，坚持马克思主义群众观，贯彻党的群众路线。在革命战争年代，贺龙认真贯彻党的群众路线，着力解决群众的利益问题，主要体现在：

首先，重视解决农民群众的根本利益。在革命年代，土地就是农民的命根子。在创建革命根据地过程中，为调动农民的革命积极性，贺龙十分重视解决好农民群众赖以生存的土地问题，并抓好革命根据地的经济建设，不断提高根据地广大农民的生活水平，以争取更多农民的支持。

其次，开展广泛的拥政爱民活动。在抗战时期，贺龙一方面"在部队里普遍地进行了拥政爱民教育。经过干部大会、拥政爱民动员大会、班排检讨大会等方式，全体指战员以及事务人员，均实行自我检讨、互相批评，和错误倾向作斗争。讨论的内容不只是一般的道理，而是联系到本部队和政府人民关心的具体问题，和每个人的思想和行动的反省。这种实事求是的教育方式，造成了整个部队的拥政爱民热潮"②。另一方面，开展拥政爱民的实际工作。如举行军民联欢活动；在群众自愿、军民互助和"对老百姓方面更有利"的原则下，帮助农民生产；帮助农民建立自卫力量，以扫除边区的阴谋骚乱活动等。

再次，强调军队的群众纪律。廖汉生回忆说："贺龙同志经常召开群众座

---

① 王震：《忠诚的战士光辉的一生》，中国社会科学院现代革命史研究室编：《回忆贺龙》，上海人民出版社，1979年版，第8页。

② 《贺龙文选》上卷，军事科学出版社，1996年版，第367—368页。

谈会，征求群众意见，和基层干部一道，挨家挨户检查执行纪律的情况，发现问题，及时解决。"① 桑植民歌《门口挂盏灯》的歌词里有"不要茶水喝，又不见喊百姓，只听脚板响，不见人作声"，反映了贺龙军队铁的群众纪律。

由于贺龙积极贯彻党的群众路线，密切联系群众，关心群众疾苦，解决群众利益问题，因此，他深受群众的爱戴，在群众中享有崇高的威望。

第三，运用马克思主义统一战线理论，建立广泛的统一战线。统一战线是无产阶级及其政党为实现自己的历史使命制定和实行的争取一切同盟者的重要策略，是我们党克敌制胜的一大法宝。贺龙对统战工作非常重视，他强调"要教育部队了解党的统一战线政策"②，并注重对党的统一战线理论的实践运用，具体表现在：

首先，努力建立工农群众联盟的统一战线。贺龙认为革命军队任何时候都要处处爱护、紧密地联系工农群众，积极贯彻全心全意为人民服务的宗旨。贺龙很重视地方党组织政权和根据地的建设，并努力解决农民最关心的土地问题以巩固工农群众联盟的统一战线。

其次，善于确立与地方派系武装之间的统一战线。贺龙深刻地体会到，敌人的营垒绝对不是一块铁板。在军阀之间、反动派内部之间存在利益冲突和地盘争斗等种种矛盾，贺龙采取合纵制衡的原则，逐个击破，分化瓦解。如在湘鄂边斗争期间，一些"神兵"组织被瓦解收编，一些民间武装被争取过来成为革命的一员或保持中立。

再次，坚决贯彻党的民族政策和宗教政策。长征途中，贺龙要求红军严格执行党的民族政策，切实尊重藏族生活习惯和宗教信仰，保护寺院，还号召干部战士与藏族群众交朋友，为藏民做好事，开展争取藏族上层人士的同情和支持的大量活动。

最后，贺龙还注重团结高级知识分子和爱国人士，建立与知识分子的统一战线。

第四，坚持马克思主义人才观，培养和爱护青年学生。

在革命战争年代，贺龙根据马克思主义人才观的要求来培养青年学生，开展了以下具体实践：

---

① 廖汉生：《贺龙同志是一个好同志》，中国社会科学院现代革命史研究室编：《回忆贺龙》，人民出版社，1979年版，第75页。

② 《贺龙文选》上卷，军事科学出版社，1996年版，第224页。

首先，教育青年学生树立科学世界观和革命人生观。贺龙强调要用新民主主义的纲领去教育学生，以便确立其为中华民族及全国人民最后解放而终身奋斗的人生观及培养其现代革命青年的品质；要求在政治上有坚定正确的政治方向；在思想上有全心全意为人民服务的精神。

其次，培养青年学生吃苦耐劳，战胜困难的品德和不怕困难的勇气。贺龙强调，青年学生除加强政治教育、形势和时事政策的学习外，还应加强体育锻炼，培养吃苦耐劳，不怕困难的勇气。

再次，有针对性地做青年学生的思想工作。贺龙认为，对学生的认识，应一分为二。既应看到好的方面——进步快，有好奇心，争胜心，纯洁，又要看到落后方面——有自私自利、个人主义、轻视劳动的思想，对革命认识不清，缺乏明确坚定的立场。贺龙还动员一线教师配合专职政工干部做学生的思想工作。教员除讨论教学外，也要研究学生的思想特点及如何有针对性地进行思想政治工作。贺龙还以党的优良传统来教育学生，他一有机会就去学校给青年学生作报告，讲党的优良传统，要求同学们跟着共产党干革命。

### （三）探索马克思主义大众化的教育形式

马克思主义大众化教育形式是推进马克思主义大众化的重要保障。贺龙积极探索马克思主义大众化的教育形式，主要体现在：

第一，创办学校，发挥学校教育的阵地作用。在贺龙的长期革命生涯中，他都非常重视教育，坚持把抓教育，培养人才作为一项重要工作。早在1925年贺龙在任澧州镇守使时就说过："教育为国家的根本事业。"同年，他在澧州办了军官教导团。他在军官教导团开学典礼的致词中说："练兵之道，首在教育，无古今无中外皆一也。"① 在抗战时期，贺龙在八路军一二师就创办过教导团队、抗大七分校和高级研究班，这是正规军事院校的雏形。后来，又创办军政干校、贺龙中学、西北军政大学。

贺龙借助学校，对学员进行政治教育，而且在教育目标、教育内容、教育方式和教育队伍问题上，有独到的见解和做法，具体表现在：首先，在教育目标上，贺龙强调教育要为各个历史时期革命和建设服务。其次，教育内容上，一是加强马克思主义理论的学习。学校在传播科学文化知识的基础上，通过政治教育重点介绍马克思主义的基本理论。二是经常进行形势和时事政策教育。

---

① 李长路、李素编：《贺龙育才史话》，人民教育出版社，1991年版，第15页。

三是对要求进步的学生进行党的基本知识的教育。再次,教育方式上,坚持理论联系实际原则,鼓励教师创新教法。教员应创造各种教学方式,启发学生在学习上的积极性、自主性、创造性,学生应在学习上互相帮助,共同进步,反对教学上的关门主义倾向。最后,教育队伍上,爱惜办学人才,提高师资力量。贺龙从部队中选拔一批知识渊博、能力突出的人,如李长路、钟师统及戴伯行、霍赐影等人来参与办学,努力为学校配备高质量的教员。李长路成为贺龙办学校的得力干将之一。晚年他在回忆录中写道:"在跟随贺龙同志工作的多年中,深深体会到,他是一位善于相马的伯乐。他能发现人才,培养人才,爱护、使用人才。"①

第二,创建文艺团体,重视文艺工作的宣传教育作用。在抗日战争时期,贺龙在八路军一二〇师创建了战斗剧社。贺龙认为战斗剧社作为当时的一种文艺工作形式,创作的戏剧要深入部队,面向战士,教育群众。他强调战斗剧社要练就三大本事:"第一,要能为纪念大会、干部会议演出在政治意义和艺术价值上都好的多幕大剧;第二,要能在千万人的大会上,演出有教育意义的、大众化的、战士一看就懂的独幕剧;第三,要能演出给老百姓看的,为老百姓们所欢迎、所了解,而且能教育和组织他们的戏剧"②。1940年的"八一"全军会演,贺龙要求各旅的剧社都到师司令部所在地演出。会演期间,贺龙同志亲自为参加演出的部队文艺工作者作报告,给大家讲述了南昌起义的经过和意义,讲述了红军时代文艺工作的光荣传统。

第三,办好报纸,发挥报刊读物的载体作用。贺龙认识到办好报刊读物的重要性。1946年7月,贺龙在中共晋绥分局高级干部会议闭幕式上所作的总结报告中指出:"办好报纸,是党的一项重要工作。报纸应该及时宣传党的路线、方针、政策,介绍工作经验教训,帮助学习文化,如实地反映情况,揭露工作中的缺点和错误,表扬先进,批评落后,指导工作。比如,对中央的方针要通过社论及时地反映。对组织生产和党的其他重要工作,也可以用社论或诗歌、文艺形式反映出来。总之,报纸要走在各项工作的前面,成为大家行动的指南。"③ 在贺龙领导和支持下出版的报纸有《战斗报》、《抗战日报》、《晋绥日报》等;杂志有《人民时代》、《通讯研究》、《中国青年》等。他利用这些报

---

① 李长路、李素编:《贺龙育才史话》,人民教育出版社,1991年版,第7页。
② 《贺龙文选》上卷,军事科学出版社,1996年版,第200页。
③ 《贺龙文选》上卷,军事科学出版社,1996年版,第464页。

纸期刊,把马克思主义理论传播开来,唤起了民众的革命意识,培养了一大批思想进步的革命干部。

第四,讲究语言艺术和教育方法,发挥其在政治教育中的特殊作用。贺龙在马克思主义政治教育中,讲究运用通俗易懂、形象生动的语言艺术。如1942年10月19日至1943年1月14日,中共中央西北局召开陕甘宁边区高级干部会议。贺龙在会上发言指出:"整风是整什么?是整我们党内不正之风,即整主观主义、宗派主义、党八股。这些不正之风。在我们党内造成了什么危害呢?它们把中央苏区搞垮了,鄂豫皖苏区搞垮了,川陕苏区搞垮了,湘鄂赣苏区也搞垮了,白区的党几乎百分之百地被搞完了,苏区的党百分之九十被搞完了。"① 贺龙在这里用多个"搞垮"这种通俗易懂的语言指出了不正之风的严重危害。对于如何整风这一问题,贺龙认为:"整风先从上面整起。上面整好了,下面就一定能整好;上面没有整好,下面也不可能整好,这是一个领导问题。俗话说:前面乌龟爬懒路,后面乌龟照路爬。责备下面,首先要责备自己,要责己严,责人宽。"② 也就是说,"整党首先要从领导机关整起,从领导人整起,从自己整起。要开展自我批评,如果没有自我批评,要想把思想统一,是很不容易的。"③ 这里贺龙用比喻,形象生动地回答了如何整风的问题。又如贺龙在向干部群众阐述革命要建立根据地的思想时说:"野鸡有个山头,白鹤有个滩头,一支红军没有根据地怎么行呢?"④ 用这种通俗易懂的比喻,贺龙使广大干部群众认识到了建立革命根据地的重要性,从而以实际行动支持和参加根据地建设。

在思想政治教育方法上,贺龙实行鼓励与批评结合,劝导与惩罚并举,主要放在正面教育,坚持思想改造的精神。李长路同志回忆道:"干部犯下了这样那样的错误,他决不放过耐心教育批评的机会,但无论怎样严厉地批评你,你都感到他是从爱护你出发的,觉得他胸怀广阔,直爽真诚,自己心悦诚服,愿意为革命拼命地干好工作。"⑤

---

① 《贺龙文选》上卷,军事科学出版社,1996年版,第215页。
② 《贺龙文选》上卷,军事科学出版社,1996年版,第216页。
③ 《贺龙文选》上卷,军事科学出版社,1996年版,第218页。
④ 湘西土家族苗族自治州委员会、中共湖南省吉首军分区委员会:《湘西人民永远怀念贺龙同志》,中国社会科学院现代革命史研究室编:《回忆贺龙》,上海人民出版社,1979年版,第147页。
⑤ 李长路、李素编:《贺龙育才史话》,人民教育出版社,1991年版,第7页。

# 参考文献

1. 《马克思恩格斯选集》第1、2、4卷,人民出版社,2012年版。
2. 《列宁选集》第1卷,人民出版社,2012年版。
3. 《列宁全集》第35卷,人民出版社,1985年版。
4. 《列宁全集》第38卷,人民出版社,1986年版。
5. 《李大钊全集》第3、4卷,人民出版社,2006年版。
6. 《毛泽东选集》第1、2、3、4卷,人民出版社,1991年版。
7. 《毛泽东文集》第1、2卷,人民出版社,1993年版。
8. 《毛泽东文集》第3、5卷,人民出版社,1996年版。
9. 《毛泽东军事文集》第1、2卷,军事科学出版社、中央文献出版社,1993年版。
10. 《毛泽东书信选集》,中央文献出版社,2003年版。
11. 《毛泽东早期文稿》,湖南人民出版社,2008年版。
12. 《毛泽东哲学批注集》,中央文献出版社,1988年版。
13. (日)竹内实监修:《毛泽东集补卷》第5卷,日本苍苍社,1984年版。
14. 中共中央文献研究室编:《毛泽东著作专题摘编》(上),中央文献出版社,2003年版。
15. 《邓小平文选》第2卷,人民出版社,1994年版。
16. 《李达文集》第1卷,人民出版社,1980年版。
17. 《李达文集》第2卷,人民出版社,1981年版。
18. 《李达文集》第3卷,人民出版社,1984年版。
19. 《李达文集》第4卷,人民出版社,1988年版。
20. 李达:《法理学大纲》,法律出版社,1983年版。
21. 《刘少奇选集》上卷,人民出版社,1981年版。

22. 《刘少奇论工人运动》，中央文献出版社，1988年版。

23. 《刘少奇论党的建设》，中央文献出版社，1991年版。

24. 《任弼时选集》，人民出版社，1987年版。

25. 中共中央文献研究室编：《任弼时书信选集》，中央文献出版社，2014年版。

26. 《蔡和森文集》上、下，人民出版社，2013年版。

27. 《邓中夏文集》，人民出版社，1983年版。

28. 《罗亦农文集》，人民出版社，2011年版。

29. 《向警予文集》，人民出版社，2011年版。

30. 《何孟雄文集》，人民出版社，1986年版。

31. 《李维汉选集》，人民出版社，1987年版。

32. 《彭德怀军事文选》，中央文献出版社，1988年版。

33. 《贺龙文选》上、下卷，军事科学出版社，1996年版。

34. 《罗荣桓军事文选》，解放军出版社，1997年版。

35. 《谢觉哉文集》，人民出版社，1989年版。

36. 《林伯渠文集》，华艺出版社，1996年版。

37. 蔡庆新、姚勇主编：《激扬文字——任弼时青少年时代作品赏析》，中央文献出版社，2002年版。

38. 任建树主编：《陈独秀著作选编》第2卷，上海人民出版社，2009年版。

39. 中国第二历史档案馆编：《冯玉祥日记》第3卷，江苏古籍出版社，1992年版。

40. 中共中央文献研究室编：《毛泽东年谱1893—1949》上、中卷，中央文献出版社，1993年版。

41. 中共中央文献研究室编：《毛泽东年谱1949—1976》第5卷，中央文献出版社，2013年版。

42. 蒋建农、边彦军等：《毛泽东著作版本编年纪事》上，湖南人民出版社，2003年版。

43. 金冲及主编：《毛泽东传1893—1949》上、下，中央文献出版社，1996年版。

44.（美）埃德加·斯诺：《毛泽东自传》，解放军文艺出版社，2001年版。

45. （美）埃德加·斯诺：《西行漫记》，中国青年出版社，1979年版。

46. 《胡乔木回忆毛泽东》，人民出版社，1994年版。

47. 张启华：《读懂毛泽东》，四川人民出版社，2001年版。

48. 王炯华：《毛泽东读书生涯》，长江文艺出版社，1998年版。

49. 中共中央文献研究室编：《刘少奇年谱》上、下卷，中央文献出版社，1996年版。

50. 中国工运学院《刘少奇与中国工人运动》编辑组编：《刘少奇与中国工人运动》，吉林人民出版社，1988年版。

51. 金冲及主编：《刘少奇传》上卷，中央文献出版社，1998年版。

52. 本书编写组：《缅怀刘少奇》，中共文献出版社，1988年版。

53. 中共中央文献研究室编：《任弼时年谱》，中央文献出版社、人民出版社，1993年版。

54. 蔡庆新：《任弼时与中共党史重大事件》，中央文献出版社，2001年版。

55. 中共中央文献研究室编：《任弼时传》，中央文献出版社、人民出版社，1994年版。

56. 中共中央文献研究室编：《回忆任弼时》，中央文献出版社，2014年版。

57. 王炯华：《李达与马克思主义在中国》，华中理工大学出版社，1988年版。

58. 王炯华：《李达评传》，人民出版社，2004年版。

59. 宋镜明：《李达传记》，湖北人民出版社，1986年版。

60. 宋镜明：《中国一大代表丛书·李达》，河北人民出版社，1996年版。

61. 宋镜明、吴向伟等：《党的重要历史人物与早期马克思主义中国化》，中国社会科学出版社，2012年版。

62. 丁晓强、李立志：《李达学术思想评传》，北京图书馆出版社，1999年版。

63. 本社编：《为真理而斗争的李达同志》，武汉大学出版社，1985年版。

64. 中国现代哲学史研究会、中共湖南省冷水滩市委等编：《纪念李达诞辰一百周年》，湖南出版社，1991年版。

65. 中共中央党史研究室第一研究部、中共湖南省委党史研究室等编：《李达与中国共产党的创建和马克思主义在中国的传播——纪念李达同志诞辰

120周年学术研讨会论文集》，人民出版社，2013年版。

66. 李永春：《蔡和森年谱》，湘潭大学出版社，2008年版。

67. 《回忆蔡和森》，人民出版社，1980年版。

68. 李永春：《100位为新中国成立作出突出贡献的英雄模范人物：蔡和森》，吉林出版集团、吉林文史出版社，2011年版。

69. 周一平：《中共党史研究的开创者——蔡和森》，上海社会科学院出版社，1984年版。

70. 王继平、李永春、王美华：《蔡和森思想论稿》，湖南人民出版社，2003年版。

71. 魏巍、钱小惠：《邓中夏传》，人民出版社，1981年版。

72. 刘功成：《邓中夏》，中国工人出版社，2012年版。

73. 中共湖南省委组织部、宣传部、党史研究室编：《罗亦农诞辰一百周年纪念集》，湖南人民出版社，2002年版。

74. 徐则浩编著：《王稼祥年谱》，中央文献出版社，2001年版。

75. 中国社会科学院现代革命史研究室编：《回忆贺龙》，上海人民出版社，1979年版。

76. 刘秉荣：《贺龙全传》（一），人民出版社，2006年版。

77. 中国人民革命军事博物馆编：《贺龙元帅丰碑永存》，上海人民出版社，1985年版。

78. 刘秉荣：《建国后的贺龙》，当代中国出版社，2007年版。

79. 李长路、李素编：《贺龙育才史话》，人民教育出版社，1991年版。

80. 中共中央书记处编：《六大以来》上，人民出版社，1981年版。

81. 中共中央文献研究室编：《三中全会以来重要文献选编》下，人民出版社，1982年版。

82. 中共中央文献研究室、中央档案馆编：《建党以来重要文献选编》（1921—1949）第1、2、4册，中央文献出版社，2011年版。

83. 中央档案馆编：《中共中央文件选集》第11、17册，中共中央党校出版社，1991年版。

84. 中共中央党史研究室第一研究部译：《联共布、共产国际与抗日战争时期的中国共产党（1937—1943.5）》，中共党史出版社，2012年版。

85. 中国革命博物馆、湖南省博物馆编：《新民学会资料》，人民出版社，1980年版。

86. 长沙市革命纪念地办公室、安源路矿工人活动纪念馆编：《安源路矿工人运动史料》，湖南人民出版社，1980年版。

87. 中华全国总工会中国职工运动史研究室编：《中国工会历史文献》(1)，工人出版社，1958年版。

88. 中国新民主主义青年团中央委员会办公厅编：《中国青年运动历史资料》(1915—1924，1925)，内部资料，1957年版。

89. 中共中央党史研究室：《中国共产党历史》第1卷（1921—1949）上、下册，中共党史出版社，2011年版。

90. 中国人民大学马列主义发展史研究室编，《毛泽东思想史》，中国人民大学出版社，1995年版。

91. 任武雄主编：《中国共产党创建史研究文集》，百家出版社，1991年版。

92. 中华全国妇女联合会：《中国妇女运动史》，春秋出版社，1989版。

93. 习近平：《在纪念毛泽东同志诞辰120周年座谈会上的讲话》，《人民日报》2013年12月27日。

94. 胡锦涛：《在纪念刘少奇同志诞辰110周年座谈会上的讲话》，《人民日报》2008年11月12日。

95. 胡锦涛：《在纪念罗亦农同志诞辰100周年座谈会上的讲话》，《新华每日电讯》2002年5月18日。

96. 曾庆红：《在纪念蔡和森同志诞辰110周年座谈会上的讲话》，《人民日报》2005年3月31日。

97. 刘云山：《在纪念任弼时同志诞辰110周年座谈会上的讲话》，《人民日报》2014年4月27日。

98. 胡乔木：《深切地悼念伟大的马克思主义理论家李达同志——在纪念李达同志诞辰一百周年座谈会上的讲话》，《武汉大学学报》（人文社会科学版），2000年第6期。

99. 何孟雄：《子敬来信》，《党的文献》，1989年第6期。

100. 王茂林：《在纪念邓中夏同志诞辰一百周纪念大会暨邓中夏铜像揭幕仪式上的讲话》，《湖南党史》，1994年第6期。

101. 石仲泉：《刘少奇与党的理论第一次历史性飞跃——缅怀刘少奇确立毛泽东思想指导地位的贡献》，《求是》，1998年第22期。

102. 廖金香：《新民主主义革命时期毛泽东马克思主义大众化思想研究》，

《湖南社会科学》，2013年第5期。

103. 郑流云：《毛泽东马克思主义大众化思想探析》，《内蒙古农业大学学报》（社会科学版），2012年第6期。

104. 袁杰：《论毛泽东的马克思主义大众化思想》，《山西师大学报》（社会科学版），2014年第1期。

105. 付金梅、徐强、刘超：《毛泽东的马克思主义大众化思想及其当代意蕴》，《理论导刊》，2012年第8期。

106. 吴远、吴日明：《毛泽东对马克思主义大众化的历史贡献》，《学术论坛》，2009年第11期。

107. 郑洁、韩凯丽：《毛泽东对马克思主义大众化的探索》，《理论探索》，2013年第6期。

108. 杨宏庭、宁俊红：《论毛泽东对马克思主义大众化的首倡和推行》，《河南师范大学学报》（哲学社会科学版），2009年第3期。

109. 焦金波：《延安时期马克思主义大众化研究》，陕西师范大学博士学位论文，2012年5月。

110. 朱政惠：《1978年以来亚细亚生产方式问题研究的若干思考》，《史学理论研究》1995年第3期。

111. 田海林、赵秀丽：《早期中国共产党与非宗教运动》，《中共党史研究》，2002年第4期。

112. 王炯华、向玉竹：《湘西土家族女杰中国妇女解放先驱——向警予的妇女解放和妇女运动思想探论》，《怀化师专社会科学学报》，1988年第2期。

# 后 记

多年来我一直从事无产阶级革命家的相关思想研究，其中研究得最多的是毛泽东的民主政治思想。2003年我完成的硕士学位毕业论文就是《毛泽东邓小平民主思想比较研究》，2006年我又出版了同名专著。湖南是无产阶级革命家最多的省份，湘籍无产阶级革命家的概念已出现很多年，但把湘籍无产阶级革命家作为一个整体进行研究还是最近10来年的事情。我也是近几年才关注这个问题的。湘籍无产阶级革命家数以百计，是中国新民主主义革命人数最多、影响最大的革命家群体。我认识到，把他们作为一个整体，系统研究他们对中国革命进程中的某个方面或者某个重大问题所作贡献，应该是个很好的研究视角，一定会有所收获。我申报的2012年教育部人文社会科学研究规划基金项目《新民主主义革命时期湘籍无产阶级革命家对马克思主义大众化的贡献研究》（12YJA710055）获准立项，使我的研究愿望得到了实现。由于本项目研究涉及的革命家人数很多，单是文献资料的准备就花了很长时间，现在回想起来，这个项目的研究不只是使我有所收获，而是有了很大收获。研究过程首先是一个学习过程，由于系统地阅读这些革命家的著作和相关文献，不仅使自己的理论知识有了很大提升，还使自己对这些革命家又有了许多新的认识，增添了更多的崇敬之情。

本书是本项目的最终研究成果。全书共有7章，相关研究情况如下：

第一至六章由秦位强撰写。第七章分别由下列同志完成："一、邓中夏对马克思主义大众化的贡献"，作者刘华；"二、罗亦农对中国革命理论的探索与宣传"，作者全晨；"三、向警予对中国妇女运动的探索与宣传"，作者屈迎昕；"四、贺龙与马克思主义大众化的实践"，作者李景军。

我和我的同事廖建、李景军、屈迎昕、刘华及我的研究生胡翀、许阳阳、全晨等对本项目的相关问题进行了前期研究。到本书出版之际，廖建的《任弼时对马克思主义大众化的历史贡献》，胡翀、秦位强的《任弼时对马克思主义大众化的贡献》，秦位强、许阳阳的《论新民主主义革命时期刘少奇对马克思主义大众化的贡献》等论文已经发表，其他相关论文还将陆续发表。项目研究期间，我还指导我的研究生胡翀、许阳阳分别完成了他们的硕士学位论文《任弼时推进马克思主义大众化思想研究》、《新民主主义革命时期刘少奇对马克思主义大众化的贡献研究》。

  我的同事廖金香、郑流云博士对毛泽东马克思主义大众化思想进行的研究为本项目相关部分研究提供了借鉴。书稿完成后，我的同事王跃飞、向红、廖金香、郑流云、甘秋梅等同志分别阅读了部分章节并提出了宝贵的修改意见，我的同学余捧英在百忙之中校阅了全部书稿，在此表示感谢。感谢吉首大学社科处领导和同志们的大力支持。感谢吉首大学马克思主义学院廖胜刚院长对项目研究给予的关心与支持。本项目研究参考了大量文献，吸收和借鉴了大量同类研究的学术成果，在此也向其作者、编者一并表示诚挚谢意。北京人文在线文化艺术有限公司与中央编译出版社的相关领导和编辑同志，为本书的编辑、出版付出了辛勤的劳动，在此表示由衷的感谢！

秦位强

2014 年 9 月 10 日